07715480

D0997633

  MIDDL...
STOCKTON-ON-TEES

CONTENTS

REFERENCE

Motorway	A1(M)	Map Continuation	50
'A' Road	A19	Buses Only	▭▭▭
'B' Road	B1380	Car Parks (Selected)	P
Dual Carriageway		Church or Chapel	†
One Way Street	traffic flow →	Cycleway	🚲
One Way traffic flow on 'A' roads is indicated by a heavy line on the driver's left.			
Restricted Access		Fire Station	■
House Numbers 'A' & 'B' Roads only	2 45	Hospital	H
Railway	Station Level Crossing	Information Centre	i
County Boundary	+ · + · +	Police Station	▲
District Boundary	— · — · —	Post Office	●
North Yorkshire Moors National Park Boundary		Toilet Disabled Toilet	▽ 🚻

SCALE:
4 inches to 1 mile

0 ¼ ½ mile
0 250 500 750 metres

1:15,840

Geographers' A-Z Map Co. Ltd.

Head Office :
Vestry Road, Sevenoaks, Kent, TN14 5EP
Telephone 0732-451152

Showrooms :
44 Gray's Inn Road, London, WC1X 8LR
Telephone 071-242 9246

Edition 3 1991

© 1991

Copyright of the publishers

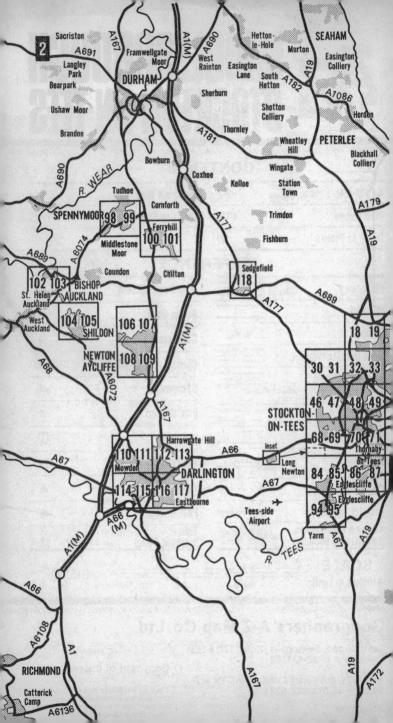

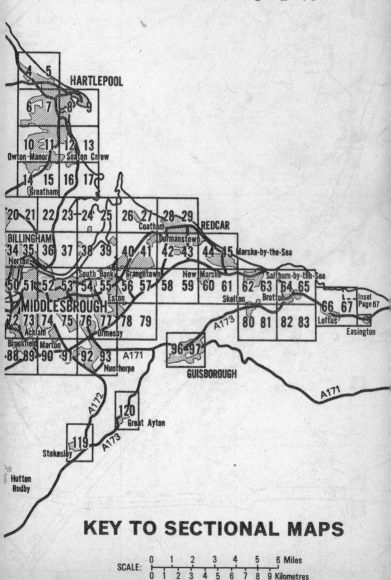

N O R T H   S E A

4 5 **HARTLEPOOL**

6 7 8 9

10 11 12 13
Owton Manor Seaton Carew

14 15 16 17
Greatham

20 21 22 23 24 25 26 27 28 29 **REDCAR**
Coatham

BILLINGHAM Dormanstown
34 35 36 37 38 39 40 41 42 43 44 45 Marske-by-the-Sea
Norton

South Bank Grangetown New Marske Saltburn-by-the-Sea
50 51 52 53 54 55 56 57 58 59 60 61 62 63 64 65
Eston Skelton Brotton 66 67 Inset Page 67

MIDDLESBROUGH Loftus
72 73 74 75 76 77 78 79 80 81 82 83 Easington
Acklam Ormesby

Brookfield Marton
88 89 90 91 92 93 A171 96 97
Nunthorpe **GUISBOROUGH**

A173 A171

A172
120
Great Ayton

119 A173
Stokesley

Hutton
Rudby

KEY TO SECTIONAL MAPS

SCALE:
0 1 2 3 4 5 6 Miles
0 1 2 3 4 5 6 7 8 9 Kilometres

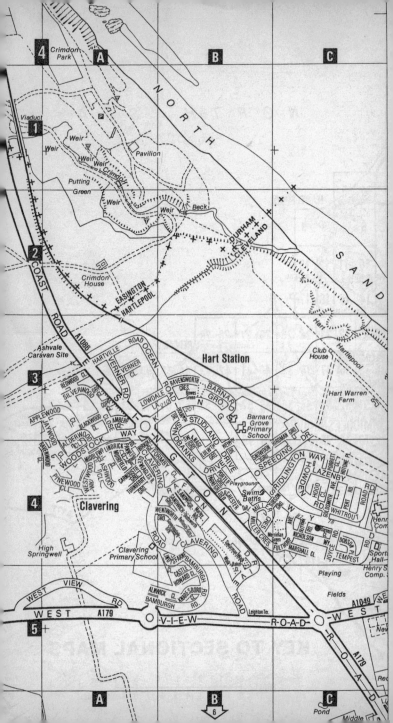

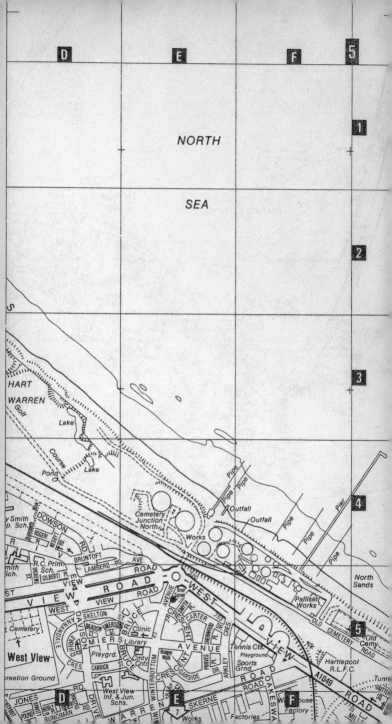

D **E** **F** **5**

1

NORTH

SEA

2

3

HART
WARREN

Golf

Lake

Course

Pond   Lake

4

Pipe

Pipe   Pipe

Outfall

Outfall

Pipe

Pipe

Pipe

Pipe

North
Sands

y Smith
p. Sch.   DOWSON

ROGERT
PL
R.

Cemetery
Junction
North

Works

R.C. Prim.
Sch.   BRUNTOFT

smith
Sch.   GILBERT PL   LAMBERD RD.   AVE.

DICKENS
ST   VIEW   ROAD

R   PL

Palliser
Works

V I E W   R O A D

OLD CEMETERY

Old
Cemy

WEST   VIEW

WEST

W E S T   V I E W

SKELTON

DAVISON

BRADSW EMERSON
PL   BRUCE

Clinic   AVENUE
CARTER   DR
CRES.

ANNVDALE
CLIFFORD   SOMERS

Library

Bungey
Walk   Tennis Cts.
Playground
Sports
Grnd

CRES.   CARRICK   CRES.   Cmty
Cntrl   BRICE
ST   PURVES
PL   ARKLEY
DR.

Playgrd.

★ Cemetery

A V E N U E

ROAD

OAKESWA   Hartlepool
R.L.F.C.

WINTERBOTTOM   CRESCENT   GARSIDE   ST

ROAD   A1049   ROAD   Tunn

5

West View

creation Ground   **D**   West View
Inf. & Jun.
Schs.   **E**   SKERNE   **F** H House
Factory

JONES
POUND   RD.   HASTINGS
DRIVE   7   Works   Factories

HORLE
PL   RUNCIMAN   WARREN   SHAW CR   SB

MILL

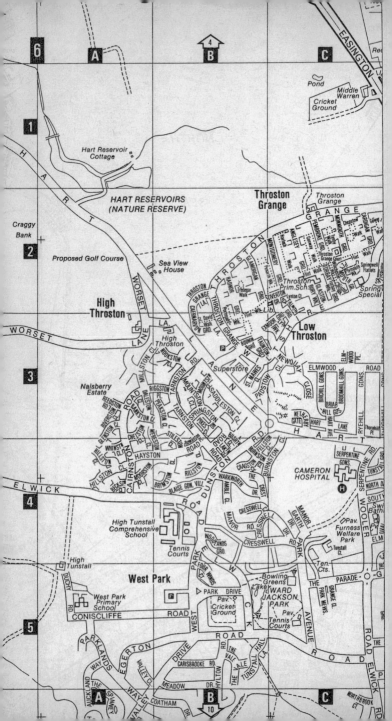

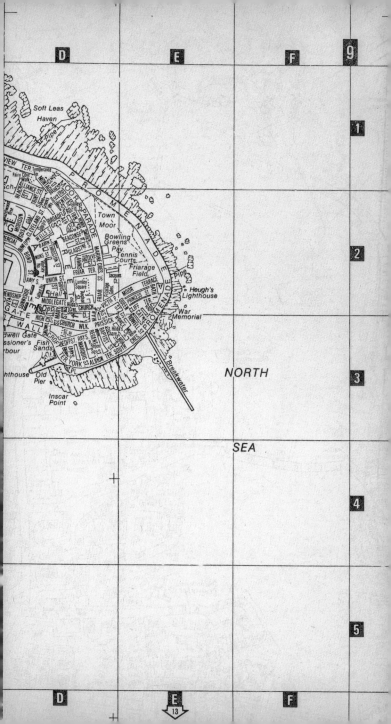

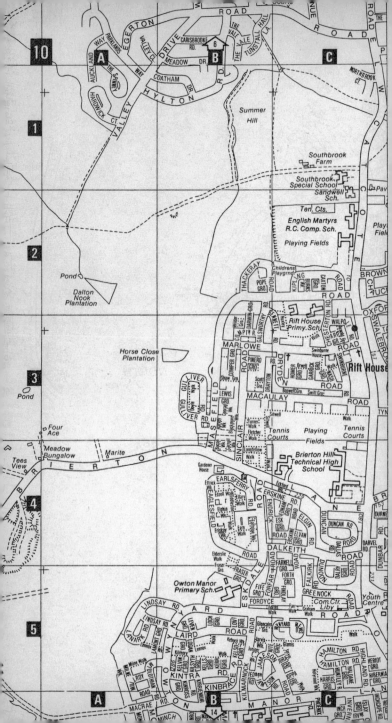

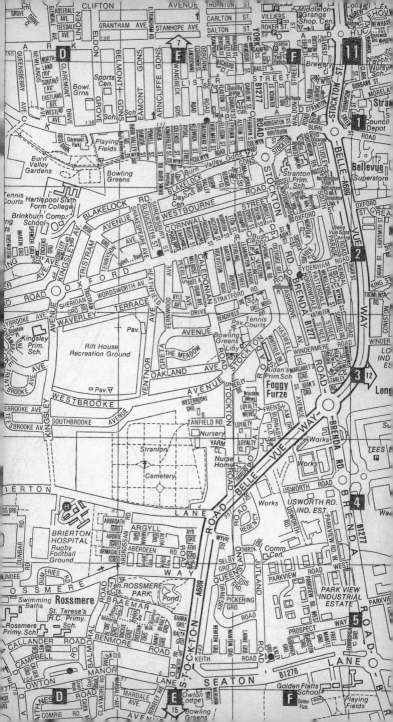

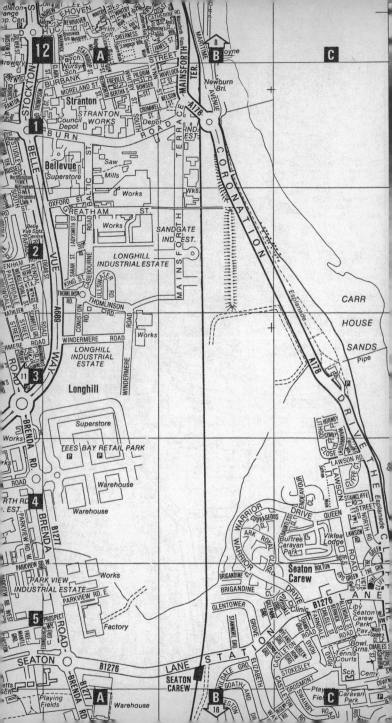

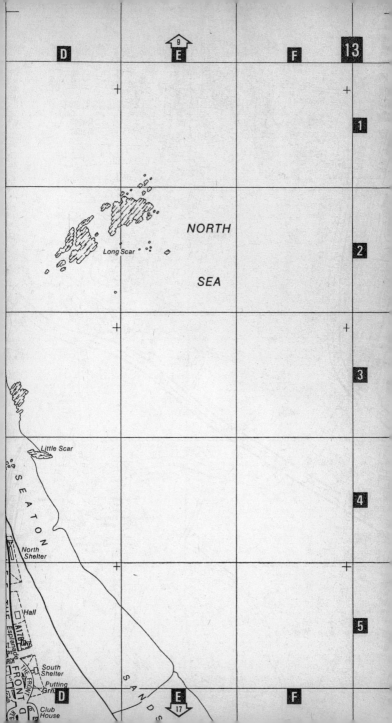

D

E
9

F

13

1

NORTH

2

SEA

Long Scar

3

Little Scar

4

SEATON

North
Shelter

5

Hall

Esplanade

South
Shelter

Putting
Grn

D

E
17

F

Club
House

FRONT

SANDS

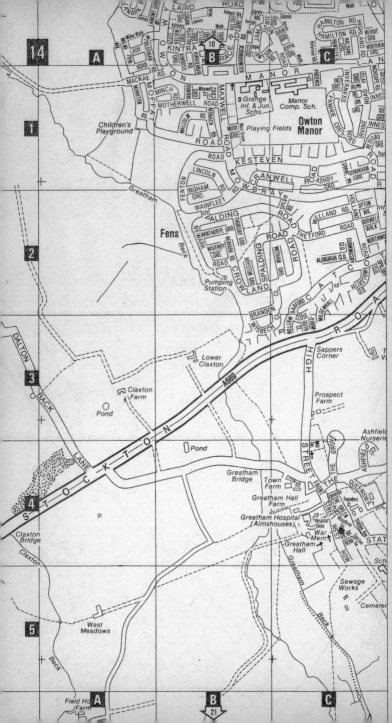

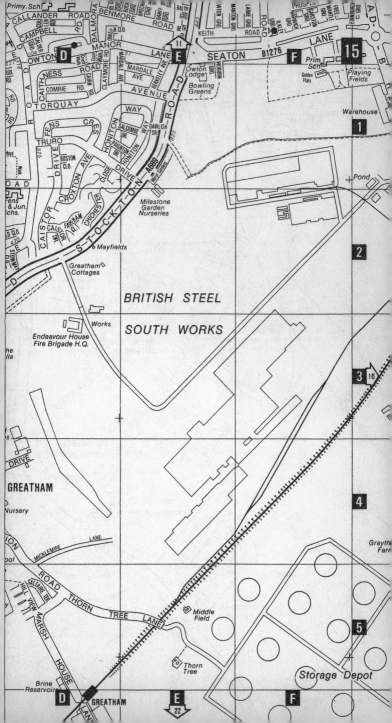

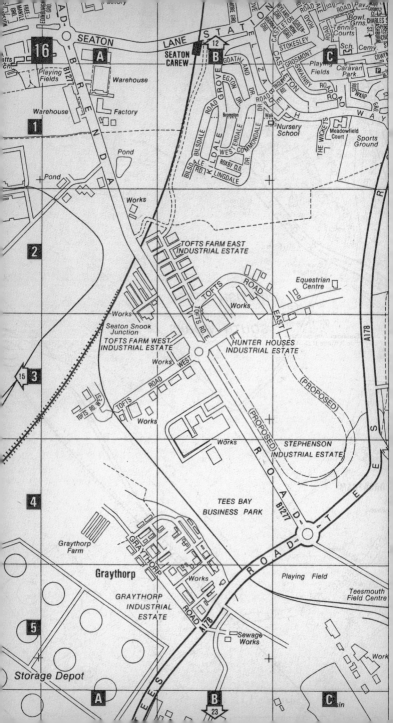

16

SEATON LANE STATION

A

B 12

SEATON
CAREW

C

GOATHLAND
GR
EGTON
DR
BROMPTON
WEST
COMMONDALE
ERDALE DR
BILSDALE ROAD
KILDALE
BILSDALE RD.
ROXBY CLO.
LINGDALE

ELIZABETH
WAY
GROSMONT
CASTLETON
SWAINBY
INGLEBY
RD
ROAD
WARP
WAY
THE WICKETS

Playing
Fields

Warehouse

Warehouse

Factory

Nursery
School

Meadowfield
Court

Tennis
Courts

Bowl
Grns

Playing
Fields

Caravan
Park

Sports
Ground

1

Pond

Pond

Works

2

TOFTS FARM EAST
INDUSTRIAL ESTATE

TOFTS
ROAD
TOFTS RD. EAST

ROAD EAST

Works

Equestrian
Centre

Works

Seaton Snook
Junction

TOFTS FARM WEST
INDUSTRIAL ESTATE

HUNTER HOUSES
INDUSTRIAL ESTATE

15 **3**

Works

ROAD
WEST

(PROPOSED)

A178

TOFTS RD. WEST

TOFTS

Works

(PROPOSED)

ROAD

STEPHENSON
INDUSTRIAL ESTATE

TEES

4

Works

TEES BAY
BUSINESS PARK

B1277

Graythorp
Farm

GRAYTHORP ROAD

Graythorp

Works

Playing Field

Teesmouth
Field Centre

GRAYTHORP
INDUSTRIAL
ESTATE

ROAD
A178

5

Sewage
Works

Work

Storage Depot

TEES

A

B 23

C

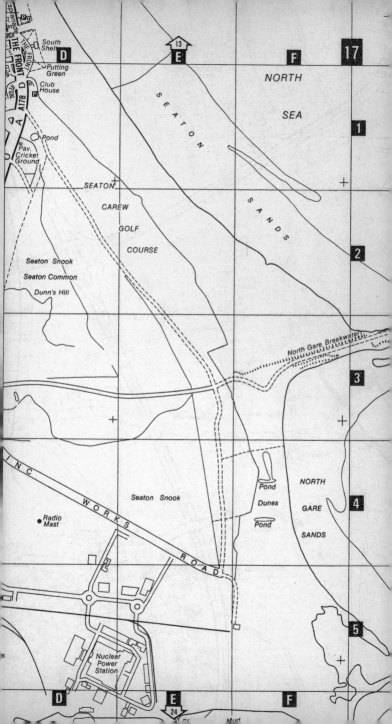

D **E** **F**

NORTH

SEA

1

splanade
RCH
THE FRONT
South Shields

Putting Green

Club House

D

A178

Pond

Pav.
Cricket
Ground

SEATON

SEATON
CAREW
GOLF
COURSE

SEATON
SANDS

Seaton Snook
Seaton Common
Dunn's Hill

2

North Gare Breakwater

3

WORKS ROAD

LINC

Seaton Snook

Radio
Mast

Pond

Dunes

Pond

NORTH

GARE

SANDS

4

5

Nuclear
Power
Station

D **E** **F**

24

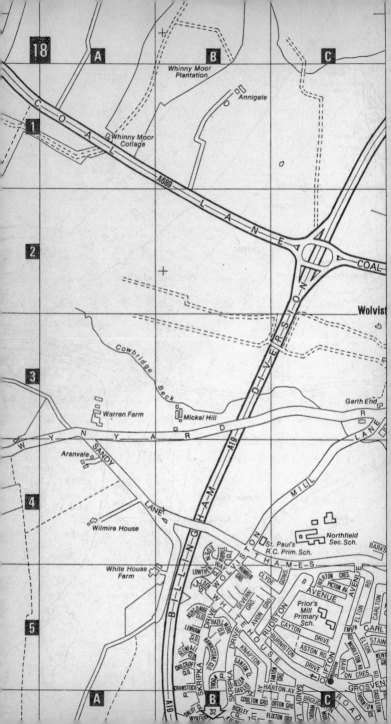

18 A B C

1

Whinny Moor
Plantation

Annigate

Whinny Moor
Cottage

C O A L

A689

L A N E

2

Wolvist

COAL

DIVERSION

Cowbridge Beck

3

Warren Farm

Mickel Hill

Garth End

R

W Y N Y A R D

SANDY

A19

R

B I L L I N G H A M

M I L L   L A N E

Aranvale

4

Wilmire House

LANE

WOLVISTON

THAMES

St. Paul's
R.C. Prim. Sch.

Northfield
Sec. Sch.

BARKS

White House
Farm

WHITEHOUSE DRIVE

LOWTHER CL.

WHITBY CL.

WARKWORTH CL.

HUMBER GRO.

CLYDE

ROEBUCK GRO.

LIVERTON CRES.

PICTON AV.

AVENUE

ELTON

CARLTON

AVENUE

ROAD

5

ASHCOMBE CLO.

DR.

HAZEL

SEVERN GRO.

AVON GRO.

RUDSTON

CLYDE GDNS.

Prior's
Mill
Primary
Sch.

CAYTON

DRIVE

D

ASTON RD.

ELTON

STAIN

EMBY

CARL

GLENHALL CLO.

LENHAM CLO.

HAWKSTONE

KNAPTON

BURNISTON

CAYTON

DRIVE

WOOLSTON IN.

BARON

CRES.

NEWBY GR.

CHILCROFT CLO.

GANTON CL.

SKRIPKA

AVON AV.

CLIFTON

SANDY

BROUGHTON

THORNTON

CASTLETON GR.

CRANSTOCK CLO.

TROW CL.

SKRIPKA

EAGLES

FLATON

HARTON AV.

ORTON GRO.

GROSVEN

ROAD

A B C

A19

DALBY CL.

WYKEHAM

BICKLEY CL.

COULTON GRO.

FLIXTON GRO.

BICKLEY

WHIRL

32

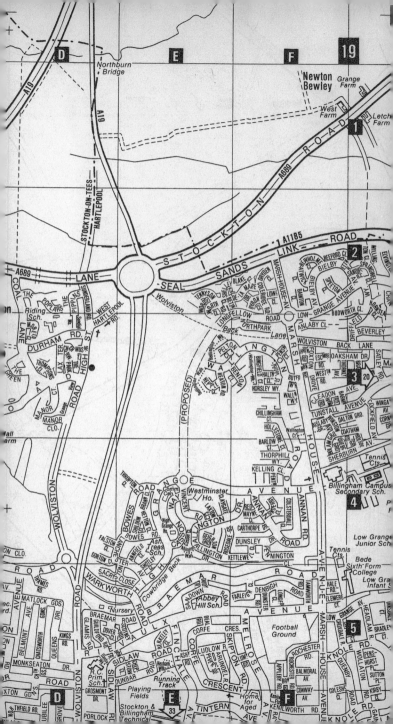

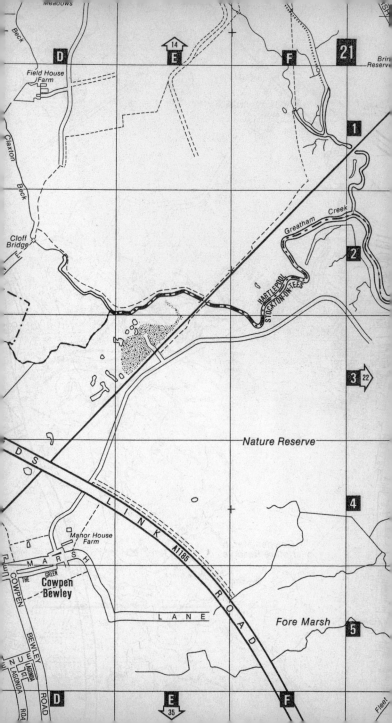

Meadows

Brin
Reserve

Field House
Farm

Claxton

Beck

Beck

1

Greatham Creek

Cloff
Bridge

2

HARTLEPOOL
STOCKTON-ON-TEES

3 22

Nature Reserve

DS

LINK

4

Manor House
Farm

A1185

MARSH

THE GREEN

Cowpen
Bewley

ROAD

LANE

Fore Marsh

5

BEWLEY

LAGANDA

LAGANDA

AVENUE

ROAD

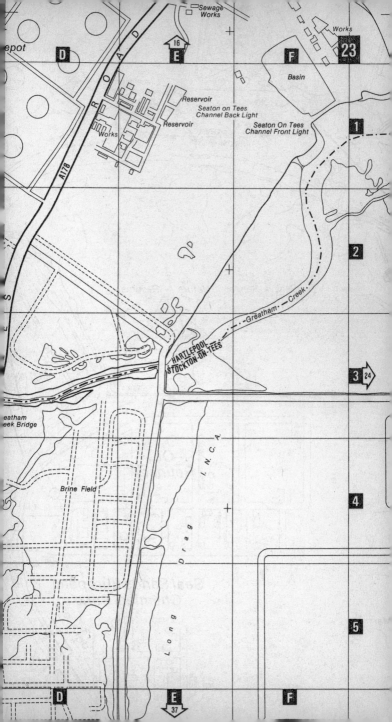

Sewage Works

Works

D

E
16

F

Basin

Depot

ROAD

Reservoir

Seaton on Tees
Channel Back Light

Reservoir

Seaton On Tees
Channel Front Light

Works

A178

1

2

Greatham Creek

HARTLEPOOL
STOCKTON-ON-TEES

3
24

Greatham
Creek Bridge

Brine Field

I. N. C. A.

Long Drag

4

5

D

E
37

F

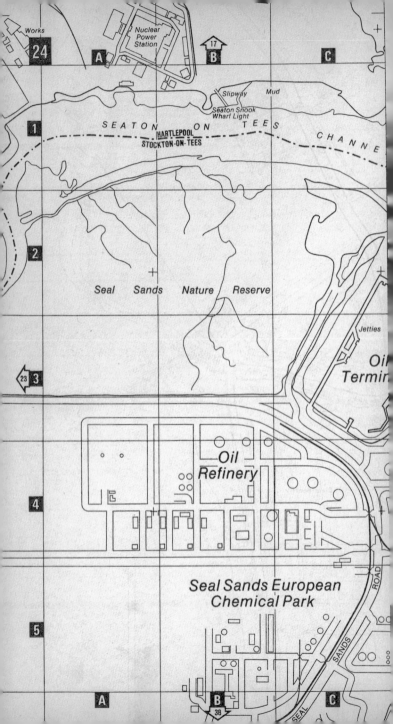

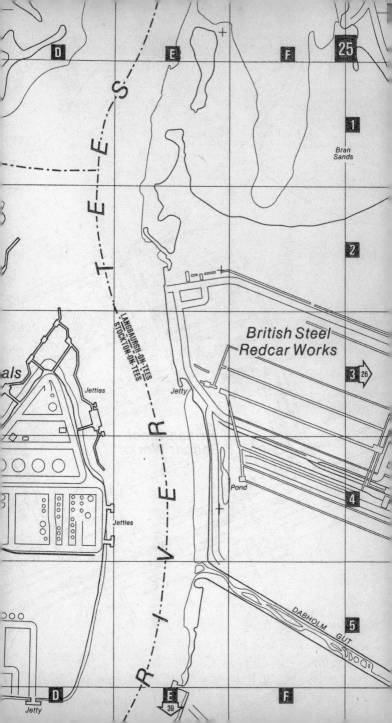

D **E** **F** **25**

1

Bran
Sands

2

British Steel
Redcar Works

3 26

als

Jetties

Jetty

LANGBAURGH-ON-TEES
STOCKTON-ON-TEES

Pond

4

Jetties

5

DABHOLM GUT

D **E** **F**

39

Jetty

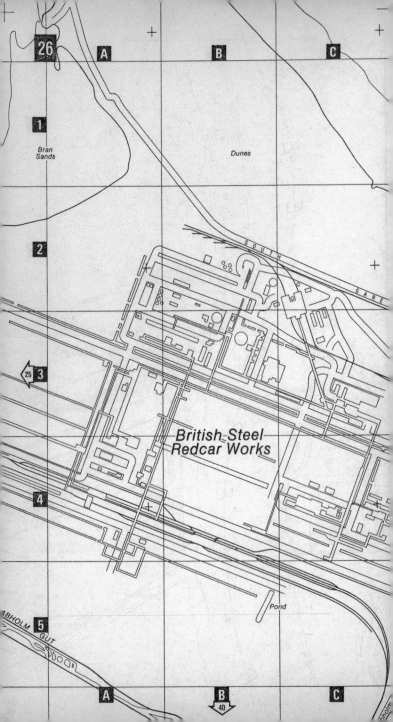

26

A B C

1

Bran
Sands

Dunes

2

SOUTH

GARE

25 **3**

British Steel
Redcar Works

4

Pond

BHOLM GUT

5

A B C

40

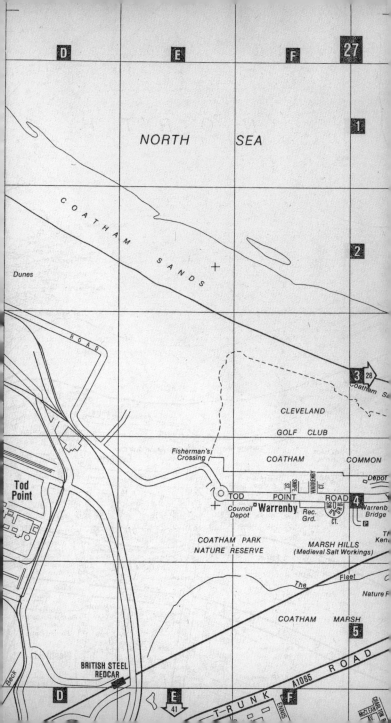

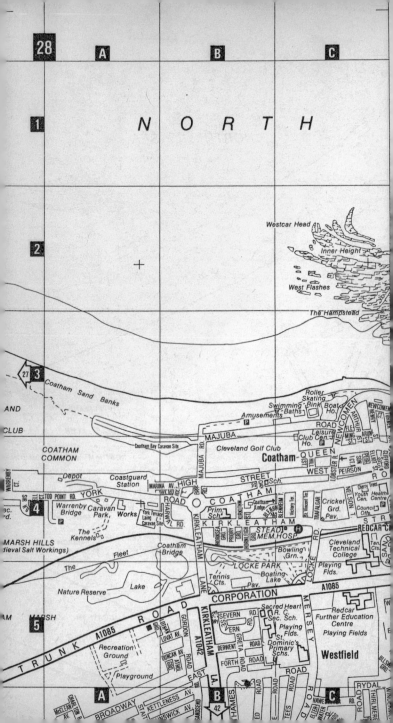

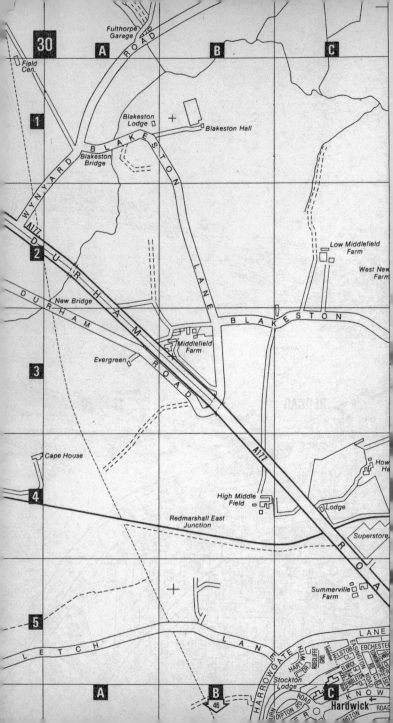

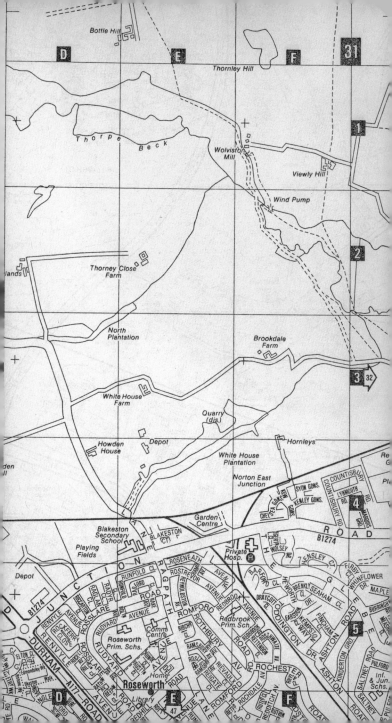

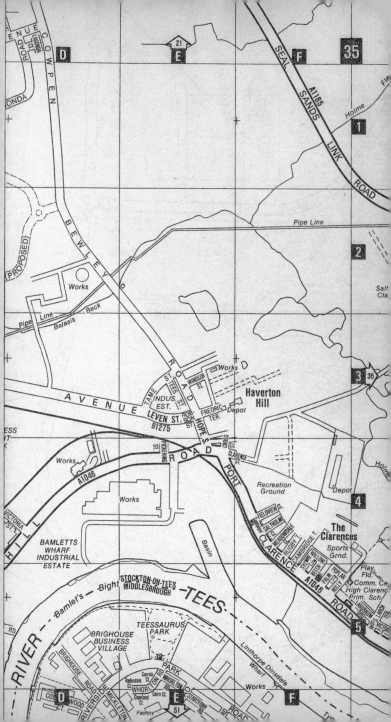

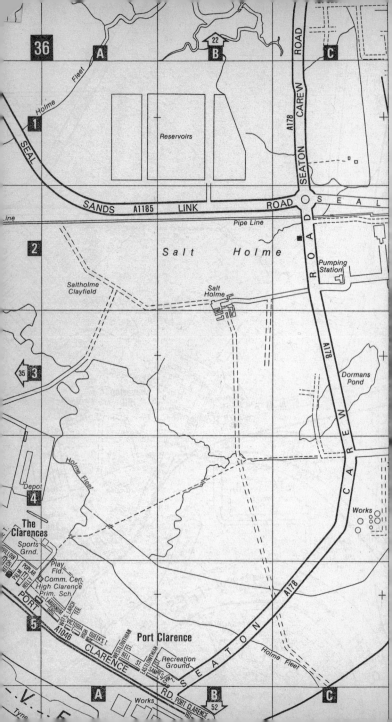

A
B 22
C

1

Fleet

Holme

SEAL

Reservoirs

SANDS A1185 LINK ROAD

SEAL

...ine

Pipe Line

2

S a l t   H o l m e

SEATON CAREW ROAD A178

ROAD

Pumping Station

Saltholme Clayfield

Salt Holme

3 35

A178

Dormans Pond

4 Depot

Holme Fleet

CAREW

The Clarences
Sports Grnd.

Play. Fld.
Comm. Cen.
High Clarence
Prim. Sch

WILLOW TER
POPLAR
PALM
LABURNUM ST
LARCH TER

Works

○ ○
○ ○
○

5

PORT

A1046

CLARENCE

WESTLOWTHAM ST
BELL ST
EAST LOWTHAM ST
VICTORIA ST
SAMPLES ST
QUEEN'S T.
DIXON

Port Clarence

Recreation Ground

SEATON

A178

Holme Fleet

A
B 52
C

RD. PORT CLARENCE RD.

Works

Tyne

...V.. E

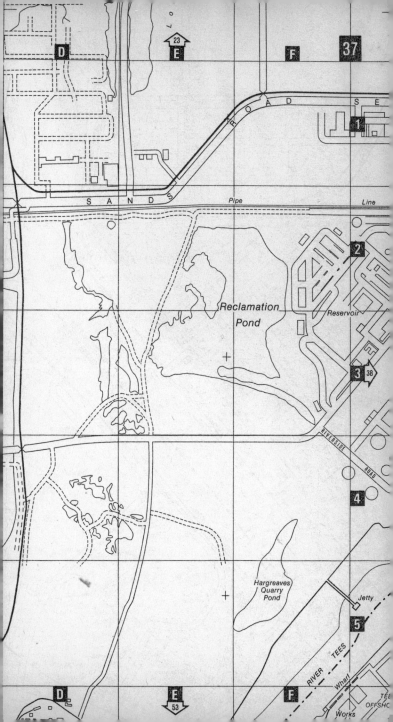

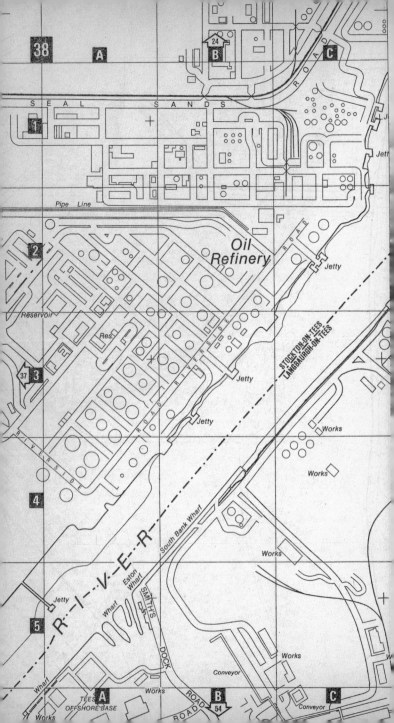

38 A B 24 C

S E A L   S A N D S

Pipe   Line

2

Oil
Refinery

Reservoir

Res.

37 3

RIVERSIDE

ROAD

Jetty

Jetty

Jetty

Jetty

Jetty

STOCKTON-ON-TEES
LANGBAURGH-ON-TEES

Works

Works

Works

4

R - I - V - E - R

South Bank Wharf

Wharf

Eston Wharf

SMITH'S

Jetty

5

Wharf

DOCK   ROAD

Works

Works

Works

Conveyor

Conveyor

TEES
OFFSHORE BASE

A

B 54

C

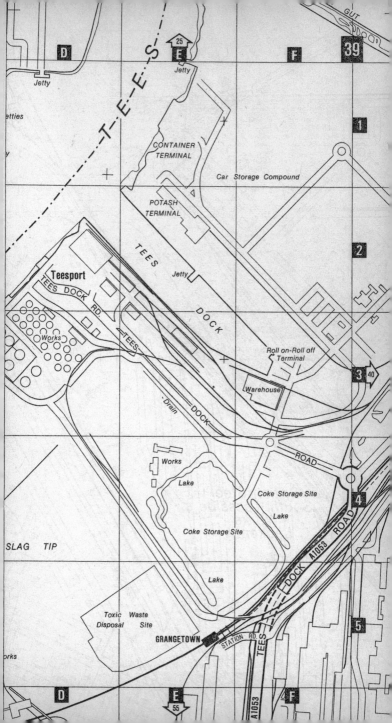

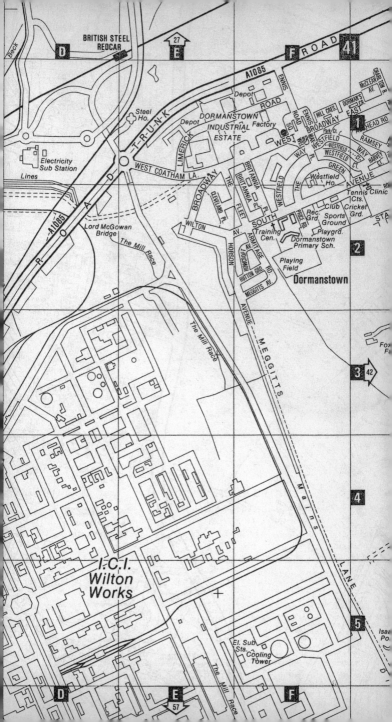

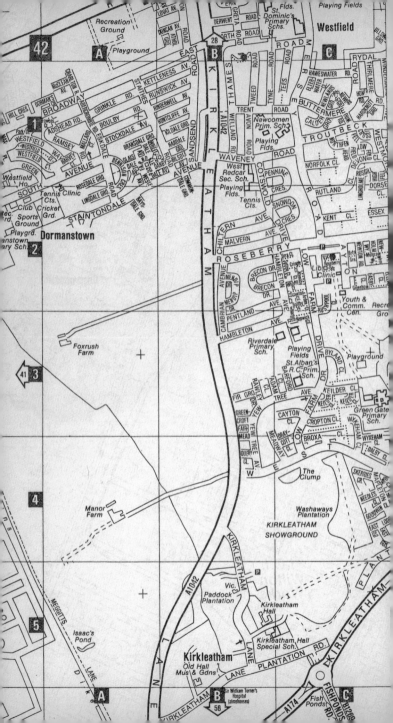

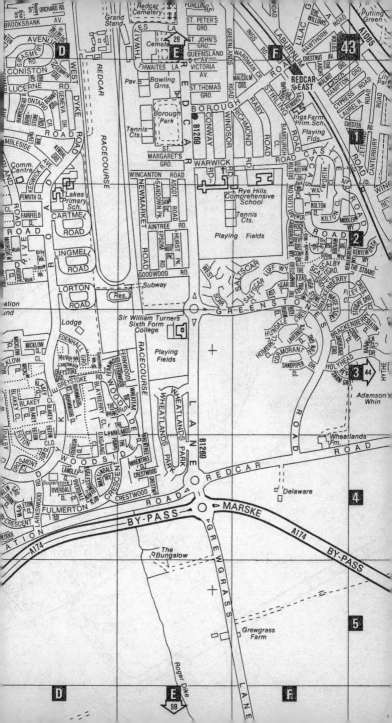

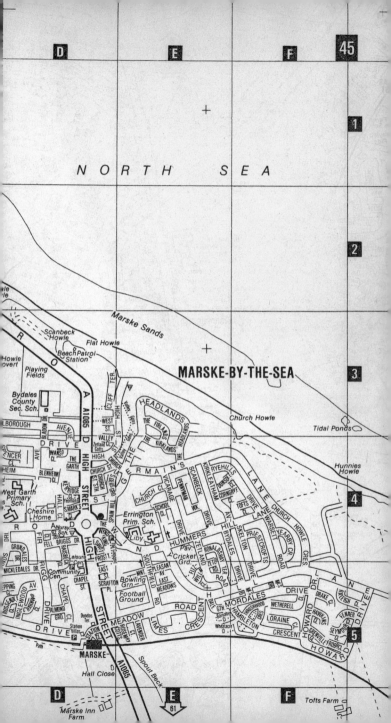

1

2

N O R T H   S E A

3

Marske Sands

Scanbeck
Howle

Flat Howle

Howle
covert

Beach Patrol
Station

Playing
Fields

MARSKE-BY-THE-SEA

Bydales
County
Sec. Sch.

Church Howle

ILBOROUGH

BLADIN DR.

AVENUE

A1085

CLIFF TER.

HEADLANDS

Tidal Ponds

Hunnies
Howle

4

SPENCER
CL.

AVE

DRIVE

HIGH STREET

WANSO
CL.

THE
GARTH

KEYRIDGE

WEST
ST.

HIGH

CHURCH ST.

THE FIRLANDS

Zetland Cotts.

THE KIRKLANDS

THE HEADLANDS

GERMAIN'S

THE

RHEIM

BLENHEIM
CL.

West Garth
Primary
Sch.

Cheshire
Home

HALL CL.

ST. MARK'S

CHURCH

Fenman

CHURCH
VICARAGE

SCHOOL
CL.

PENYMAN

SCANBECK

RYEHILLS

KIRKLEATHAM

DUNSOP
CL.

CORNGIVE

TOFTS DRIVE

LANE

CHURCH HOWLE

WARSETT CR.

CRES.

Errington
Prim. Sch.

Liby

HUMMERS

ROMAZ

ZETLAND

WK.

HILL

AVE

BYDALES

SKELTON DRIVE

PRIESTCROFTS

WEARBY CR.

GRUNDALES
DR.

A Nursy
Sch.

THE
WYNDS

FELL

BRIGGS DR.

PROSTT

SOUTHFIELD

Pav.
Cricket
Grd.

LETCH

TER.

LANE

MICKLEDALES DR.

Leisure
Cen.

CHAPEL ST.

EAST
ST.

SCRAFTON
PL.

MNT
PLEASANT
AV

EAST
MEADOWS

RD.

DALE

GTH MORDALES

DRIVE

HOWARD DR.

LANE

RALEIGH CT.

PPING

INGLEWOOD AV.

ARROW

FIR

HANSBY

Community
Cen.

Bowling
Grn.

Football
Ground

WETHERELL

HAMBLETON

DRAKE CL.

HAWKINS

FENNER
SEYMOUR

DRIVE

LAND
CL.

OAKWAY

Dundas Ter.

DALMOND
GRO

Station
Village

MEADOW

JASMINE

ROSEMARY

LIMES

ROAD

CRESCENT

Barbalby

Wheatacre

LORAINE

CRESCENT

GRENVILLE FRORPCL.

HOWARD

DRIVE

RIGG

CHAPEL

DRIVE

MARSKE

A1085

STATION STREET

Path

Hall Close

Spout Beck

61

Marske Inn
Farm

Tofts Farm

5

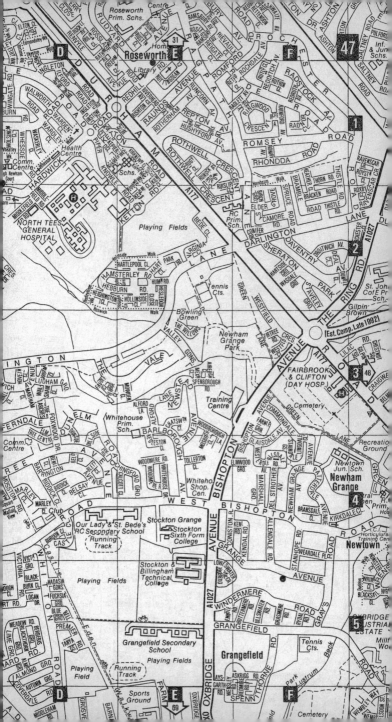

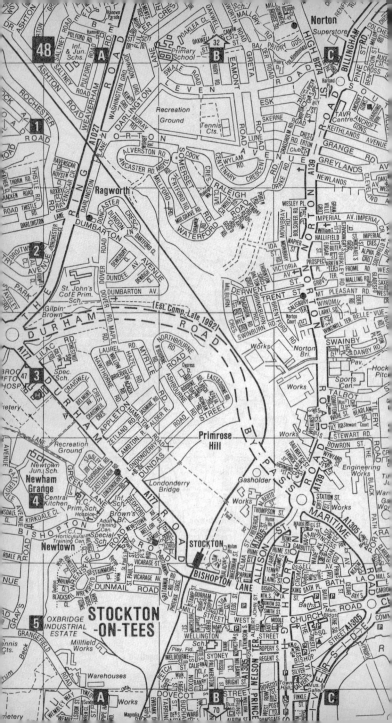

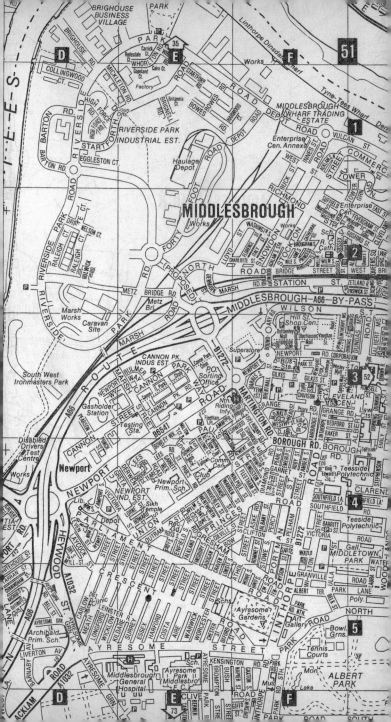

MIDDLESBROUGH

51

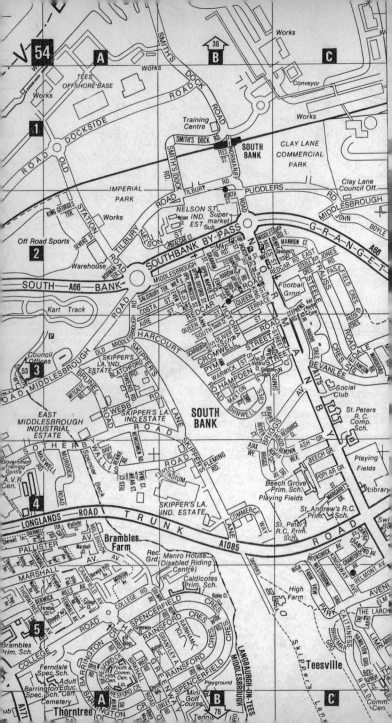

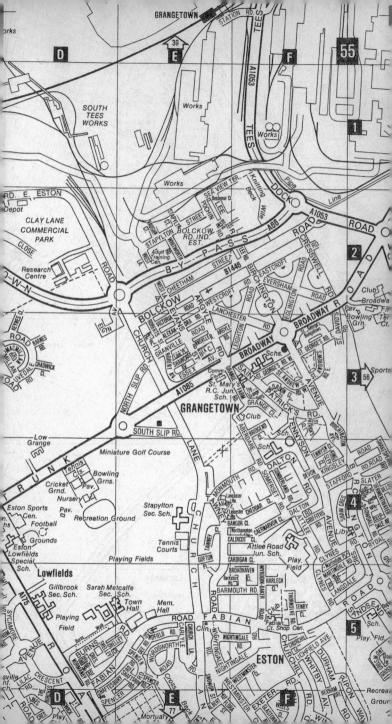

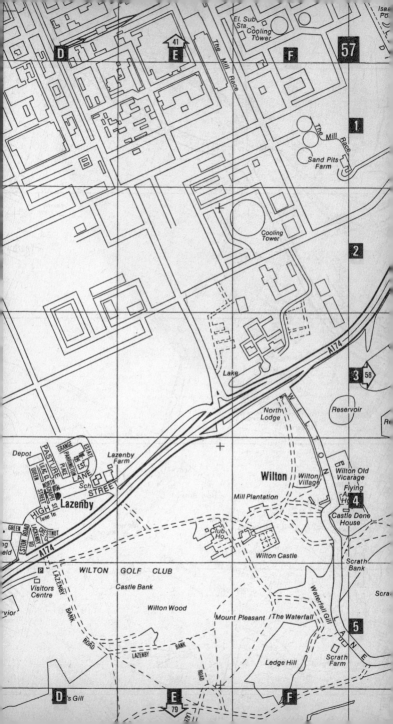

D **E** **F** **57**

El. Sub
Sta.
Cooling
Tower

41

The Mill Race

1

The Mill Race

Sand Pits
Farm

Cooling
Tower

2

A174

3 58

Lake

North
Lodge

Reservoir

WILTON

Depot

GRANGE

PASTURE

PARKINGTON PLACE

ESTATE

Lazenby
Farm

Wilton

Wilton
Village

Wilton Old
Vicarage

Flying
An
Ho

UAC CL

QUEEN

LANE

STREET

Sch

NORTH

CHAPEL ST

STREET

4

Castle Dene
House

Lazenby

HIGH

Turner Ter

ST

Mill Plantation

GREEN

CHESTNUT

ROAD

ESTON

RD

LAZENBY

Club
Ho

Wilton Castle

Scrath
Bank

A174

Scra

P

WILTON GOLF CLUB

Visitors
Centre

LAZENBY

Castle Bank

Wilton Wood

Mount Pleasant

The Waterfall

Waterfall Gill

LANE

5

vior

BANK

ROAD

LAZENBY

BANK

ROAD

Ledge Hill

Scrath
Farm

Scra

D 's Gill

E 79

F

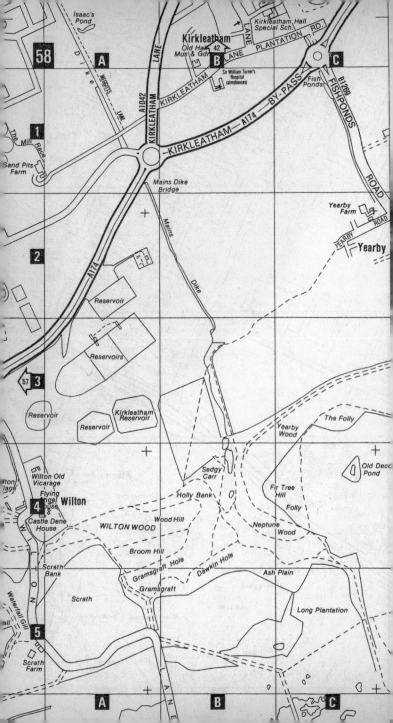

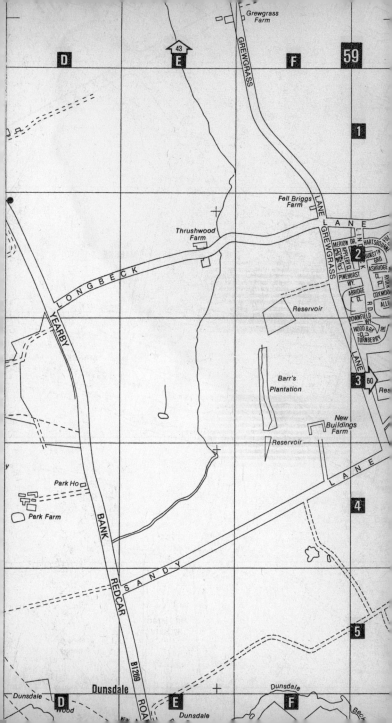

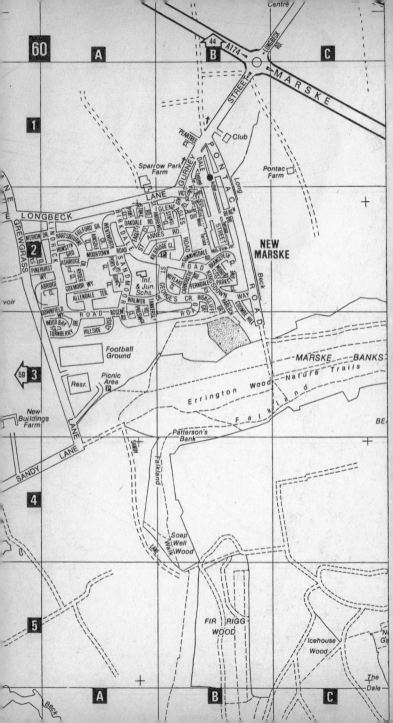

60

A **B** A174 44 LONGBECK RD. **C**

MARSKE

1

STREET

Centre

PEARTREE CL. Club

GURNEY PONTAC DALE

Sparrow Park Farm Long Pontac Farm

LANE

VIC

LONGBECK GLENE ANDREWS RD. BEACH

MERION DR. HARTSBOURNE ST. ANNES RD. ROAD

LINDRICK HURST CL. TILFORD GR. AINSDALE WESTWYND KILNBRIDGE CL. STREET HILL VIEW

2 PINEHURST CL. MOORTOWN ROAD SUNNINGDALE RD. ORANGEFIELD NEW MARSKE

ASHRIDGE RYDER PARK SANDMOOR FERNDALE KINGSDOWN WAY

PINEHURST WY. COXMOOR WY. ST. MOYLAKE ROAD PARKS BECK

ABRIDGE CL. ALLENDALE TER. WALMER GEORGE'S CR. HIGHCLIFFE COMBE HILL

DOWNFIELD WY. ROAD ROSEBY TANKERS ROAD

WOOD & CL. TURNBERRY DR. HILLSIDE RD. WRESSALL RD. ROAD WATER WAY

Inf. & Jun. Schs.

Football Ground

MARSKE — BANKS

59 **3** Resr. Picnic Area Nature Trails

Errington Wood Falkland

New Buildings Farm LANE

Patterson's Bank

SANDY SANDY LANE Falkland

4

LANE

Soap Well Wood

5

FIR RIGG WOOD Icehouse Wood N Ga

The Dale

Beck

A **B** A **C**

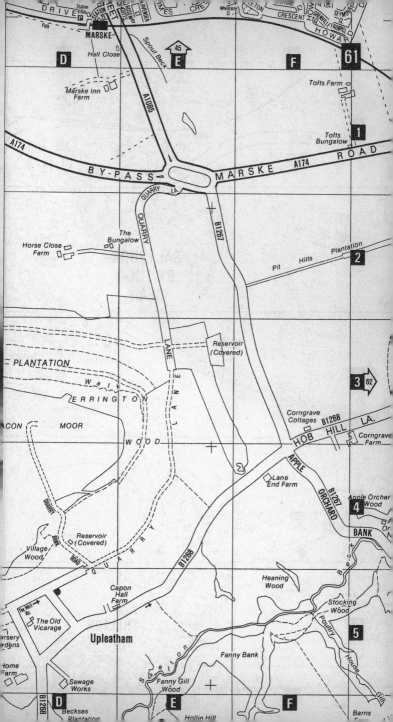

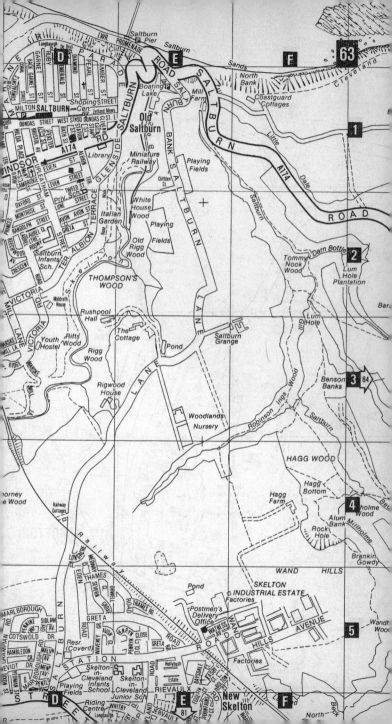

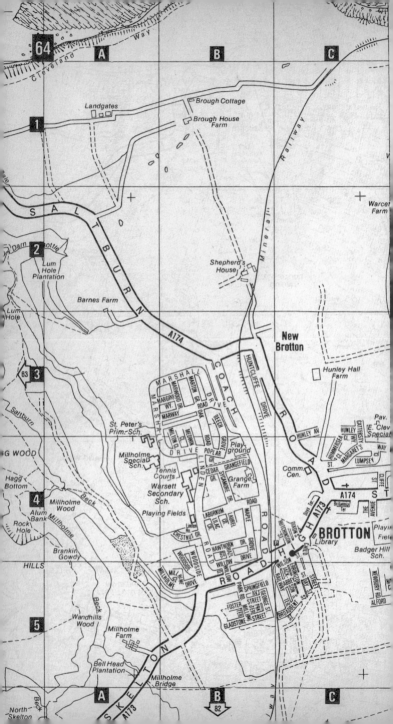

64

A B C

1

Cleveland Way

Landgates

Brough Cottage

Brough House Farm

SALTBURN

2
Darn Bottle
Lum Hole Plantation

Lum Hole

Barnes Farm

A174

Shepherd's House

Warcet Farm

Mineral Railway

New Brotton

3
63
Saltburn

St. Peter's Prim. Sch.

MARSHALL

MARSHALL

COACH DRIVE

HUNTCLIFFE DRIVE

MANWOOD GR.

MARTIN GR.

MARGRY WY.

MARWAY

MILTON

BEECH

GROVE

ROAD

OAK

POPLAR GR.

Play ground

ROAD

Hunley Hall Farm

HUNLEY AV.

HUNLEY ST.

HUMMERSEA CL.

CATTERSETT CL.

Pav.
E. Clev.
Special

MARGARET'S ST.

WAY

LUMPSEY

4
G WOOD

Hagg Bottom

Millholme Special Sch.

Tennis Courts

Warsett Secondary Sch.

Playing Fields

Millholme Wood

Alum Bank

Rock Hole

Millholme

Brankin Gowdy

HILLS

DRIVE

LINDEN

CEDAR GR.

SYCAMORE DR.

GRANGEFIELD

Grange Farm

ROAD

LABURNUM DR.

LAUREL DR.

LILAC GR.

MAPLE GR.

CHESTNUT GR.

Linden Ho.

HAWTHORN DR.

WILLOW

WOODSIDE

ELM DR.

Comm. Cen.

COACH ROAD

A174

O. CLIFFE ST.

CLIFFE ST.

THE AVENUE

Britannia Ter.

BROTTON
Library

Bus to

A173

HIGH

ROAD

Playing Fie

Badger Hill Sch.

5
Wandhills Wood

Millholme Farm

Bell Head Plantation

Millholme Bridge

MILLHOLME DRIVE

MILL LANE

ROAD

WILSON ST.

PARK RD.

SPRINGFIELD

FOSTER

GLADSTONE STREET

N.V. GEORGE ST.

STREET

WILLIAM ST.

BROADFIELD

HUTCHINSON ST.

QUAY ST.

DIXON ST.

NEABY'S ST.

RIDLEY

STS.

NEWBURY RD.

ALFORD

North Skelton

Beck

SKELTON

A173

A B C
82

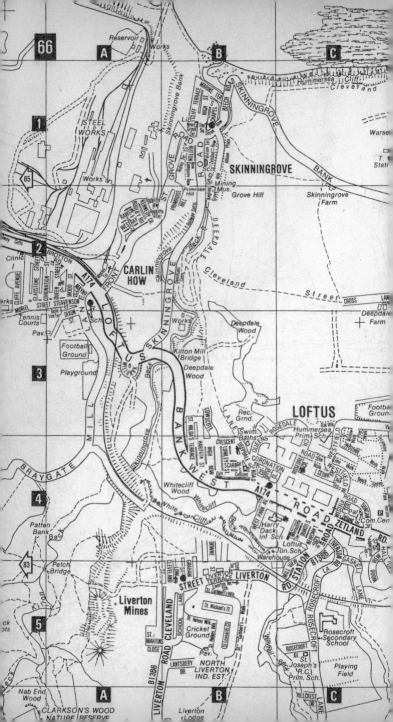

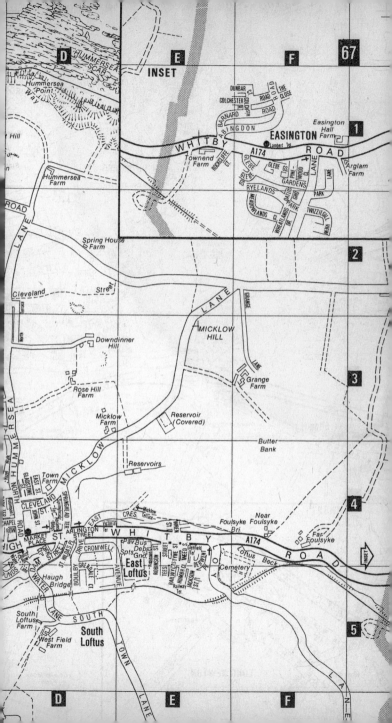

INSET

D

E

F

Hummersea Scar

Hummersea Point

Hummersea Way

Hill

DUNBAR CL
COLCHESTER
COLCHESTER CL
ROAD
ROAD
LINE
CLOSE

BARNARD

ABINGDON

ROAD

EASINGTON

Easington Hall Farm

WHITBY

Lambert Ter

ROAD

1

Hummersea Farm

ROAD
LANE

Townend Farm

A174

ROCKCLIFFE CT

GLEBE
GLEBE GS.
GDNS.

LINK

WOOD CL

PARK LANE

Barglam Farm

RYELANDS

GARDENS

DAVIS.

PARK

TWIZZIEGILL VIEW

Spring House Farm

MEADOWLANDS

WHEATLANDS CLOSE

ORCHARDS

2

Cleveland

Street

LANE

Terrace

North

GRANGE

MICKLOW HILL

Downdinner Hill

LANE

3

Rose Hill Farm

Grange Farm

HUMMERSEA

Micklow Farm

Reservoir (Covered)

Butter Bank

LANE

MICKLOW

Reservoirs

4

ROAD
NORTH

Town Farm

EAST ST.
GLADSTONE ST.
CLEVELAND TER.
SPRINGBANK TER.
JANE ST.

Micklow Terrace

CRES.

Victoria

EAST

LION ST.

WHITBY

A174

Near Foulsyke

Far Foulsyke

Chapel Row

HIGH

MARKET PLACE

DAM

HAUGH WATER

BRIDGE

St. Hilda St.

Boulby Dr.

Grenville Dr.

Arlington Ter.

Cromwell Avenue

Boulby Dr.

East Loftus

Pav.Bus Dept Spts. Gnd.

Robinson

Tees Street

Inman St.

Railway Ter.

Weed St.

Glenfield

Jackson St.

Foulsyke Bri.

Loftus Beck

Cemetery

ROAD

INSET

South Loftus Farm

LANE

SOUTH

South Loftus

TOWN

West Field Farm

LANE

5

D

E

F

LANE

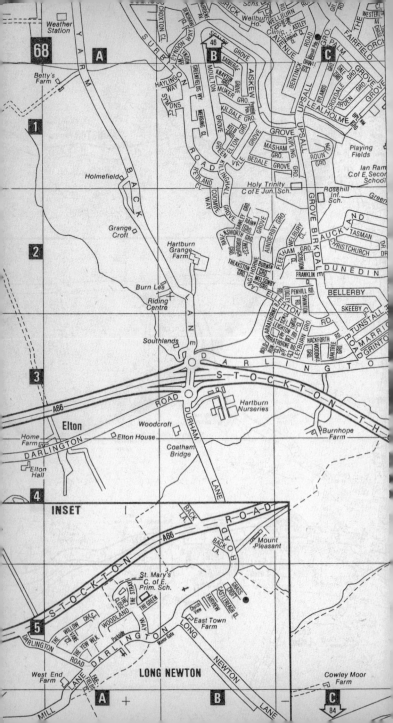

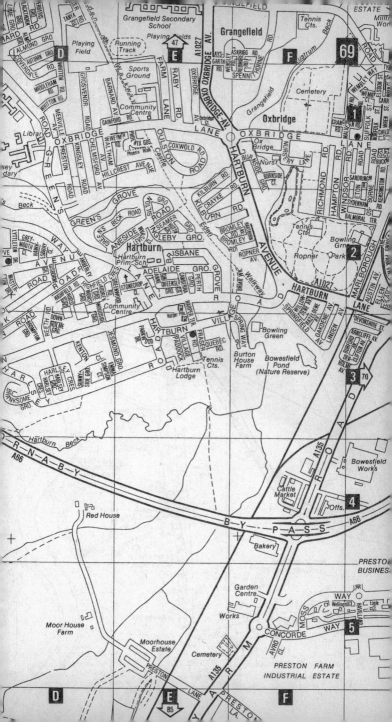

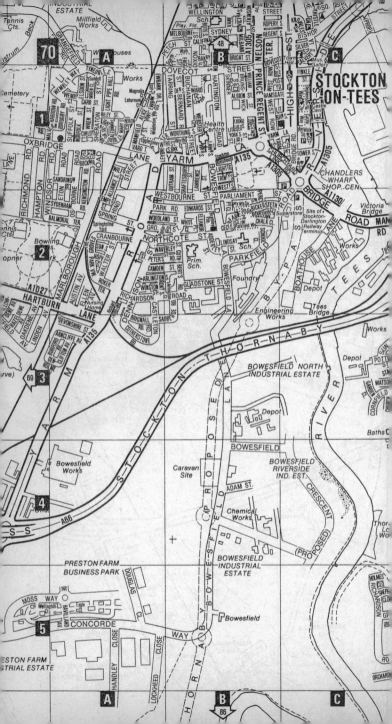

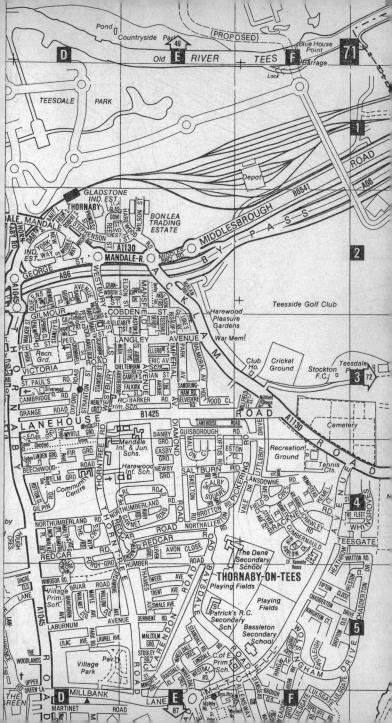

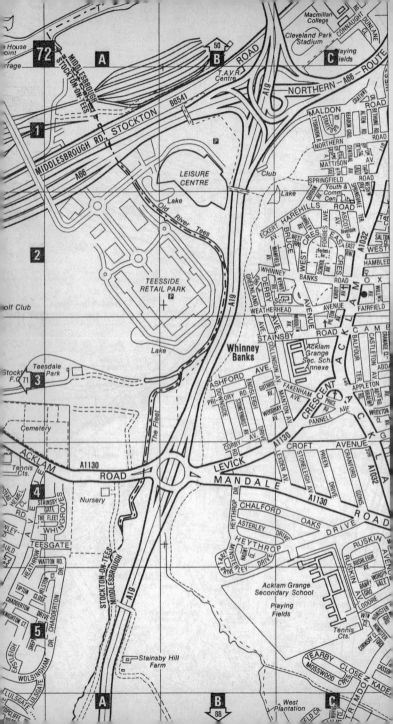

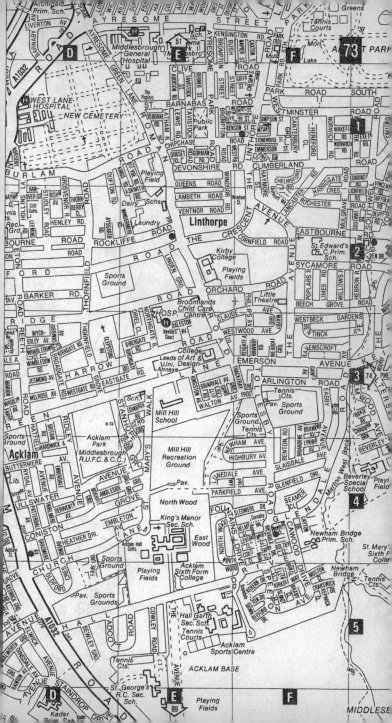

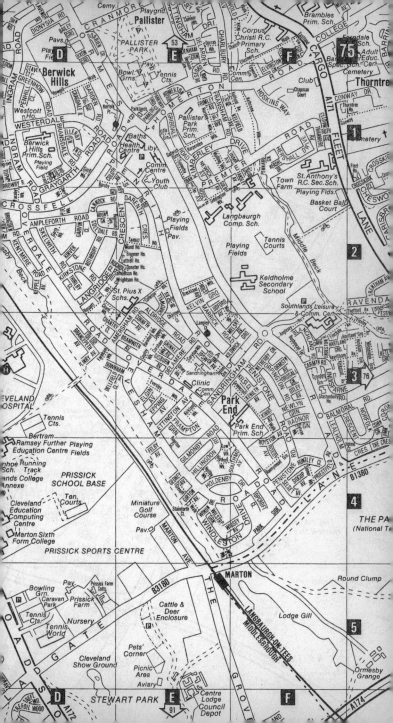

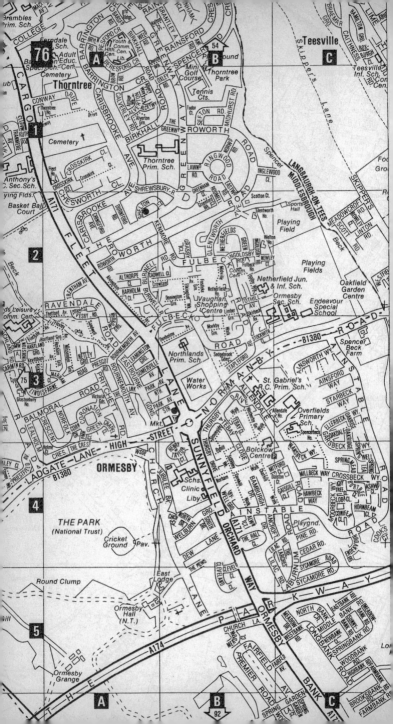

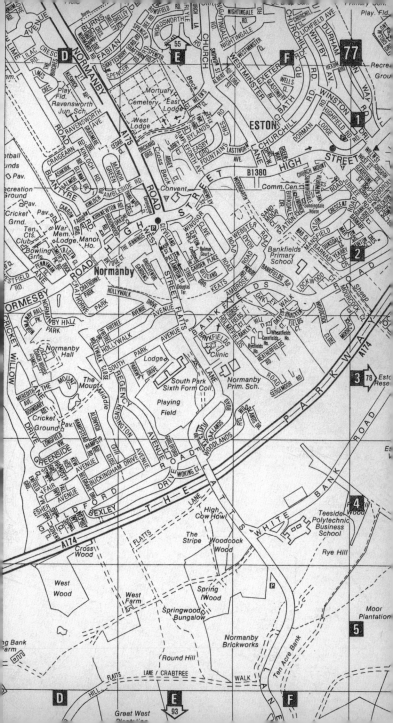

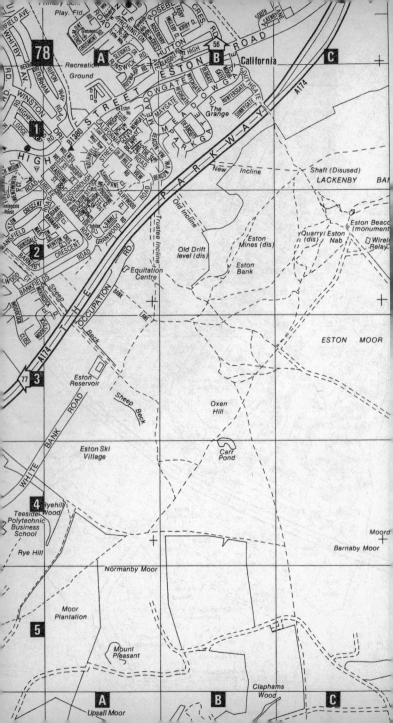

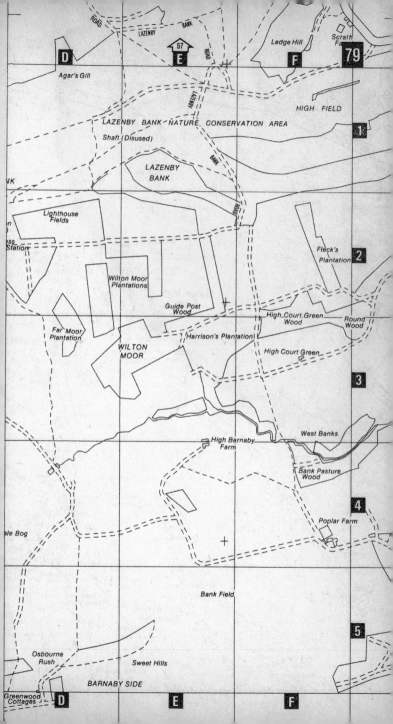

D

Agar's Gill

LAZENBY BANK NATURE CONSERVATION AREA

Shaft (Disused)

LAZENBY BANK

57

E

ROAD

LAZENBY BANK

ROAD

Ledge Hill

Scrath Fa

F

79

HIGH FIELD

1

LAZENBY BANK

ROAD

Lighthouse Fields

ss Station

Wilton Moor Plantations

Fleck's Plantation

2

Far Moor Plantation

WILTON MOOR

Guide Post Wood

Harrison's Plantation

High Court Green Wood

Round Wood

High Court Green

3

West Banks

High Barnaby Farm

Bank Pasture Wood

ale Bog

4

Poplar Farm

Bank Field

5

Osbourne Rush

Sweet Hills

BARNABY SIDE

Greenwood Cottages **D**

E

F

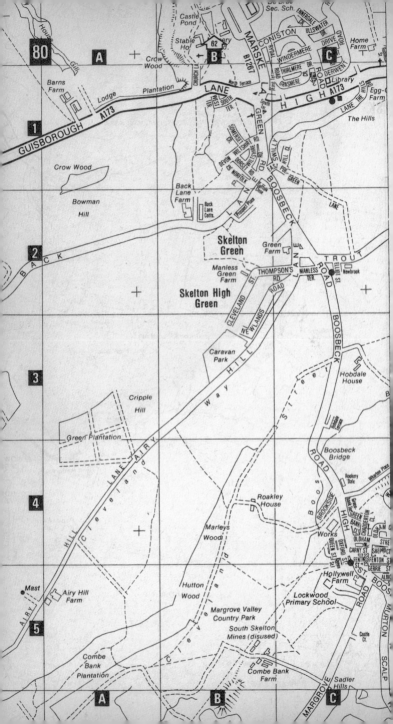

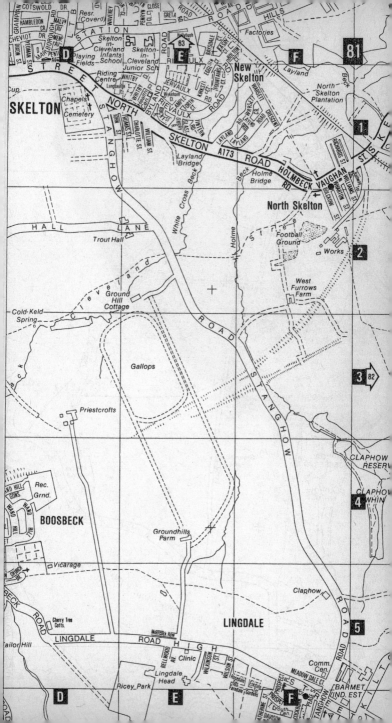

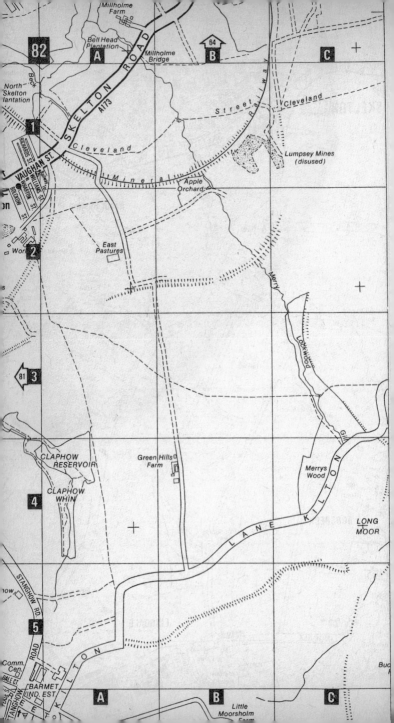

82

A **B** 64 **C**

1 81 **3** **2** **4** **5**

A **B** **C**

Millholme Farm
Bell Head Plantation
SKELTON ROAD
Millholme Bridge
A173
Beck
North Skelton Plantation
Street Railway
Cleveland
Cleveland
Lumpsey Mines (disused)
VAUGHAN ST.
RICHARDS ST
WILLIAMS ST.
FINKERTON ST.
HOLCROW
ST.
Wor
Apple Orchard
Mineral
East Pastures
Merry
Lockwood
CLAPHOW RESERVOIR
CLAPHOW WHIN
Green Hills Farm
Merrys Wood
KILTON LANE
LONG MOOR
Gill
STANGHOW RD.
STANGHOW
ROAD
Comm. Cen.
DALE CT.
BARMET IND. EST
KILTON
Little Moorsholm Farm
Buc
KILTON
KILLING

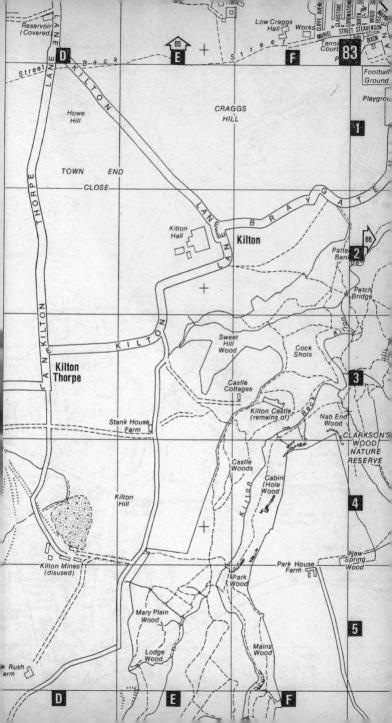

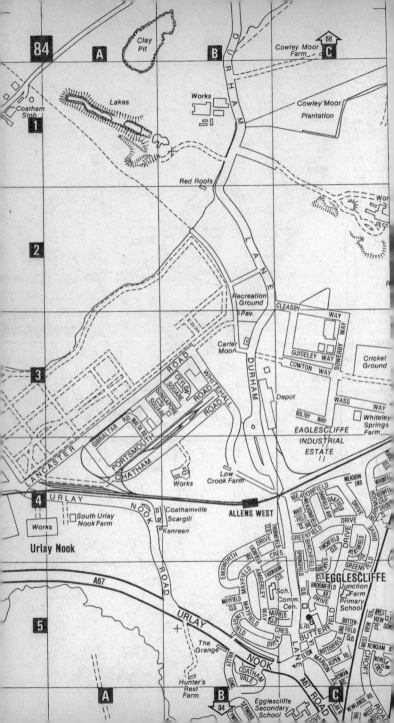

84

A   **B**   **C**   68

Clay Pit

Cowley Moor Farm

1
Coatham Stob

Lakes

Works

Cowley Moor Plantation

Red Roofs

DURHAM LANE

2

Wor

Recreation Ground
Pav.

CLEASBY WAY

SOWERBY WAY

Carter Moor

GUISELEY WAY

Cricket Ground

3

ROAD

CEYLON SQUARE

SINGAPORE SQUARE

MALTA RD.

WHITEHALL ROAD

COWTON WAY

DURHAM ROAD

Depot

WASS WAY

BOLTBY WAY

Whiteley Springs Farm

GIBRALTAR RD.

PORTSMOUTH ROAD

CHATHAM

EAGLESCLIFFE INDUSTRIAL ESTATE

LANCASTER

Works

Low Crook Farm

MEADOWFIELD

MEADOWFIELD AVE.

MEADOW END

WHINFE

4
URLAY NOOK

South Urlay Nook Farm

Coathamville
Scargill
Kenreen

ALLENS WEST

WHIT·FIELD CLO.

GARFIELD CLO.

BURNWOOD DRIVE

SOWEN

SKIDD

DRIVE

Works

Urlay Nook

THORNFIELD CLO.

GREENFIELD

BIRCHFIELD

SPRINGFIELD

FINCHFIELD CLO.

RESTFIELD

GREENFIELD

KIRK

DRIVE

EMSWORTH DRIVE

LINKFIELD

BIRCH CLO.

EGGLESCLIFFE

A67

MAYFIELD DRIVE

AMBERLEY WAY

FARNHAM CLO.

Sch. Comm. Cen.

BROOMFIELD AV.

DRIVE

Junction Farm Primary School

ROAD

URLAY

MAYFIELD CLO.

MAYFIELD CRES.

HATFIELD

Lib.

BUTTERFIELD GRO.

BUTTERFIELD CLO.

BUTTER-FIELD CLO.

WEST·VIEW GDN

NEWSAM

NEWSA

5

The Grange

NOOK

COATHAM VALE

ELTON

MARION RD.

ASPEN RD.

ROWAN

AGT ROAD

NEWLANDS RD.

THE

WEST·VIEW

Hunter's Rest Farm

A   **B**   94   Egglescliffe Secondary School   **C**

SEYMOUR

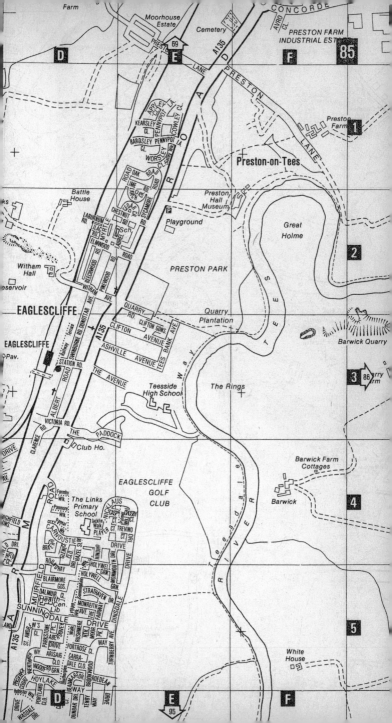

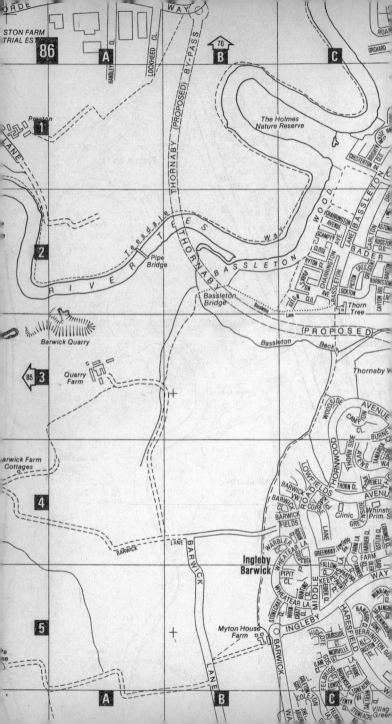

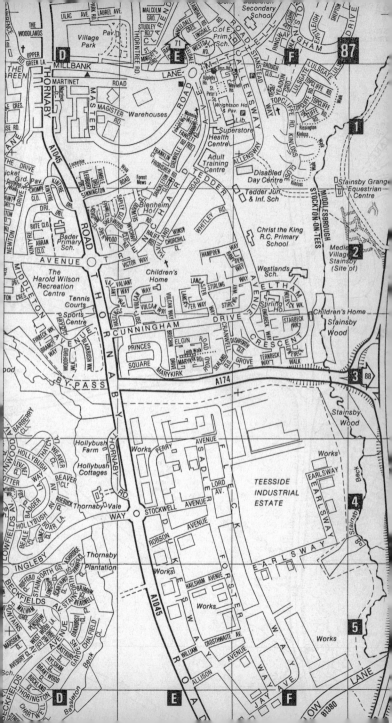

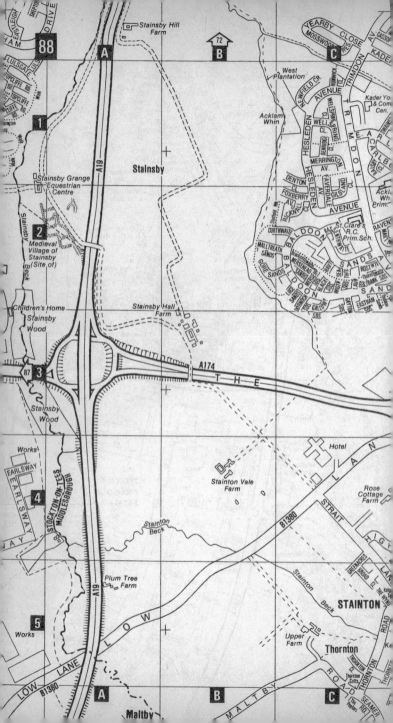

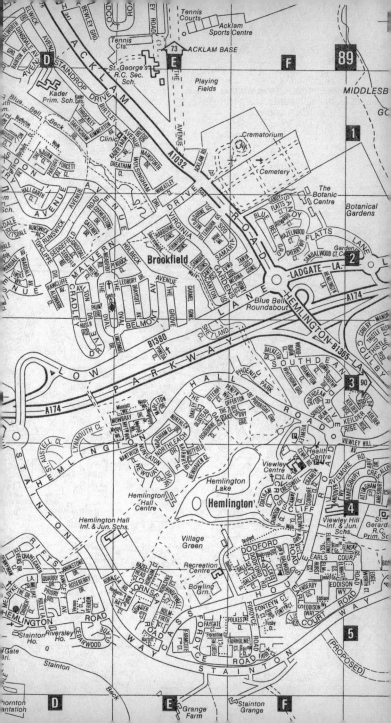

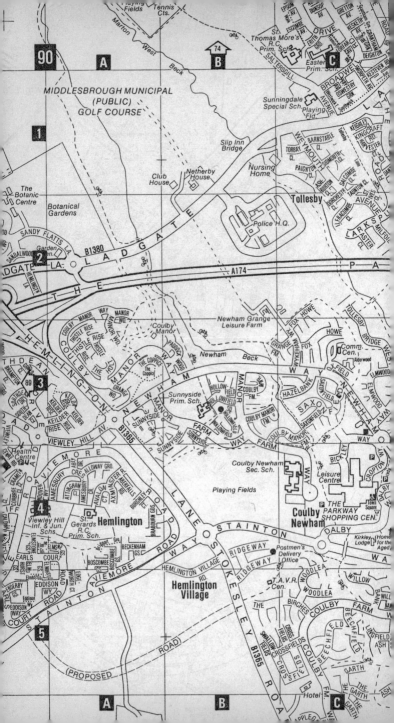

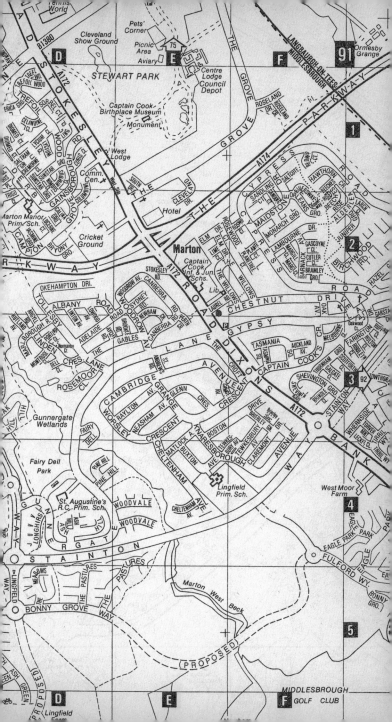

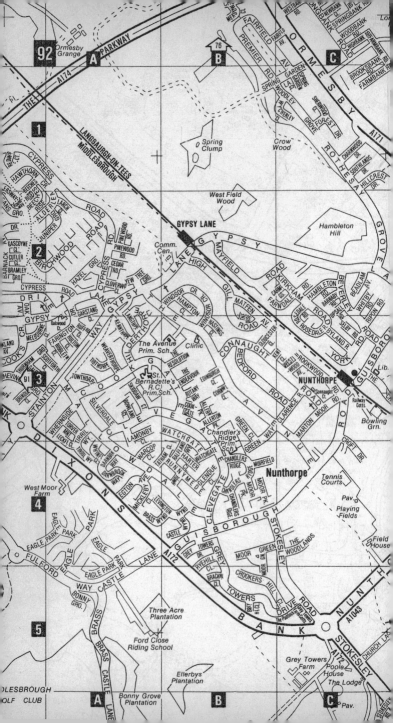

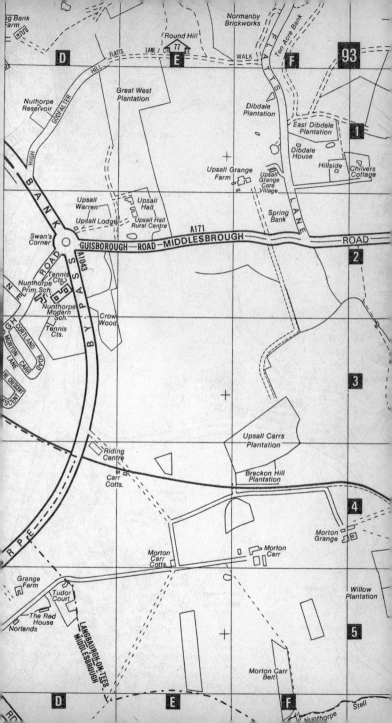

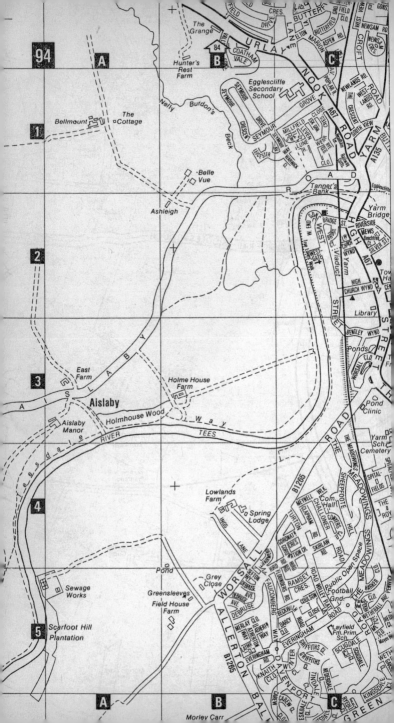

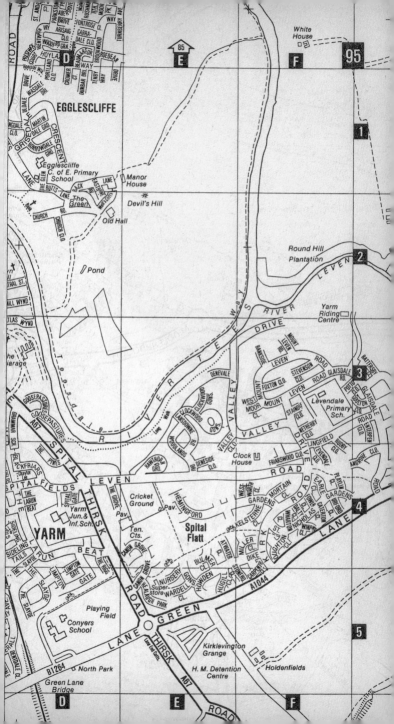

A   B   C

1

Mill Hill

North Cote Farm

Snails
Planta

Mast

Park Farm

PARK WOOD

2

Scugdale Close

Beck

Howl

Holmes Bridge

Sludge Beds

GUISBOROUGH

For
Gu

Pav

King George V
Playing Field

Sandswath Bridge

Wood House

OLD   MIDDLESBROUGH   ROAD

A171

MIDDLESBROUGH

WOODHOUSE

WOODHOUSE

BARNABY PL

ROA

WOODHOUSE RD

ROAD

PARK

WEST

Factory

ROAD   A171

3

WHINCHAT

TAIL

FULMAR
HEAD

GATE

HAGGIT'S

RUFF TAIL

LITTLE CRAKE

Westmead

Spring
Lodge

Chapel Chapel
Beck Beck
Bri.

TEASDALE

Newstead
Farm

MAGPIE
CL

WARBLER WAY

LITTLE
GREBE

RED-
WING

GREAT AUK
USED

HERON

PRIMROSE

WHINPRIMROSE

AVENUE

THAMES

SEVERN

AVON   DR.

BERCHEN

DRIVE

STOKESLEY

SWALLOW
CL.

OSPREY CL.

LARK

KINGFISHER

FALCON   WAY

MARD
DR

KESTREL HO.

Comm.
Cen.

CL.

Riding
School

LA.

DERWENT

AV.

LEVEN
RD

4

Grove Hill
Plantation

BRIARS
DR.

LANSDALE

STAINDALE

STAINDALE

STAINDALE

Galley Hill
Prim. Sch.

Shop.
Cen.

CAMPION

DRIVE

BRYONY
CL

BRACKEN

Hutton

TIDKIN

LA.

ST. LEONARDS

LUCIA LA.

NEVILLE GRO

TEES

AV.

THAMES

LATIMER   LATIMER

DORSET

STAINDALE

FARNDALE

DEEPDALE

KIRK-
DALE

WHITDALE

St. Paulinus
R.C. Prim.
Sch.

SORRELL
GRO.

ROWAN

AV.

TREFOIL
CL.

RD.

BERNALDBY

Newstead
Primary
Sch.

FARNDALE

DEEPDALE

EVENDALE

ASKEDALE

MASSAM

ROSEDALE GRO.

RYE

DALE

SUM. GRO

CRES

METNELL

FANACURT

MORTON CL.

THIRNE WAY

ROWLAND KELD

LOWCROSS AV.

ALDENHAM

ROX

Ke

OVERDALE

ASHLEYDALE

TINDALE

GLENDALE

THE GROVE

AVENUE

HUTTON

WEARDALE

TINDALE

SANDWOOD

SANDWOOD
PK.

PARK

HUTTON

5

Bousdale
Cotts.

Lowcross
Gate

Lowcross
Beck

HUTTON   VILLAGE

Hutton Gate

Waterfall

Hutton
Beck

Hutton
Hall

Bousdale

Beck

High
Bousdale
Woods

Home
Farm

ROAD

Hutton Lowcross

A   B   C

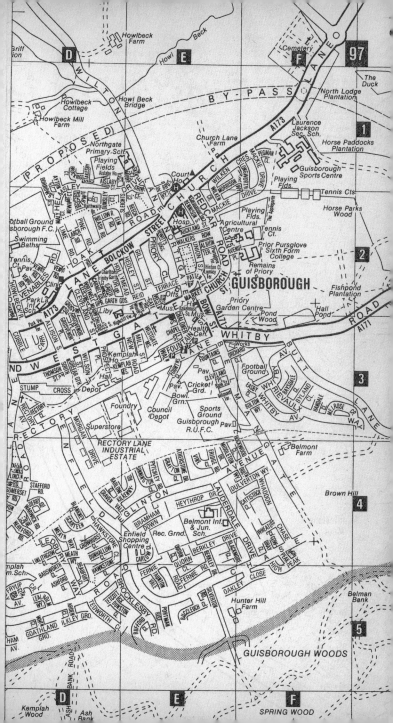

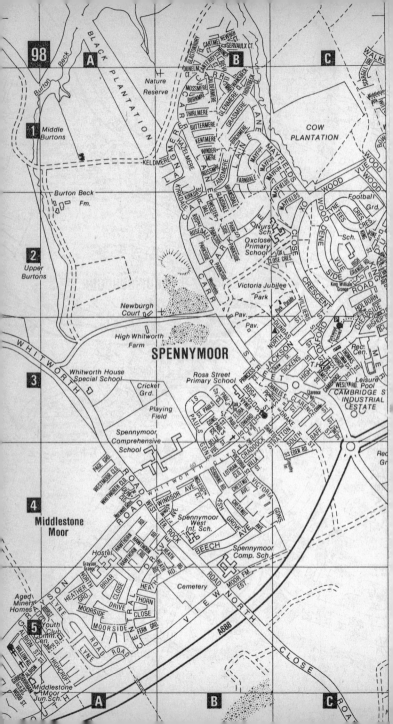

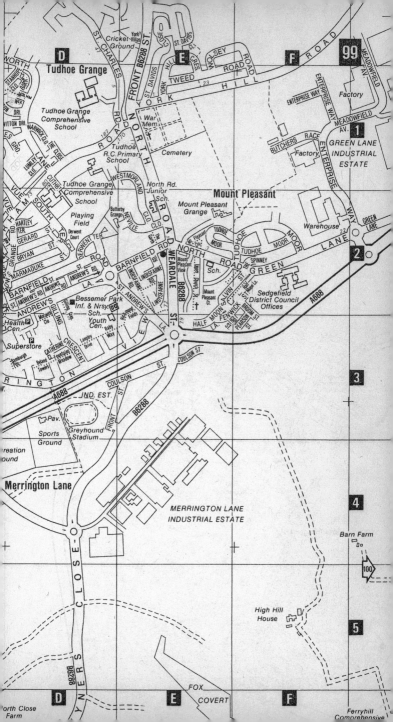

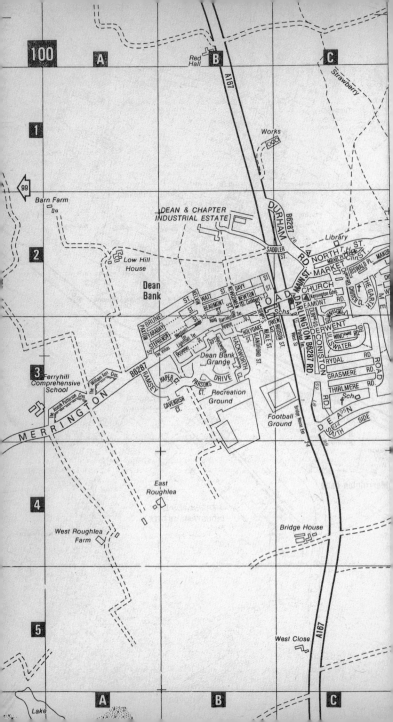

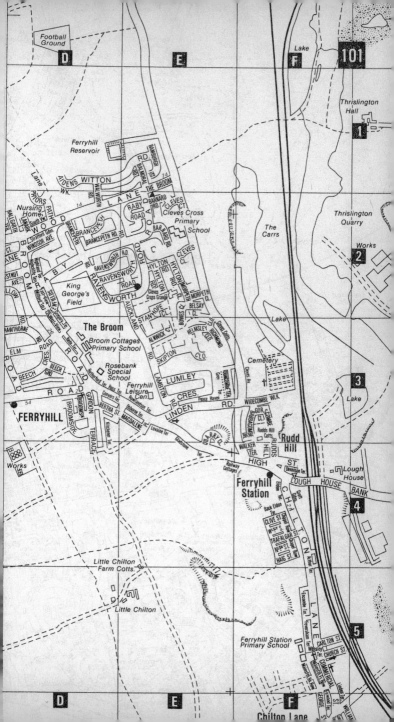

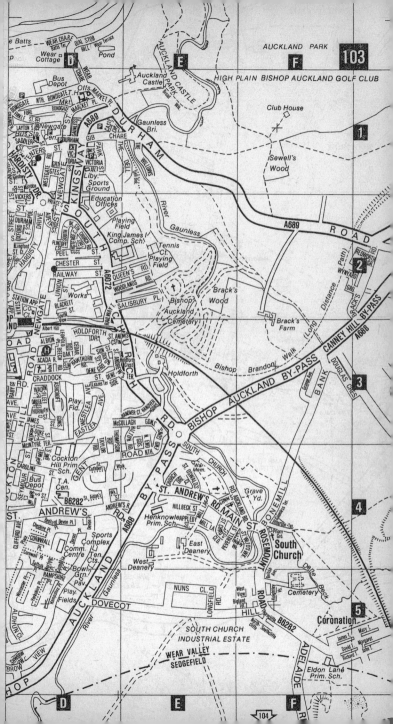

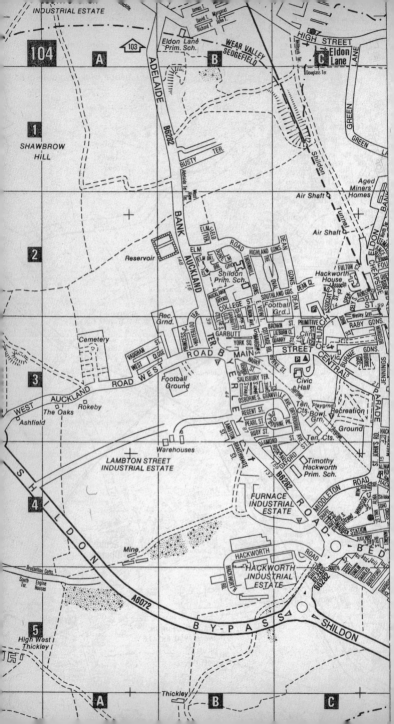

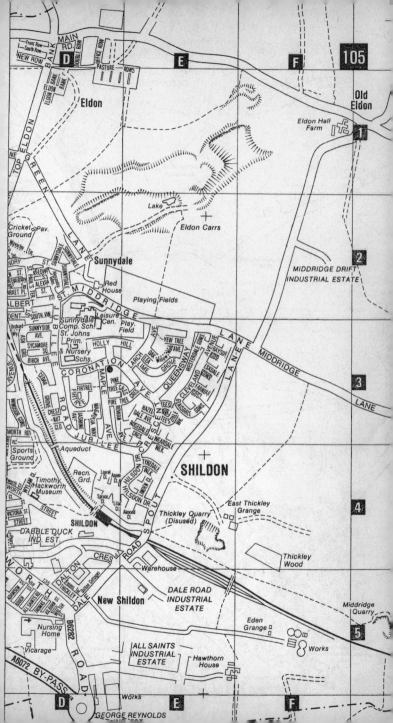

D   **E**   **F**

MAIN RD.
Front Row
South Row
NEW ROW
DOUBLE ROW
OFFICE ROW
PASTURE ROWS
BANK
ELDON BANK
TOP ELDON
NE

Eldon

Old Eldon

Eldon Hall Farm

1

GREEN LANE

Cricket Ground
Pav.

Lake

Eldon Carrs

Sunnydale

MIDDRIDGE DRIFT INDUSTRIAL ESTATE

2

Red House

Playing Fields

ST MIDDRIDGE

SEDGW
ST PAUL'S TER
ALEXA ST
FOUNDRY
NDRY
MARKET PL
ALBERT
DENT
South VW
Orchard VW
Sunnyside
AVE
ASH
SYCAMORE SQ
BIRCH AVE
CEDAR

Sunnydale Comp. Sch/
St. Johns
C.J.
Prim. & Nursery Schs
Leisure Cen.
Play Field

HOLLY
HILL
YEW TREE AVE
DALE
Winterton
GROVE
LARCH
LIME
TEA
QUEENSWAY
WESTERDALE ROWS
AVENUE
BAYSIDE GDNS
CLEVELAND GDNS
FARNDALE GDNS
ESKDALE GDNS

LANE MIDDRIDGE

3

LANE

CORONATION AVE
MAPLE
PINE TREE CRES
FIRTREE
PINE TREE DRS
ROWAN
MAGNOLIA WAY
JASMINE WK
CHEST-NUT CLO
GROVE
ROAD
JUBILEE
HAZEL
LILAC
TEESDALE WK
DALE AVE
ROSEDALE CRES
WEARDALE WLK
TEESDALE
CRESCENT
SOUARE
TYNEDALE WLK

WINDSOR GDNS
WORTH RD

Sports Ground
Aqueduct

SHILDON

+

Recn. Grd.

HILSDON DR
Laurel Cl
Aspen Cl
Spruce
Lilac Cl
Arnold Ct

SPOUT

East Thickley Grange

4

Timothy Hackworth Museum
WYLAM CT
WORTH
ST
VICTORIA ST
STREET

SHILDON

Thickley Quarry (Disused)

DABBLE DUCK IND. EST.

Thickley Wood

CRES
DALTON
THICKLEY
DALE
ROAD
Warehouse

NORTH
B6282
ADAMSON
ALL SAINTS
THOMAS ST

New Shildon

DALE ROAD INDUSTRIAL ESTATE

Middridge Quarry

5

Nursing Home
Vicarage

Eden Grange

Works

A6072 BY-PASS

Works

ALL SAINTS INDUSTRIAL ESTATE

Hawthorn House

D   **E**   **F**

GEORGE REYNOLDS

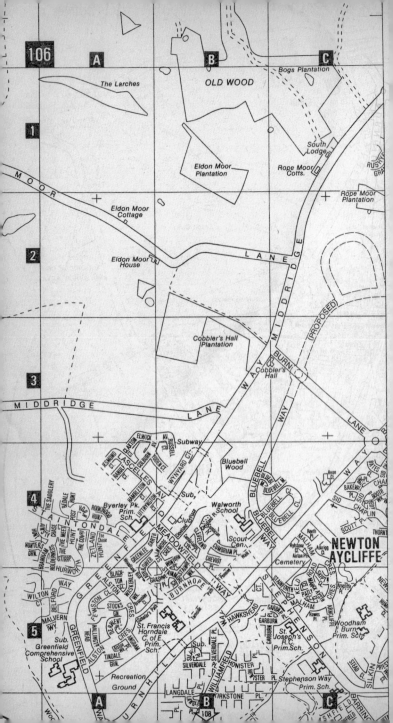

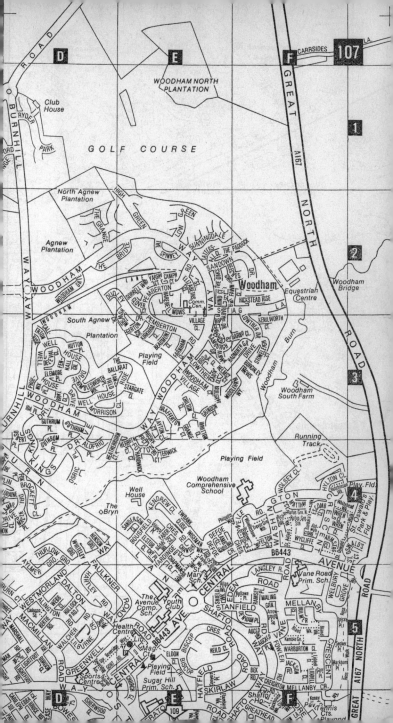

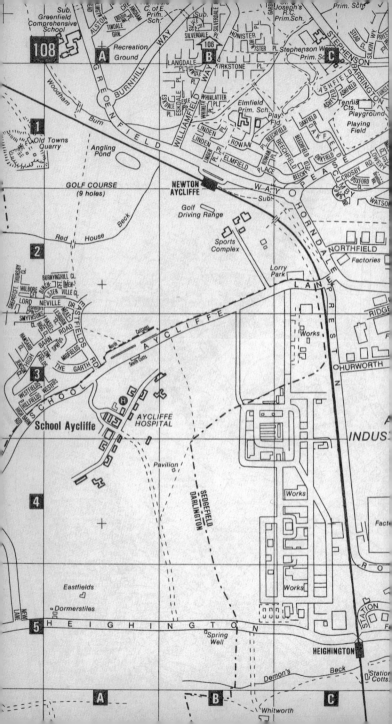

108

Sub. Greenfield Comprehensive School

C. of E. Prim. Sch.

Joseph's R.C. Prim. Sch.

Prim. Schs

Recreation Ground

Sub.

Silverdale

Honister Pl.

Stephenson Way Prim. Sch.

Old Towns Quarry

Angling Pond

Langdale

Kirkstone Pl.

Whinlatter

Elmfield Prim. Sch.

Play Fld

Tennis Cts. Playground

Playing Field

Eskdale

Williamfield

Whinfell

Linden Linden

Rowan

Linden Place

Elmfield

Beechfield

Oakfield

Crosby Rd. Oxford Rd.

Watson

GOLF COURSE (9 holes)

Red House

Beck

NEWTON AYCLIFFE

Golf Driving Range

Sports Complex

Lorry Park

Sub.

W A Y

HORNDALE

NORTHFIELD

Factories

Burnynghill Cl.

Wilbore

Thirsby Cl.

Sherdcot

Lord Neville Dr.

Smythsons

Hazel

Ester Ville Cl.

Eastfields Road

Cottages

North Tofts

AYCLIFFE

Works

LANE

RIDGE

Barn

Sports

Midfields Cl.

South Tofts

PRESTON

CHURWORTH

THE GARTH

School Aycliffe

Westfields Westers

Hillfields

High

SCHOOL

H

AYCLIFFE HOSPITAL

INDUS

Pavilion

Works

SEDGEFIELD DARLINGTON

Eastfields

Dormerstiles

NEW LANE

Works

Facto

H E I G H I N G T O N

Spring Well

HEIGHINGTON

STATION

Station Cotts.

Demon's

Beck

Whitworth

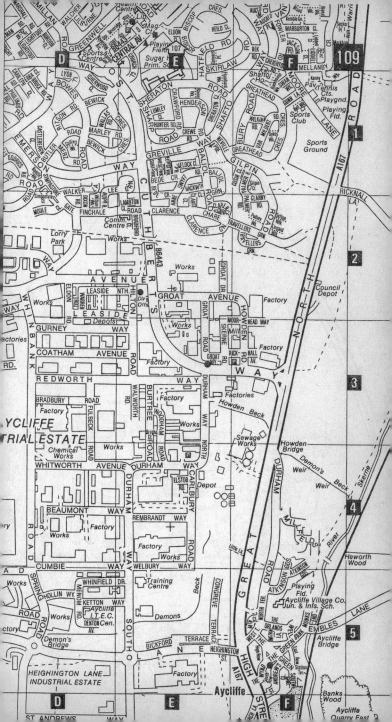

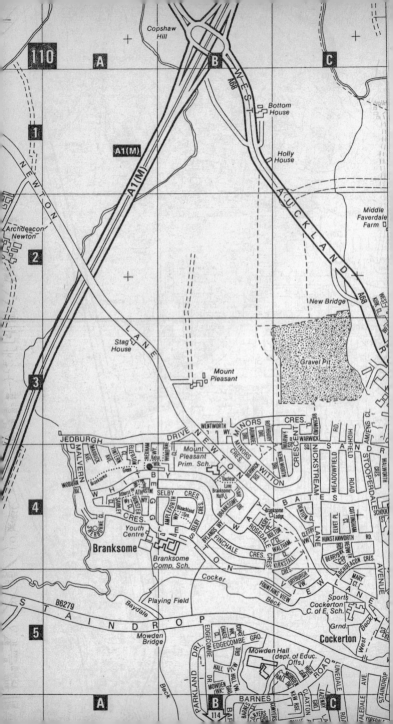

A   B   C

1

Copshaw Hill

W E S T

A68

Bottom House

NEWTON

A1(M)

A1(M)

Holly House

A

U

C

K

L

A

N

D

A68

Archdeacon Newton

2

Middle Faverdale Farm

WEST KIRK CL.

New Bridge

LANE

Stag House

3

Gravel Pit

Mount Pleasant

WENTWORTH WY.

MINORS CRES.

ROTHBURY

RICHMOND

SNOWS CL.

DRIVE

NEWTON

MINORS DRI.

ANNFIELD

WARWK.

HIGHFIELD

JEDBURGH

KENILWORTH

BERWICK

WITTON

CRESCENT

WARWICK SQ.

RD.

STOOPERDALE

MALVERN

WARWICK AVE.

TINTERN AVE.

ELVET DRI.

WHICKM.

S.W. Kelso Wlk.

Mount Pleasant Prim. Sch.

NICKSTREAM

MEADOWFIELD

ROAD

WALWORTH

WOBURN WY.

Green

Branksome

WHITE

Athers St. ATHOLSTNE.

ELERGAN. WY.

SELBY CRES.

Onclose Lane

Branksome Hall

BATT

SCHOOL

4

MALVERN

ATHOLST. WY.

AMPLEFORTH

SELBY CRES.

Blanchland Grn.

BRANKSOME DRI.

Branksome Lodge

DENTON CL.

ELVET PL.

COTTINGHAM

SHERBORNE CL.

CRES.

SKYLARKS WK.

FINCHALE CRES.

ROSEDALE CRES.

CLESBY VW.

HUNSTANWORTH

RD.

Youth Centre

LANE

WITTON

WALTHAM CL.

BERRYEDG.

REDWTH.

Branksome

Branksome Comp. Sch.

KIRKSTALL CRES.

ARCHDEACON CRES.

MARY CT.

AVENUE

Cocker

DRYBURGH VW.

FOUNTAINS VIEW

Beck

VIEW

Sports

West Beck

Cockerton C. of E. Sch.

Playing Field

Baydale

S   T   A   I   N   D   R   O   P

B6279

Grnd.

Cockerton

5

Mowden Bridge

Mowden Wlk.

PARKLAND DRI.

EDGECOMBE GRO.

EDGECOMBE CL.

HALL VIEW

DUG.

MOWDEN WK.

Mowden Hall (dept. of Educ. Offs.)

HALL

ROAD

CLAXTON GRO.

LUNEDALE AVE.

YOREDALE

Beck

BARNES

B   114   B   C

BARNES

BAR.

MYERS GRO.

COWGRS. CL.

NEW RISE

TEALDALE AVE.

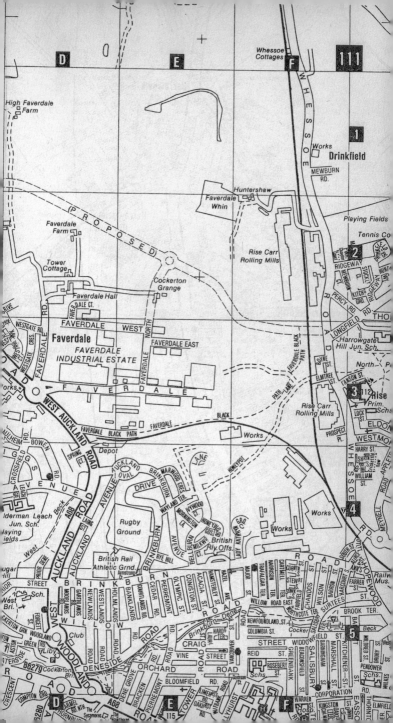

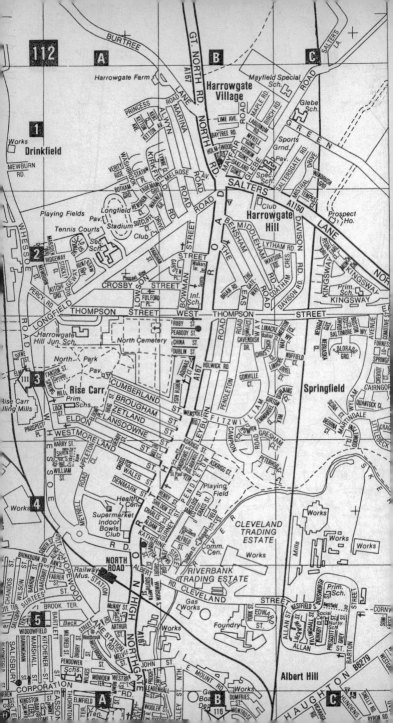

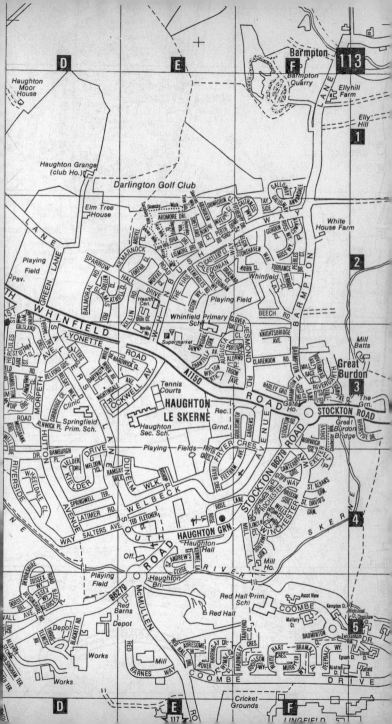

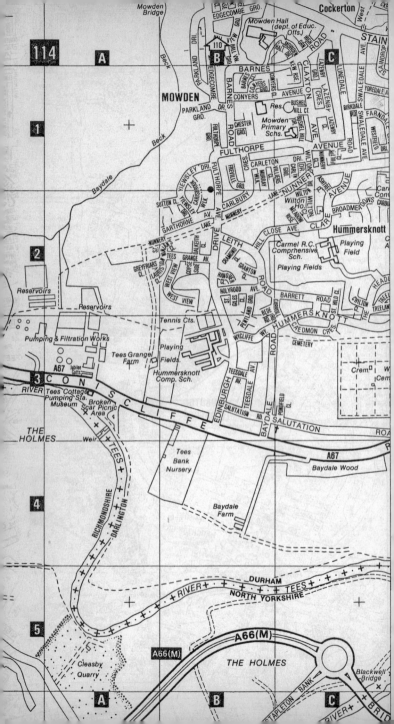

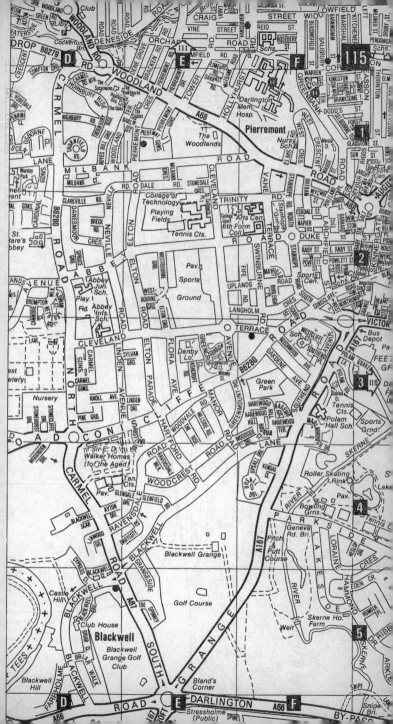

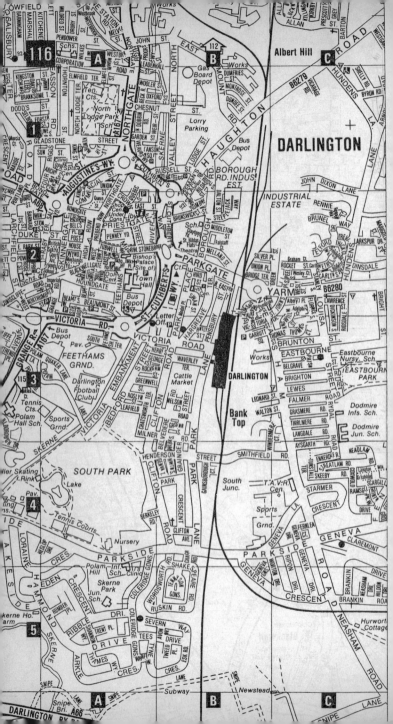

DARLINGTON

116

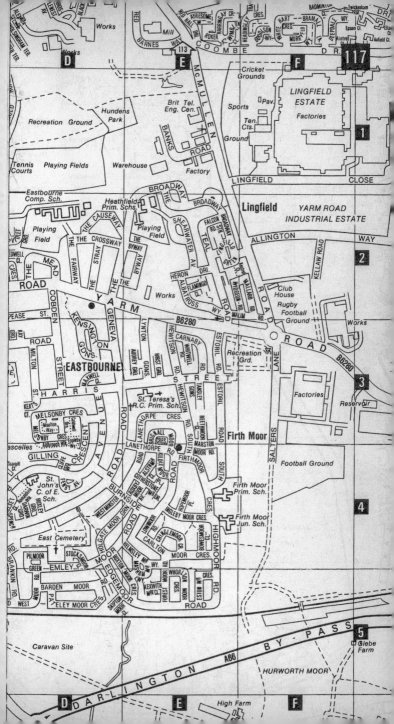

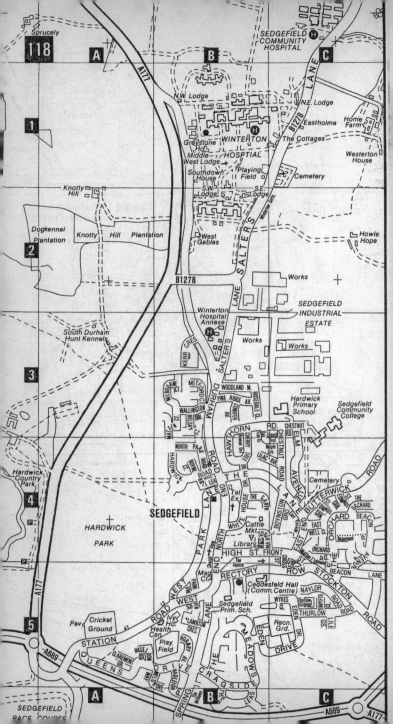

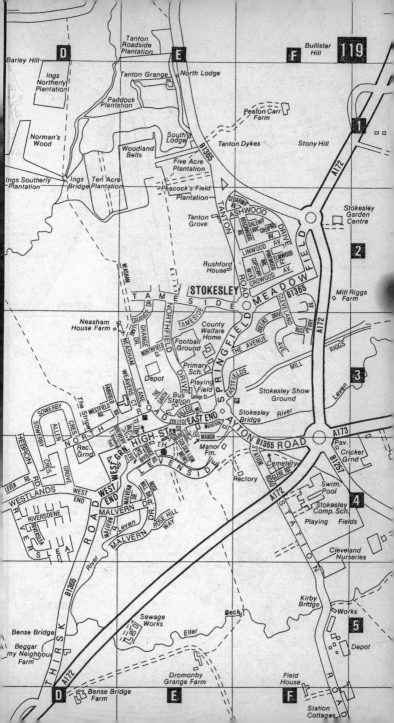

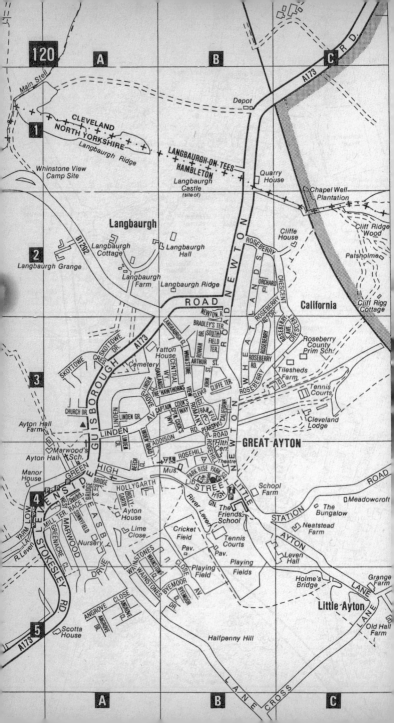

INDEX TO PLACES & AREAS

Names in this Index shown in CAPITAL LETTERS followed by their Postcode District(s), are Postal Addresses.

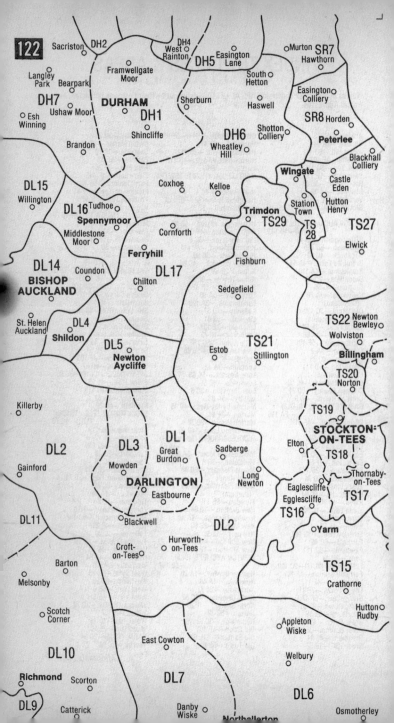

122

Sacriston
DH2
DH4
West · Rainton
Easington Lane
DH5
Murton
SR7
Hawthorn

Langley Park
Bearpark
Framwellgate Moor
South Hetton
Easington Colliery

DH7
Ushaw Moor
DURHAM
Sherburn
Haswell
SR8
Horden

Esh Winning
DH1
Shotton Colliery
Peterlee

Shincliffe
Brandon
DH6
Wheatley Hill
Blackhall Colliery

DL15
Willington
DL16 Tudhoe
Coxhoe
Kelloe
Wingate
Castle Eden
Hutton Henry

Spennymoor
Trimdon
Station Town
TS27

Middlestone Moor
Cornforth
TS29
TS 28

DL14
Ferryhill
DL17
Fishburn
Elwick

BISHOP AUCKLAND
Coundon
Chilton
Sedgefield

St. Helen Auckland
DL4
Shildon
Estob
Stillington
TS21
TS22
Newton Bewley
Wolviston
Billingham

DL5
Newton Aycliffe
TS20
Norton

Killerby
TS19

DL2
DL3
Great Burdon
Sadberge
STOCKTON-ON-TEES
Elton
TS18

Gainford
Mowden
DL1
Long Newton
Eaglescliffe
Thornaby-on-Tees

DARLINGTON
Eastbourne
Egglescliffe
TS17

DL11
Blackwell
DL2
TS16
Yarm

Croft-on-Tees
Hurworth-on-Tees
TS15

Barton
Crathorne

Melsonby
Hutton Rudby

Scotch Corner
Appleton Wiske

DL10
East Cowton
Welbury

Richmond
Scorton
DL7
DL6

DL9
Catterick
Danby Wiske
Northallerton
Osmotherley

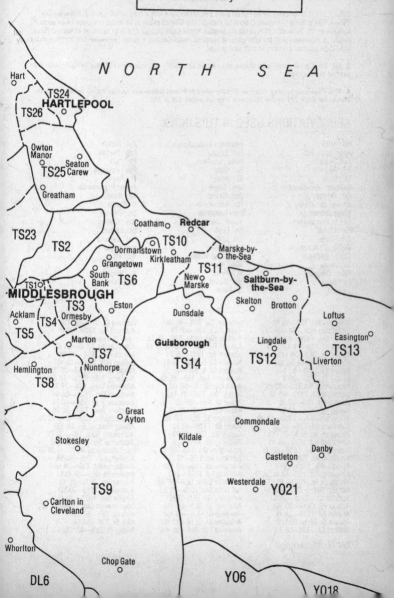

POSTCODE MAP

Posttown Boundary ——————

Postcode Boundary — — — — —

N O R T H   S E A

Hart

TS24

HARTLEPOOL

TS26

Owton Manor

Seaton Carew

TS25

Greatham

TS23

TS2

Coatham   **Redcar**

TS10

Dormanstown

Grangetown   Kirkleatham

Marske-by-the-Sea

TS11

South Bank

TS6

New Marske

Saltburn-by-the-Sea

TS1

MIDDLESBROUGH

TS3   Eston

Dunsdale

Skelton   Brotton

Acklam

TS4   Ormesby

Loftus

TS5

Easington

Marton

Lingdale

TS13

Guisborough

TS7

TS14

TS12

Liverton

Hemlington

Nunthorpe

TS8

Great Ayton

Commondale

Stokesley

Kildale

Danby

Castleton

Westerdale   YO21

TS9

Carlton in Cleveland

Whorlton

Chop Gate

DL6   YO6

YO18

INDEX TO STREETS

HOW TO USE THIS INDEX

1. A strict alphabetical order is followed in which Av., Rd., St., etc, are read in full and as part of the name preceding them, e.g. Ash Rd. follows Ashridge Clo. but precedes Ashton Rd.

2. Each street is followed by its Postal Code District Number and a map reference, e.g. Abberley Dri. TS8—4A 90 is in the Cleveland (Teesside) Postal Code District and is to be found in square 4A on page 90, and Abbey Rd. DL3—2D 115 is in the Darlington Postal Code District and is to be found in square 2D on page 115. However, with the now general usage of Postal Coding, it is not recommended that this index should be used as a means of addressing mail.

3. Any Streets too small to be shown and certain subsidiary addresses are included in italics with their nearest thoroughfare.

4. The Postcode for any Town or locality used in Postal addresses can be found in the Index to Places on page 121 or the Postcode Map on pages 122 & 123.

ABBREVIATIONS USED IN THIS INDEX

All : Alley
App : Approach
Arc : Arcade
Av : Avenue
Bk : Back
Boulevd : Boulevard
Bri : Bridge
B'way : Broadway
Bldgs : Buildings
Chyd : Churchyard
Cir : Circus
Clo : Close
Comn : Common
Cotts : Cottages
Ct : Court
Cres : Crescent
Dri : Drive
E : East

Embkmt : Embankment
Est : Estate
Gdns : Gardens
Ga : Gate
Gt : Great
Grn : Green
Gro : Grove
Ho : House
Ind : Industrial
Junct : Junction
La : Lane
Lit : Little
Lwr : Lower
Mans : Mansions
Mkt : Market
M : Mews
Mt : Mount
N : North

Pal : Palace
Pde : Parade
Pk : Park
Pas : Passage
Pl : Place
Prom : Promenade
Rd : Road
S : South
Sq : Square
Sta : Station
St : Street
Ter : Terrace
Up : Upper
Vs : Villas
Wlk : Walk
W : West
Yd : Yard

Airy Hill La. TS12—5A to 2C 80
Aiskew Gro. TS19—1B 68
Aislaby Ct. TS14—1D 97
Aislaby Gro. TS23—3F 19
Aislaby Ho. TS2—1F 51
 (off Dacre St.)
Aislaby La. TS14—1D 97
Aislaby Rd. TS16—3A 94
Ajax Clo. DL1—3D 113
Ajax Way. TS6—4B 54
Alan St. TS6—2B 54
Albany Ct. TS26—4E 7
Albany Rd. TS7—2D 91
Albany Rd. TS20—1D 49
Albany St. TS1—4F 51
Albatross Way. DL1—2E 117
Albert Hill. DL14—3D 103
Albert M. TS1—3A 52
Alberto St. TS18—4B 48
Albert Rd. DL1—5A 112
Albert Rd. TS1—3A 52
Albert Rd. TS6—1E 77
Albert Rd. TS16—3D 85
Albert Rd. TS19—5C 46
Albert St. TS1—2B 116
Albert St. DL4—2D 105
Albert St. TS2—2A 52
Albert St. TS10—4D 29
Albert St. TS24—5A 8
Albert Ter. TS1—5F 51
Albery Pl. DL1—2C 116
Albion Av. DL4—2B 104
Albion Ho. TS2—1A 52
 (off Dacre St.)
Albion Pl. TS13—1B 66
Albion St. DL16—5A 98
Albion St. TS12—5C 80
Albion St. TS18—1B 70
Albion Ter. DL14—3D 103
Albion Ter. TS12—1D & 2D 63
Albion Ter. TS14—2E 97
Albion Ter. TS24—3D 9
Albourne Grn. TS4—4C 74
 (in two parts)
Albury Way. TS3—1A 76
Alconbury Way. TS3—1A 76
Aldam St. DL1—4A 112
Aldborough Clo. TS19—5C 46
Aldbrough Wlk. DL1—4D 117
Aldburgh Clo. TS25—2C 14
Aldegrove Dri. TS4—4C 74
Aldenham Rd. TS14—5C 96
Alderlea. TS7—2A 92
Alderney Wlk. TS14—4C 96
Alder Rd. TS19—3A 48
Alderson St. DL14—3D 103
Alderson St. TS26—5E 7
Alderwood. TS8—3C 90
Alderwood Clo. DL1—3E 113
Alderwood Clo. TS27—3A 4
Aldfrid Pl. DL5—4D 107
Aldhun Clo. DL14—5D 103
Aldridge Rd. TS3—3E 75
Aldwark Clo. TS5—2D 89
Aldwych Clo. TS6—3D 77
Aldwyn Wlk. DL5—4F 107
Alexander St. DL1—5D 113
Alexander Ter. TS3—5F 53
Alexandra Gdns. DL4—2D 105
Alexandra Rd. TS6—3E 55
Alexandra St. DL4—2D 105
Alexandra St. TS18—1A 70
Alford Gro. TS25—4E 11
Alford La. TS19—3E 47
Alford Rd. TS12—5C 64

Alfred St. DL1—4B 112
Alfred St. TS10—4E 29
Alfred St. TS24—2D 9
Alfriston Clo. TS17—5C 86
Alice Row TS18—1A 70
Alice St. TS20—5C 32
Alington Rd. DL5—5D 107
Allan St. DL1—5C 112
Allan Wlk. DL5—3E 107
Allendale Ho. TS7—3C 76
Allendale Rd. TS7—3B 76
Allendale Rd. TS18—4F 47
Allendale Rd. TS23—2D 33
Allendale St. TS25—5C 12
Allendale Ter. TS11—2A 60
Allen Gro. TS9—3D 119
Allensway. TS17—1F 87
Allerton Balk. TS15—5B 94
Allerton Pk. TS7—3B 92
Alliance St. DL3—4A 112
Alliance St. TS18—1A 70
Alliance St. TS24—1D 9
Allington Dri. TS23—4E 19
Allington Wlk. TS23—4E 19
Allington Way. DL1—2F 117
Allinson St. TS3—4D 53
Allison Av. TS17—5E 87
Allison Pl. TS24—2C 8
Allison St. TS14—3D 97
Allison St. TS18—5B 48
Alloa Gro. TS25—4E 11
Alloway Dri. TS8—4A 90
All Saints Ind. Est. DL4—5E 105
All Saints Rd. DL4—5D 105
Alma Ho. TS2—2A 52
 (off Cleveland St.)
Alma Pde. TS10—4D 29
Alma Rd. DL4—4C 104
 (in two parts)
Alma St. TS18—5B 48
Alma St. TS26—4E 7
 (in two parts)
Almond Ct. DL4—4E 105
Almond St. TS4—3A 74
Almond Gro. TS11—5D 45
Almond Gro. TS19—5D 47
Alness Gro. TS25—4E 11
Alnport Rd. TS18—4J 49
Alnwick Clo. DL14—3B 102
Alnwick Clo. DL17—3E 101
Alnwick Clo. TS10—1F 43
Alnwick Clo. TS27—5B 4
Alnwick Gro. DL5—3E 107
Alnwick Gro. TS20—4B 32
Alnwick Pl. DL1—3D 113
Alpha Gro. TS20—2C 48
Alphonsus St. TS3—4C 52
Alston Cres. DL5—5A 106
Alston Grn. TS3—5E 53
Alston Moor Clo. DL1—4E 117
Alston St. TS26—1F 11
Alston Wlk. DL5—5A 106
Althorpe Clo. TS3—2A 76
Alton Rd. TS5—1C 72
Alva Gro. TS25—4E 11
Alverstone Av. TS25—2F 11
Alverston Rd. TS20—1A 48
Alverton Clo. TS3—1A 76
Alverton Grn. TS3—1A 76
Alvingham Ter. TS3—2A 76
Alvis Clo. TS23—1C 34
Alvis Ct. TS23—1C 34
Alwent Rd. TS1—4F 51
Alwinton Ct. TS7—4B 76
Alwyn Rd. DL3—1B 112
Amberley Clo. TS18—2D 69

Amberley Grn. TS3—5E 53
Amberley Way. TS16—5B 84
Amber St. TS1—4F 51
Amber St. TS12—1D 63
Amberton Rd. TS24—2F 7
Amberwood Clo. TS25—3A 4
Amberwood Wlk. TS27—3A 4
 (off Amberwood Clo.)
Amble Clo. TS26—4B 6
Ambleside Av. TS10—1D 43
Ambleside Gro. TS5—4D 73
Ambleside Rd. TS6—2D 77
Ambleside Rd. TS23—5F 33
Amble View. TS20—1D 49
Ambrose Rd. TS6—2F 77
Amersham Rd. TS3—3E 75
Amesbury Cres. TS8—4A 90
Amiens Clo. DL3—3C 110
Ammerston Rd. TS1—3E 51
Ampleforth Av. TS6—1E 77
Ampleforth Ct. TS12—1E 81
Ampleforth Rd. TS3—2D 75
Ampleforth Rd. TS23—1A 34
Ampleforth Way. DL3—4B 110
Ampleforth Way. TS23—2C 34
Amroth Grn. TS3—5E 53
Ancaster Rd. TS20—1A 48
Anchor Ct. TS20—2D 9
Anchor Ho. TS24—4B 8
 (off Warrior Quay)
Ancroft Dri. TS7—4B 76
Ancroft Gdns. TS20—1C 48
Anderson Rd. TS17—2E 71
Andover Way. TS8—4F 89
Andrew Pl. TS24—5F 7
Andrew St. TS24—5A 8
Anfield Ct. DL1—5F 113
Angle Ct. TS4—5B 52
Anglesey Av. TS3—3F 75
Anglesey Gro. TS26—2C 6
Anglesey Wlk. TS14—4D 97
 (off Hutton La.)
Angle St. TS4—4B 52
Angling Grn. TS13—2B 66
Angram Pl. DL5—5A 106
Angrove Clo. TS9—5A 120
Angrove Clo. TS15—4F 95
Angrove Dri. TS9—5A 120
Angus St. TS26—4E 7
Anlaby Clo. TS23—3F 19
Annandale. DL1—2F 113
Annandale Cres. TS24—5D 5
Annan Rd. TS23—4F 19
Ann Crooks Way. TS24—2D 9
Anne Swyft Rd. DL5—2E 109
Annfield Clo. TS23—4E 19
Ann's Ter. DL3—4A 112
Ann St. TS6—3B 54
Ansdale Rd. TS3—5B 54
Antrim Av. TS19—4B 46
Appleby Av. TS3—5E 53
Appleby Clo. TS11—2F 59
Appleby Gro. TS24—2F 7
Appleby Ho. TS17—1E 87
Appleby Rd. TS3—5F 19
Appleby St. DL14—4E 103
Applegarth, The. TS14—2F 97
Apple Orchard Bank. TS12
 —4F 61
Appleton Clo. DL3—4A 112
Appleton Rd. TS5—3C 72
Appleton Rd. TS19—3A 48
Applewood Clo. TS27—3A 4
Appley Clo. TS16—1E 85
Apsley St. TS1—5A 52
Aquinas Ct. DL3—3B 112

Arabella Clo. TS24—1C 8
Arabella St. TS24—1C 8
Arbroath Gro. TS25—4D 11
Arcade, The. TS9—4B 120
Arch Ct. TS24—1A 8
Archdeacon Cres. DL3—4C 110
Archer Av. DL14—5B 102
Archer Clo. TS4—4B 74
Archer St. DL3—1A 116
Archer St. TS17—2D 71
Archer St. TS24—5A 8
Archibald St. TS5—5D 51
Arden Clo. TS14—5D 97
Arden Ct. TS10—2C 42
Arden Gro. TS19—1C 68
Ardmore Dri. DL1—2E 113
Ardrossan Rd. TS25—4E 11
Argory, The. TS17—5C 86
Argyle Rd. TS6—2E 55
Argyll Clo. DL1—2E 113
Argyll Rd. TS7—3D 91
Argyll Rd. TS20—1B 48
Argyll Rd. TS25—4E 11
Arisaig Clo. TS16—5D 85
Arkendale St. DL1—4B 112
Arken Ter. TS20—2C 48
Arkle Cres. DL1—5A 116
Arkley Cres. TS24—5E 5
Ark Royal Clo. TS25—4B 12
Arlington Ct. TS18—2B 70
Arlington Rd. TS5—3F 73
Arlington St. TS13—4D 67
Arlington St. TS18—2A 70
Armada Ho. TS24—4B 8
  (off Warrior Quay)
Armadale Clo. TS19—4A 46
Armadale Gro. TS25—4D 11
Armitage Rd. TS10—2F 41
Armoury St. DL16—2C 98
Armstrong Clo. DL5—4F 107
Armstrong Ct. DL3—5E 111
Arncliffe Av. TS18—3A 70
Arncliffe Gdns. TS26—1E 11
Arncliffe Pl. DL5—5C 106
  (in two parts)
Arncliffe Rd. TS5—5C 50
Arnold Gro. TS25—3C 10
  (in two parts)
Arnold Rd. DL1—1C 116
Arnside Av. TS3—5E 53
Arran Clo. TS17—2D 87
Arran Gro. TS25—4E 11
Arran Wlk. DL1—2E 113
Arran Wlk. TS14—4D 97
Arrathorne Rd. TS18—3B 68
Arrowsmith Sq. DL5—5F 107
Arthur St. DL3—5A 112
Arthur St. TS9—3B 120
Arthur St. TS10—3C 28
Arthur Ter. DL14—4C 102
Arthur Ter. DL17—4F 101
Arthur Ter. TS11—2B 60
Arundel Clo. DL14—3B 102
Arundel Dri. DL3—3B 110
Arundel Grn. TS3—5E 53
Arundel Rd. TS23—5E 19
Arundel St. TS10—3C 28
Ascot Av. TS5—2C 72
Ascot Dri. TS18—3A 50
Ascot Rd. TS10—2E 43
Ascot View. DL1—5F 113
Ash Bank Rd. TS14—5D 97
Ashbourne Ct. TS6—1A 78
Ashbourne Rd. TS19—3B 48
Ashburn St. TS25—5C 12
Ashburton Clo. TS8—1C 90

Ashby Gro. TS25—1C 14
Ashby Rd. TS23—5E 19
Ashcombe Clo. TS22—5B 18
Ashcroft Gdns. DL14—3D 103
Ashcroft Rd. DL3—3E 115
Ashdown Clo. TS17—2D 87
Ashdown Way. TS23—4B 20
Ashfield. DL5—1C 108
Ashfield Av. TS4—2A 74
Ashfield Clo. TS25—4C 14
Ashford Av. TS5—3B 72
Ashford Clo. TS14—5D 97
Ash Grn. TS8—5C 90
Ash Gro. DL4—3D 105
Ash Gro. DL16—4B 98
Ash Gro. TS6—4C 54
Ash Gro. TS13—4C 66
Ashgrove Av. TS25—2F 11
Ashgrove Pl. TS25—2F 11
Ash Hill. TS8—4D 91
Ashkirk Rd. TS6—1D 77
Ashley Gdns. TS24—3D 7
Ashridge Clo. TS11—2A 60
Ashridge Clo. TS17—4D 87
Ash Rd. TS14—2D 97
Ashton Rd. TS20—5F 31
Ashtree Clo. DL3—1C 114
Ashville Av. TS16—3D 85
Ashville Av. TS20—4A 32
Ashwood Clo. TS7—4C 76
Ashwood Clo. TS27—4A 4
Ashwood Dri. TS9—2F 119
Askern Dri. TS5—5F 73
Aske Rd. TS1—4F 51
Aske Rd. TS10—5E 29
Askewdale Gro. TS14—4A 96
Askrigg Clo. DL5—4C 106
Askrigg Ct. DL1—4B 112
Askrigg Rd. TS18—5F 47
Askrigg St. DL1—4B 112
Askrigg Wlk. TS3—2D 75
Askwith Rd. TS5—2E 73
Aspen Ct. DL4—4D 105
Aspen Dri. TS5—2A 74
Aspen Rd. TS16—5C 84
Association Ct. DL4—2C 104
Association St. DL4—2C 104
Aster Clo. TS7—2C 90
Asterley Dri. TS5—4B 72
Astley Clo. TS19—5C 46
Aston Av. TS3—4F 53
Astonbury Grn. TS4—4C 74
  (in two parts)
Aston Dri. TS17—2C 86
Aston Rd. TS22—5C 18
Aston Ter. DL3—5D 111
Atherstone Dri. TS14—4E 97
Atherstone Way. DL3—4A 110
  (in two parts)
Atherton Ter. DL14—4F 103
Atherton Way. TS15—5B 94
Athol Gro. TS10—5B 28
Atholl Clo. DL1—2D 113
Atholl Gro. TS25—4E 11
Athol St. TS1—5F 51
Atkinson Gdns. DL5—5F 109
Atkinson St. TS18—5B 48
Atlas Wynd. TS15—3D 95
Attingham Clo. TS8—4A 90
Attlee Rd. TS6—4F 55
Attlow Wlk. TS3—1A 76
Atwater Clo. TS15—4E 95
Atwick Clo. TS23—2F 19
Aubrey St. TS1—5A 52
Auckland Av. DL3—4D 111
Auckland Av. TS7—3F 91

Auckland Ho. TS2—2A 52
  (off Durham St.)
Auckland M. DL5—5F 107
Auckland Oval. DL3—4E 111
Auckland Pl. DL5—5F 107
Auckland Rd. DL14—4F 103
Auckland Rd. DL17—2E 101
Auckland Rd. TS23—3B 20
Auckland St. TS14—2E 97
Auckland Ter. DL4—2B 104
Auckland Way. TS18—2C 68
Auckland Way. TS26—1A 10
Auckland Wynd. DL4—2B 104
Audrey Gro. DL1—3E 117
Audrey Gro. TS18—2D 69
Augusta Clo. DL1—3E 113
Austin Av. TS18—2D 69
Autumn Gro. TS19—5D 47
Avalon Ct. TS8—4A 90
Avebury Clo. TS17—5D 87
Avens Way. TS17—4C 86
Avenue Pl. TS14—2E 97
Avenue Rd. TS24—5F 7
Avenue, The. TS5—1E 89
  (Brookfield)
Avenue, The. TS5—2F 73
  (Linthorpe)
Avenue, The. TS6—5D 55
Avenue, The. TS7—3B 92
Avenue, The. TS9—3F 119
Avenue, The. TS10—4E 29
Avenue, The. TS12—4C 64
Avenue, The. TS14—4B 96
Avenue, The. TS16—3D 85
Avenue, The. TS17—3E 71
Avenue, The. TS19—5C 46
Aviemore Rd. TS8—4A 90
Avon Clo. TS12—2D 63
  (Saltburn)
Avon Clo. TS12—5D 63
  (Skelton)
Avon Clo. TS17—4E 71
Avon Ct. DL5—4C 106
Avondale Clo. TS6—4E 55
Avondale Gdns. TS24—3E 7
Avon Dri. TS14—4C 96
Avon Gro. TS22—5B 18
Avon Rd. TS10—1B 42
Avon Rd. TS20—1D 49
Avon St. TS12—2D 63
Avon Way. DL1—5B 116
Avro Clo. TS11—4B 44
Avro Clo. TS18—5F 69
Axminster Rd. TS8—4A 90
Axton Clo. TS17—2C 86
Aycliffe Clo. TS19—5B 46
Aycliffe Ind. Est. DL5—3D 109
Aycliffe Rd. TS7—3D 91
Aylmer Gro. DL5—5D 107
Aylsham Clo. TS17—5D 87
Aylton Dri. TS5—2D 89
Ayresome Grange Rd. TS5
  —5D 51
Ayresome Grn. La. TS5
  —5D 51 to 1E 73
Ayresome Pk. Rd. TS5—5E 51
Ayresome St. TS5—4C 50
Ayresome St. TS5—5D 51
Ayresome Way. DL1—5E 113
Ayr Gro. TS25—4E 11
Aysgarth Clo. DL5—5C 106
Aysgarth Rd. DL1—4C 116
Aysgarth Rd. TS5—2D 73
Aysgarth Rd. TS18—5E 47
Ayton Ct. TS14—1D 97
Ayton Cres. TS6—2F 77

Ayton Dri. DL3—4D 115
Ayton Dri. TS10—2C 42
Ayton Pl. TS20—3C 48
Ayton Rd. TS9—3F 119
Ayton Rd. TS17—4D 71
Azalia Rd. TS19—3B 48

Babbacombe Dri. DL17—3F 101
Bk. Cheapside. DL4—2D 105
Bk. Eldon Ter. DL17—4F 101
Bk. Garnet St. TS12—1D 63
Back La. TS12—2A 80
Back La. TS16—1D 95
Back La. TS21—4B 68
(in two parts)
Back La. Cotts. TS12—2B 80
Bk. S. Church Rd. DL14—2D 103
Bk. Throston St. TS24—2D 9
(off Throston St.)
Bacon Wlk. TS25—4B 10
Baden St. TS26—1E 11
Bader Av. TS17—2C 86
Badger La. TS17—4D 87
Badminton Clo. DL1—5F 113
Badminton Gro. DL5—3F 107
Badsworth Clo. TS14—5D 97
Baff St. DL16—3C 98
Bailey Gro. TS3—5D 53
Bailey St. TS26—1F 11
Bainton Clo. TS23—2F 19
Bakehouse Hill. DL1—2A 116
Bakehouse Mill. DL14—1D 103
(off Market Pl.)
Bakehouse Sq. TS14—3E 97
Baker Clo. TS27—4B 4
Baker St. TS1—3F 51
Bakery St. TS18—5B 48
Bakewell Pl. DL5—4C 106
Balaclava St. TS18—5B 48
Balcary Gro. TS25—5D 11
Balder St. TS4—4B 52
Baldoon Sands. TS5—2C 88
Balfour Ter. TS5—3C 72
Baliol Grn. DL5—1E 109
Baliol Rd. DL5—1E 109
Ballarat, The. DL5—3D 107
Ballater Gro. TS25—5E 11
Balliol Ct. DL1—3B 112
Balmoral Av. TS17—3E 71
Balmoral Av. TS23—5F 19
Balmoral Dri. TS4—2B 74
Balmoral Gro. DL14—3C 102
Balmoral Rd. DL1—2D 113
Balmoral Rd. DL17—1E 101
Balmoral Rd. TS3—3F 75
Balmoral Rd. TS25—5D 11
Balmoral Ter. TS12—1D 63
(off Windsor Rd.)
Balmoral Ter. TS18—2A 70
Balmor Rd. TS6—1D 77
Baltic Clo. TS18—4C 48
Baltic Rd. TS18—4C 48
Baltic St. TS25—2A 12
Baltimore Way. DL1—3C 112
Bamburgh Av. DL14—3B 102
Bamburgh Clo. TS10—1F 43
Bamburgh Cres. DL5—3E 107
Bamburgh Dri. TS7—4B 76
Bamburgh Pde. DL16—3D 99
Bamburgh Pl. DL1—4D 113
Bamburgh Rd. DL17—1E 101
Bamburgh Rd. TS27—5B 4
Bamford Rd. TS17—4D 71
Bamletts Wharf Ind. Est. TS23
—5D 35

Bamletts Wharf Rd. TS23
—5C 34
Banbury Gro. TS5—5C 72
Banff Gro. TS25—5E 11
Bangor Clo. TS6—4F 55
Bangor Gro. DL1—4F 113
Bangor St. TS26—1E 11
Bankfields Ct. TS6—3E 77
Bankfields Rd. TS6—3E 77
Banklands Rd. DL3—5E 111
Bank La. TS6—2A 78
Bank Rd. TS23—4E 33
Bank Sands. TS6—2C 88
Bankside. TS15—3F 95
Bankside Ct. TS6—2A 78
Banks Rd. DL1—1E 117
Bankston Clo. TS26—3A 6
Bank St. TS10—4D 29
Bank St. TS14—3E 97
Bannockburn Way. TS23
—4A 20
Baptist St. TS24—3D 9
Barbara Mann Ct. TS26—5E 7
Barberry Clo. TS17—3D 87
Barden Moor Rd. DL1
—5D 117
Barden Rd. TS3—1D 75
Bardsey Wlk. TS14—4C 96
Bardsley Clo. TS16—1E 85
Barford Clo. TS10—3C 42
Barford Clo. TS20—5F 31
Barford Clo. TS25—2C 14
Bargate. TS3—4C 52
Barholm Clo. TS3—2A 76
Barker Rd. TS5—2D 73
Barker Rd. TS17—5E 71
Barkers Pl. TS24—3D 9
(off Town Wall)
Barker Ter. DL14—3C 102
Barkston Av. TS17—2C 86
Barkston Clo. TS22—4C 18
Barlborough Av. TS19—3E 47
Barley Hill Clo. TS6—3F 77
Barlow Clo. TS14—4D 97
Barlow Ct. TS23—4F 19
Barlow St. DL3—1E 115
Barmet Ind. Est. TS12—5A 82
Barmoor Gro. TS20—4B 32
Barmouth Rd. TS6—5F 55
Barmpton La. DL1
—3F to 1F 113
Barmpton Rd. TS23—3F 19
Barnaby Av. TS5—5D 51
Barnaby Clo. TS11—5E 45
Barnaby Cres. TS6—2F 77
Barnaby Pl. TS14—2C 96
Barnaby Rd. TS7—2C 92
Barnack Av. TS7—2F 91
Barnard Av. DL14—3C 102
Barnard Av. TS19—1D 69
Barnard Clo. DL5—3F 107
Barnard Clo. DL16—1D 99
Barnard Clo. TS17—2D 71
Barnard Gro. TS10—1F 43
Barnard Gro. TS24—3B 4
Barnard Rd. DL17—2E 101
(in two parts)
Barnard Rd. TS13—1E 67
Barnard Rd. TS23—1F 33
Barnard St. DL3—2F 115
(in two parts)
Barnes Clo. DL3—1B 114
Barnes Ct. TS24—4C 4
Barnes Rd. DL3—1B 114
Barnes Rd. TS6—3D 55
Barnes Wlk. DL5—4E 107

Barnes Wallis Way. TS11
—4B 44
Barnet Way. TS23—3B 20
Barnfield Rd. DL16—2D 99
Barnford Wlk. TS3—3E 75
Barningham St. DL3—5F 111
Barnstaple Clo. TS8—1C 90
Baronport Grn. TS18—4D 49
Barra Gro. TS25—5E 11
Barras Way. TS19—2B 46
Barrett Rd. DL3—2C 114
Barrhead Clo. TS19—4A 46
Barrington Av. TS19—4D 47
Barrington Cres. TS3—5A 54
Barrington Rd. DL5—1C 108
Barrington Ter. DL17—3B 100
Barritt St. TS1—4F 51
Barron St. DL3—5F 111
Barsby Grn. TS3—1D & 2E 75
Barsford Rd. TS3—5A 54
Bartlett St. DL3—5A 112
Barton Av. TS25—2E 11
Barton Clo. TS17—2C 86
Barton Cres. TS22—5C 18
Barton Rd. TS2—1D 51
Barton St. DL1—5C 112
Barwick Clo. TS17—4C 86
Barwick Fields. TS17—4C 86
Barwick La. TS17—4A to 5B 86
Barwick View. TS17—4C 86
Barwick Way. TS17—5B 86
Basildon Grn. TS3—5E 53
Basil St. TS3—4C 52
Bassenthwaite. TS5—2C 88
Bassleton Ct. Shopping Centre.
(off Bader Av.) TS17—2D 87
Bassleton La. TS17
—2B 86 to 1D 87
Bates Av. DL3—4C 110
Bates Clo. DL5—4C 106
Bathgate Ter. TS24—1F 11
Bath La. TS18—5C 48
Bath Pl. TS18—5C 48
Bath Rd. TS6—1F 77
Bath St. TS10—4D 29
Bath St. TS12—1D 63
Bath Ter. TS24—2E 9
Battersby Clo. TS15—3F 95
Batts Ter. DL14—1D 103
Baydale Rd. DL3—3B 114
Baysdale Clo. DL14—4A 102
Baysdale Clo. TS14—3F 97
Baysdale Ct. TS14—3F 97
Baysdale Gdns. DL4—3E 105
Baysdale Gro. TS10—2A 42
Baysdale Rd. TS17—5E 71
Baysdale Wlk. TS5—5F 73
Baysdale Wlk. TS6—5A 56
Bay St. TS18—5C 48
Baytree Rd. DL1—1B 112
Beachfield Dri. TS25—3E 11
Beacon Av. TS21—4C 118
Beacon Dri. TS11—2B 60
Beacon La. TS21—5C 118
Beaconsfield Rd. TS20—4C 32
Beaconsfield Sq. TS24—2D 9
Beaconsfield St. DL3—5F 111
Beaconsfield St. TS24—2D 9
Beacon St. TS24—2D 9
Beacon View. TS6—1A 78
Beadlam Av. TS7—2C 92
Beadnall Ho. TS2—2A 52
(off East St.)
Beadnell Clo. TS17—5D 87
Beadon Gro. TS5—1C 72
Beale Clo. TS17—4D 87

Beamish Rd. TS23—5A 20
Beardmore Av. TS11—3C 44
Beath Gro. TS25—5E 11
Beaufort Clo. TS14—5D 97
Beaufort St. TS1—3F 51
Beauly Gro. TS25—5E 11
Beaumaris Dri. TS16—5D 85
Beaumont Clo. DL5—3E 107
Beaumont Ct. TS21—4C 118
Beaumont Rd. TS3—4D 53
Beaumont St. DL1—2A 116
Beaumont St. DL14—4C 102
Beaumont St. DL17—2B 100
Beaumont St. W. DL1
　　　　　　—2A 116
Beaumont View. TS20—1D 49
Beaumont Way. DL5—4D 109
Beaver Clo. TS16—5D 87
Beaver Clo. TS6—3B 54
Beccles Clo. TS19—3C 46
Beckenham Gdns. TS8—4A 90
Beckfields Av. TS17—5D 87
Beck Rd. DL1—1A 116
Beckston Clo. TS26—4A 6
Beckwith Rd. TS15—5C 94
Bedale Av. TS23—4E 33
Bedale Gro. TS19—1B 68
Bedale Hunt. DL5—4A 106
Bedburn Dri. DL14—4A 102
Bede Clo. TS19—2E 47
Bede Cres. DL5—1E 109
Bede Gro. TS25—2D 11
Bede Rd. DL3—2B 114
Bede Ter. DL17—3D 101
Bedford Pl. DL14—4D 103
Bedford Rd. TS7—3B 92
Bedford St. DL1—3A 116
Bedford St. TS1—3F 51
Bedford St. TS19—4A 48
Bedford St. TS24—3D 9
Bedford Ter. TS23—2F 33
Bedlington Wlk. TS23—3E 19
　(in two parts)
Beech Av. DL16—4B 98
Beech Av. TS10—4F 29
Beech Clo. TS9—4A 120
Beech Cres. DL17—3D 101
Beechers Gro. DL5—2E 107
Beeches Rise. TS7—2F 91
Beechfield. DL5—1C 108
Beechfield. TS8—5C 90
　(in two parts)
Beech Gro. DL17—3D 101
Beech Gro. TS6—4C 54
Beech Gro. TS12—3B 64
Beech Gro. TS13—4C 66
Beech Gro. Rd. TS5—2F 73
Beech Oval. TS21—3C 118
Beech Rd. DL1—2F 113
Beech Rd. DL14—3D 103
Beech Rd. TS13—1B 66
Beech Rd. TS14—2E 97
Beech Ter. TS2—5F 35
Beechtree Ct. TS15—2C 94
Beechwood Av. DL3—3F 115
Beechwood Av. TS4—2B 74
Beechwood Av. TS9—2F 119
Beechwood Av. TS12—2D 63
Beechwood Rd. TS16—2D 85
Beechwood Rd. TS17—4D 71
Beeford Clo. TS23—2F 19
Beeford Dri. TS5—5F 73
Bek Rd. DL5—5F 107
Belaise Ct. TS23—2B 34
Belasis Av. TS23
　　　　　　—4F 33 to 3E 35

Belasis Hall Technology Pk.
　　　　　　TS23—2C 34
Belford Clo. TS19—4D 47
Belford Gdns. DL1—3D 113
Belford Way. DL5—5A 106
Belgrave Dri. TS6—4D 77
Belgrave St. DL1—3C 116
Belk Clo. TS6—3E 55
Belk St. TS1—5F 51
Belk St. TS24—4F 7
Bellamy Ct. TS3—5E 53
Bellasis Clo. DL5—4E 107
Bellasis Gro. TS27—4B 4
Bellburn La. DL3—4E 111
Bell Clo. TS18—1A 70
Bellerby Rd. TS18—2C 68
Belle Vue Ct. TS20—3C 48
Belle Vue Gro. TS4—2B 74
Belle Vue Rd. TS5—1E 73
Belle Vue St. DL16—4B 98
Belle Vue Ter. TS13—3A 66
Belle Vue Way. TS25
　　　　　　—4F to 1F 11
Bell's Pl. DL3—2A 116
Bell St. DL14—4C 102
Bell St. TS2—5A 36
Bell St. TS5—5D 51
Bell St. TS20—3C 48
Bell Wlk. DL5—1F 109
Bellwood Av. TS12—5E 81
Belmangate. TS14—3E 97
Belmont Av. TS5—3E 89
Belmont Av. TS6—5C 54
Belmont Av. TS19—3A 48
Belmont Av. TS22—5D 19
Belmont Gdns. TS26—1D 11
Belmont St. TS6—1A 78
Belmont Ter. TS14—3E 97
Belsay Clo. DL17—2E 101
Belsay Clo. TS19—4D 47
Belsay Ct. TS21—3B 118
Belsay Wlk. DL1—3D 113
Belshaw Ho. TS2—2F 51
　(off Silver St.)
Belton Dri. TS5—5F 73
Belvedere Rd. DL1—3B 116
Belvedere Rd. TS4—2B 74
Belvedere Rd. TS17—3E 71
Belvoir Gro. DL14—3B 102
Benedict St. TS3—4C 52
Beningborough Gdns. TS17
　　　　　　—5C 86
Benmore Rd. TS25—5D 11
Bennett Rd. TS25—3C 10
Bennison Cres. TS11—1A 42
Bennison St. TS14—2E 97
Benridge Clo. TS5—1C 88
Bensham Rd. DL1—2B 112
Benson St. TS5—1E 73
Benson St. TS20—1C 48
Benson St. TS26—5E 7
Bentick St. TS24—4E 7
Bentinck Av. TS5—3F 73
Bentinck Rd. TS19—1C 68
Bentley Av. TS23—5C 20
Bentley St. TS26—5E 7
Bentley Wynd. TS15—3C 94
Benton Clo. TS23—3F 19
Benton Rd. TS5—3F 73
Benwell Clo. TS19—4D 47
Berberis Gro. TS19—5D 47
Beresford Bldgs. TS3—5A 54
Beresford Cres. TS3—5A 54
Beresford St. DL4—5C 104
Berkeley Av. TS25—1E 15
Berkeley Clo. TS23—5E 19

Berkeley Gro. DL14—3B 102
Berkeley Rd. DL1—4A 116
Berkley Dri. TS10—2F 43
Berkley Dri. TS14—4E 97
Berkshire Ho. TS6—5F 55
Berkshire Rd. TS20—1D 49
Bernaldby Av. TS14—4C 96
Bernera Ct. DL1—2E 113
Berner St. TS5—1E 73
Berrington Gdns. TS17—5C 86
Berrybank Crest. DL3—4C 110
Bertha St. DL17—3D 101
Bertha St. TS24—1A 12
Bertie Rd. DL5—5D 107
Berwick Gro. TS20—4B 32
Berwick Hills Av. TS3
　　　　　　—5F 53 & 5A 54
Berwick Rd. DL3—4B 110
Berwick St. TS25—5C 12
Berwick Wlk. TS10—1F 43
Bessemer Ct. TS6—2E 55
Bessemer St. DL17—3B 100
Bethune Rd. TS5—1C 72
Betjeman Clo. TS23—2E 19
Bevanlee Rd. TS6—3C 54
Beveridge Arc. DL5—5D 107
Beveridge Way. DL5—5D 107
Beverley Rd. TS4—4A 74
Beverley Rd. TS7—2C 92
Beverley Rd. TS10—2A 44
Beverley Rd. TS23—3A 20
Bewholme Clo. TS23—2F 19
Bewick Cres. DL5—1D 109
Bewley Gro. TS5—5D 73
Bexley Clo. TS4—5C 74
Bexley Dri. TS6—4D 77
Bexley Dri. TS25—3F 11
Bickersteth Clo. TS18—2B 70
Bickersteth Wlk. TS18—2B 70
Bickford Ter. DL5—5E 109
Bickley Clo. TS22—1B 32
Bickley Way. TS8—4C 90
Biddick Clo. TS19—4D 47
Bielby Av. TS23—2F 19
Biggin Clo. TS5—5F 73
Bigland Ter. DL14—5F 103
Billingham Bank. TS23—5E 33
Billingham Ind. Est. TS23
　　　　　　—1C 34
Billingham Reach Ind. Est. TS23
　　　　　　—1C 50
Billingham Rd. TS20
　　　　　　—5C 32 & 5D 33
Bilsdale Av. TS10—1B 42
Bilsdale Rd. TS4—5B 52
Bilsdale Rd. TS19—4F 47
Bilsdale Rd. TS25—1B 16
Binchester Croft. DL5—2A 108
Bingfield Ct. TS23—3F 19
Binks St. TS5—1F 73
Birch Av. DL4—3D 105
Birch Av. DL14—5C 102
Birches, The. TS6—1D 77
Birches, The. TS8—5C 90
Birchfield Clo. TS16—5C 84
Birchfield Dri. TS16—4C 84
Birchgate Rd. TS5—3E 73
Birch Gro. TS19—2F 47
Birchill Gdns. TS26—3C 6
Birchington Av. TS6
　　　　　　—2F 55 to 5A 56
Birchmere. DL16—1B 98
Birch Rd. DL1—1B 112
Birch Wlk. TS24—2E 7
Birchwood Av. TS4—2B 74
Birchwood Rd. TS7—2A 92

Birdsall Ho. TS3—5E 53
(off Bodmin Clo.)
Birdsall Row. TS10—4D 29
Biretta Clo. TS19—4B 46
Birkdale Clo. TS27—4A 4
Birkdale Dri. TS6—2F 77
Birkdale Rd. DL3—1C 114
Birkdale Rd. TS11—2A 60
Birkdale Rd. TS18—2C 68
Birkhall Rd. TS3—1A 76
Birkley Rd. TS20—2C 48
Birtley Av. TS5—1D 89
Biscop Cres. DL5—5E 107
Bisham Av. TS5—2D 73
Bishop Auckland By-Pass.
DL14—5D 103
Bishop Clo. DL1—4E 113
Bishop's Clo. DL16—3C 98
Bishopsgarth Cotts. TS19
—3B 46
Bishop St. DL14—2C 102
Bishop St. TS5—5C 50
Bishop St. TS18—5C 48
Bishops Way. TS19—4B 46
Bishopton Av. TS19—4E 47
Bishopton Ct. TS19—5C 46
Bishopton La. TS18—5B 48
(in two parts)
Bishopton Rd. TS4—2A 74
Bishopton Rd. TS18 & TS19
—4F 47
Bishopton Rd. W. TS19
—4A 46 to 4E 47
Blackburn Clo. TS19—5D 47
Blackburn Gro. TS11—4B 44
Blackbush Wlk. TS17—3D 87
Blackett Av. TS20—2D 49
Blackett Rd. DL1—5D 113
Blackett St. DL14—2D 103
Blackfriars. TS15—4D 95
Blackhall Sands. TS5—2C 88
Blackhouse Wlk. DL5
—1F 109
Blackmore Clo. TS14—4E 97
Blackmore Wlk. TS25—3B 10
Black Path. TS11—5C 44
Black Path, The. TS20 & TS18
—4C 48
Blacksail Clo. TS19—5A 48
Blackthorn Gro. TS19—5D 47
Blackton Clo. DL5—5A 106
Blackwell. DL3—5D 115
Blackwell Clo. DL3—5D 115
Blackwell Clo. TS23—5B 20
Blackwellgate. DL1—2A 116
Blackwell Gro. DL3—5D 115
Blackwell La. DL3—5D 115
Blackwell Scar. DL3—4D 115
Blackwood Clo. TS27—3A 4
Bladon Dri. TS11—3D 45
Blagden Gro. DL14—5A 102
Blairgowrie Gro. TS25—5D 11
Blair Gro. DL14—3C 102
Blairmore Gdns. TS16—5D 85
Blaise Garden Village. TS26
—4B 6
Blake Clo. TS23—2F 19
Blakelock Gdns. TS25—1E 11
Blakelock Rd. TS25—2D 11
Blakeston Ct. TS19—4E 31
Blakeston La. TS21 & TS19
—1A 30 to 4E 31
Blakeston Rd. TS23—5A 20
Blake St. DL4—4C 104
Blake St. TS26—4E 7
Blake Wlk. TS26—4E 7

Blakey Clo. TS10—3D 43
Blakey Wlk. TS6—5A 56
Blanchland Grn. DL3—4B 110
Blanchland Rd. TS3—3F 75
Blandford St. DL17—3B 100
Bland Wlk. DL5—5F 107
Blankney Clo. TS14—4D 97
Blantyre Gro. TS25—5E 11
Blantyre Rd. TS6—1D 77
Blatchford Rd. TS6—3A 54
Blayberry Clo. TS10—3D 43
Blenheim Av. TS11—4D 45
Blenheim Clo. TS11—4D 45
Blenheim M. TS10—4B 28
Blenheim Rd. TS4—4B 52
Blenheim Rd. S. TS4—5B 52
Blenheim Ter. TS10—4C 28
Bletchley Clo. TS19—4D 47
Bloomfield Rd. DL3—5E 111
Bluebell Clo. DL5—4C 106
Blue Bell Gro. TS5—2F 89
Blue Bell Gro. TS19—5D 47
Bluebell Meadow. DL5—4B 106
Bluebell Way. DL5—4B 106
Blue Ho. Point Rd. TS18—4F 49
(in two parts)
Blue Post Yd. TS18—1B 70
Blythport Clo. TS18—4D 49
Boagey Wlk. TS24—5E 5
Boar La. TS17—4D 87
Boathouse La. TS18—2C 70
Bob Hardisty Dri. DL14—1C 102
Bodiam Dri. TS10—2F 43
Bodmin Gro. TS26—3B 6
Bolam Gro. TS23—4F 19
Bolckow Centre. TS7—4B 76
Bolckow Rd. TS6—2E 55
Bolckow Rd. Ind. Est. TS6
—2E 55
Bolckow St. TS6—2A 78
Bolckow St. TS12—2F 81
Bolckow St. TS12—2D 97
Boldron Clo. TS18—3B 68
Bollihope Gro. DL14—4A 102
Bollington Rd. TS4—4C 74
Bolsover Rd. TS20—2C 48
Boltby Clo. TS5—4F 73
Boltby Ct. TS10—2C 42
Boltby Way. TS16—3C 84
Bolton Clo. DL3—4C 110
Bolton Clo. TS10—2F 43
Bolton Ct. TS4—2B 74
Bolton Ct. TS12—5E 63
Bolton Gro. DL14—4C 102
Bolton Gro. TS25—4C & 5C 12
Bolton Way. TS14—3F 97
Bondene Gro. TS19—3B 46
Bondfield Rd. TS6—5E 55
Bondgate. DL3
—1F 115 & 2A 116
Bond St. TS24—2D 9
Bonemill Bank. DL14—4F 103
Bone St. TS18—4C 48
Bon Lea Trading Est. TS17
—2E 71
Bonny Gro. TS7—5A 92
Bonny Gro. Way. TS8—5D 91
Bonnyrigg Wlk. TS25—5D 11
Boosbeck Rd. TS12—5D 81
(Boosbeck)
Boosbeck Rd. TS12—2C 80
(Skelton)
Booth Wlk. DL5—4C 106
Boraston Ho. TS3—5E 53
(off Bodmin Clo.)
Bordesley Grn. TS3—5E 53

Borough Rd. DL1—2B 116
Borough Rd. TS1 & TS3—4F 51
Borough Rd. TS10—1E 43
Borough Rd. Ind. Est. DL1
—1B 116
Borrowby Ct. TS14—1D 97
Borrowdale Gro. TS5—4D 73
Borrowdale Gro. TS16—1D 95
Borrowdale Rd. TS6—4A 56
Borrowdale St. TS25—2F 11
Borrowdale Wlk. TS6—4A 56
Borton Wlk. TS19—4A 48
Boscombe Gdns. TS8—4A 90
Boston Clo. DL1—3C 112
Boston Clo. TS25—1D 15
Boston Dri. TS7—3E 91
Boswell Clo. TS25—3C 10
Boswell St. TS1—4A 52
Bosworth Way. TS23—4A 20
Botany Way. TS7—3B 92
Bothal Dri. TS19—3B 46
Bothal Wlk. TS19—2B 46
Botham Gro. DL3—1A 112
Bottomley Mall. TS1—3F 51
Bouch St. DL4—5D 105
Boulby Dri. TS13—5D 67
Boulby Rd. TS10—1A 42
Boulby Rd. TS13—2A 66
Boulby Wlk. TS6—5A 56
Boundary Rd. TS1—2F & 3F 51
Boundary Rd. TS6—3D 77
Bournemouth Av. TS3—3A 76
Bournemouth Dri. TS24—3B 4
Bourton Ct. TS3—4E 75
Bousfield Cres. DL5—4E 107
Bowen Rd. DL3—4D 111
Bowes Clo. DL17—2E 101
Bowesfield Cres. TS18—4B 70
Bowesfield Ind. Est. TS18
—4B 70
Bowesfield La. TS18
(in two parts) —1B to 5B 70
Bowesfield N. Ind. Est. TS18
—3B 70
Bowesfield Riverside Ind. Est.
TS18—4C 70
Bowes Grn. TS24—3B 4
Bowes Gro. DL14—4B 102
Bowes Gro. DL16—1C 98
Bowesmoor Clo. DL1—4E 117
Bowes Rd. DL5—1D 109
Bowes Rd. TS2—1E 51
Bowes Rd. TS23—4E 19
Bowfell Clo. TS16—4C 84
Bowfell Rd. TS3—1D 75
Bowhill Way. TS23—3B 20
Bowland Clo. TS7—3A 92
Bowley Clo. TS6—2C 76
Bowley Wlk. TS1—4E 51
Bowman St. DL3—2B 112
Bowness Clo. TS25—3F 11
Bowness Gro. DL17—3C 100
Bowness Gro. TS10—1D 43
Bowron St. TS20—4C 48
Bowser St. DL14—3C 102
Bowser St. TS24—1A 12
Bow St. TS1—4E 51
Bow St. TS14—2E 97
Boxer Ct. TS6—3B 54
Boyes Hill Gro. DL3—1D 115
Boyne Ct. TS21—4B 118
Boyne St. DL3—3F 111
Boynston Gro. TS21—4C 118
Boynton Rd. TS4—1B 74
Brabazon Dri. TS11—4C 44
Brabourn Gdns. TS8—4A 90

Brackenberry Cres. TS10
—2F 43
Brackenbury Wlk. TS6—5A 56
Bracken Cres. TS14—4B 96
Brackenfields Ct. TS6—2F 77
Brackenhill Clo. TS7—5B 92
Bracken Rd. DL3—1E 115
Bracken Rd. TS19—2F 47
Brackenthwaite. TS5—2C 88
Bracknell Rd. TS17—4F 71
Brack's Rd. DL14—3F 103
Bradbury Rd. DL5—3D 109
Bradbury Rd. TS20—4C 32
Bradford Clo. DL5—2E 109
Bradhope Rd. TS3—1C 74
Bradley Ct. TS23—5A 20
Bradley's Ter. TS9—3B 120
Bradshaw St. TS24—5D 5
Braehead. TS16—4D 85
Braemar Ct. DL1—2E 113
Braemar Gro. TS6—5C 54
Braemar Rd. TS5—3C 72
Braemar Rd. TS23—5D & 5E 19
Braemar Rd. TS25—5E 11
Brafferton Clo. DL5—3E 107
Brafferton Dri. TS23—3A 20
Brafferton St. TS26—4D 7
Brafferton Wlk. TS5—1D 89
Braid Cres. TS23—2E 33
Braidwood Rd. TS6—2D 77
Braithwaite St. DL4—4B 104
Braithwaite St. DL14—2C 102
Bramall La. DL1—5F 113
Bramble Rd. TS19—2F 47
Bramcote Way. TS17—3D 87
Bramham Chase. DL5—4A 106
Bramham Down. TS14—4E 97
Bramley Gro. TS7—2F 91
Bramley Pde. TS18—2B 70
Brampton Clo. TS8—3F 89
Bramwith Av. TS3—3E 75
Brancepeth Av. TS3—3D 75
Brancepeth Clo. DL5—3E 107
Brancepeth Clo. TS11—2B 60
Brancepeth Gro. DL14—3B 102
Brancepeth Rd. DL17—2D 101
Brancepeth Wlk. TS24—4D 5
Brandon Clo. TS23—4E 19
Brandon Clo. TS25—2B 14
Brandon Rd. TS3—1A 76
Brankin Dri. DL1—5C 116
Brankin Rd. DL1—5C 116
Branksome Av. TS5—3F 73
Branksome Grn. DL3—4A 110
Branksome Gro. TS18—3D 69
Branksome Hall. DL3—4B 110
Branksome Hall Dri. DL3
—4B 110
Branksome Lodge. DL3
—4B 110
Branksome Ter. DL3—1F 115
Bransdale. DL16—2B 98
Bransdale. TS14—4A 96
Bransdale Clo. TS19—4F 47
Bransdale Gro. TS10—1A 42
Bransdale Gro. TS25—5B 12
Bransdale Rd. TS3—1D 75
Brantwood Clo. TS17—5D 87
Brass Castle La. TS8 & TS7
—5A 92
Brass Wynd. TS7—4A 92
Braygate. TS2—2F 83
Brechin Dri. TS17—3E 87
Brechin Gro. TS25—5E 11
Breckland Wlk. TS3—2E 75
Breckon Hill Rd. TS4—4B 52

Breck Rd. DL3—2D 115
Brecon Dri. TS10—2B 42
Brecon Side. DL1—4F 113
Breen Clo. TS3—4C 52
Brenda Rd. TS25
—2F 11 to 4C 16
Brendon Cres. TS23—2F 33
Brenkley Clo. TS20—5F 31
Brentford Ct. TS12—5D 65
Brentford Rd. TS20—3C 48
Brentnall St. TS1—3F 51
Brereton Rd. TS4—3B 74
Bretby Clo. TS4—3B 74
Brettenham Av. TS4—5C 74
(in two parts)
Breward Wlk. TS24—3F 7
Brewer St. DL14—3D 103
Brewery St. TS24—1F 11
Brewery Ter. TS9—3E 119
Brewery Yd. TS9—4E 119
Brewsdale Rd. TS3—3D 53
Brian Rd. DL1—2B 112
Briar Clo. DL3—5D 115
Briar Clo. DL16—5A 98
Briardene Av. TS5—4F 73
Briardene Ct. TS19—2B 46
Briardene M. TS25—3F 11
Briardene Wlk. TS19—1B 46
BBriar Gro. TS10—5D 29
Briarhill Gdns. TS26—3C 6
Briar Rd. TS17—5D 71
Briarvale Av. TS5—3E 73
Briar Wlk. DL3—5D 115
Briar Wlk. TS18—2F 69
Briar Wlk. TS26—4E 7
Brickton Rd. TS5—1C 72
Bridge Ct. TS6—2D 77
Bridge Ct. TS15—2C 94
Bridge Ho. Est. DL17—3C 100
Bridgend Clo. TS6—3F 55
Bridge Rd. DL3—5C 114
Bridge Rd. DL14—1B 102
Bridge Rd. TS9—4E 119
Bridge Rd. TS10—4B 28
Bridge Rd. TS18—1C & 2C 70
Bridge St. DL14—1C 102
Bridge St. TS9—4A 120
Bridge St. TS15—2C 94
Bridge St. TS20—3C 48
Bridge St. TS24—5B 8
Bridge St. E. TS2—2A 52
Bridge St. W. TS2—2F 51
Bridge Ter. DL1—2B 116
Bridle, The. DL5—2D 107
Bridnor Rd. TS3—3D 75
Bridport Clo. TS14—4E 49
Bridport Gro. TS8—4A 90
Brierley Grn. TS7—3F 91
(in two parts)
Brierley Ho. TS3—5E 53
(off Bodmin Clo.)
Brierton La. TS22 & TS25
—4A 10 to 4E 11
Brierville Rd. TS19—3A 48
Brigandine Clo. TS25—5B 12
(in two parts)
Briggs Av. TS6—4B 54
Brigham Rd. TS3—2C 74
Brighouse Business Village.
TS2—5D 35
Brighouse Ct. DL5—3E 109
Brighouse Rd. TS2—5D 35
Brighton Clo. TS17—1C 86
Brighton Rd. DL1—3C 116
Bright St. DL1—2C 116
Bright St. TS1—3B 52

Bright St. TS18—5B 48
Bright St. TS26—4D 7
Brignall Moor Cres. DL1
—3E 117
Brignall Rd. TS18—3A 70
Brignell Rd. TS2—1E 51
Brig Open. TS24—2D 9
Brimham Clo. TS17—5D 87
Brimston Clo. TS26—4B 6
Brindle Clo. TS7—3F 91
Brindle Ho. TS2—2A 52
Brindle Ho. TS2—2A 52
(off East St.)
Brine St. TS4—4B 52
Brinkburn Av. DL3—4E 111
Brinkburn Clo. DL14—4A 102
Brinkburn Dri. DL3—4E 111
Brinkburn Rd. DL3—5D 111
Brinkburn Rd. TS20—2B 48
Brinkburn Rd. TS25—1E 11
Brisbane Cres. TS17—1D 87
Brisbane Gro. TS18—2E 69
Bristol Av. TS12—1D 63
Bristol Wlk. TS26—2C 6
Bristow Rd. TS4—2C 74
Bristow St. TS3—4D 53
Britain Av. TS5—3D 73
Britannia Ct. TS2—1E 51
Britannia Pl. TS10—1F 41
Britannia Rd. TS19—5B 48
Britannia Ter. TS12—4C 64
British Av. DL14—5F 103
British School Yd. DL3—2A 116
Broadbent St. TS12—5C 64
Broad Clo. TS8—5C 88
Broadfield Rd. TS24—2D 19
Broadgate Gdns. TS5—3D 73
Broadgate Rd. TS5—3D 73
Broadhaven Clo. TS6—5F 55
Broadmeadows. DL3—2C 114
Broad Wlk. DL14—1D 103
Broadway. TS6—3F 55
Broadway E. TS10—1F 41
Broadway S. DL1—2E 117
Broadway, The. DL1
—1E & 2E 117
Broadway W. TS10—2E 41
Broadwell Rd. TS4—5C 74
Brockett Clo. DL5—4D 107
Brocklesby Rd. TS14—5E 97
Brockrigg Ct. TS14—1D 97
Brockwell Clo. DL5—3D 107
Brodick Gro. TS25—5E 11
Brogden Grn. TS3—2D 75
Broken Banks. DL14—1C 102
Bromley Hill Clo. TS7—5B 92
Bromley Rd. TS18—2E 69
Brompton Gro. TS18—3D 69
Brompton Rd. TS5—1E 73
Brompton St. TS5—5E 51
Brompton Wlk. DL3—2D 115
Brompton Wlk. TS25—1B 16
Brook Clo. DL5—3E 107
Brookdale Rd. TS7—3E 91
Brookfield Rd. TS19—5B 46
Brook Ho. TS2—2A 52
(off Cleveland St.)
Brooklands. DL14—5C 102
Brooksbank Av. TS10—5D 29
Brooksbank Rd. TS7—1C 92
Brookside. TS12—4C 80
Brookside Av. TS4—3A 74
Brook St. DL16—2C 98
Brook St. TS2—2A 52
Brook St. TS26—4E 7
Brook Ter. DL3—5A 112
Brookwood Way. TS16—5D 85

Broom Cotts. DL17—3D 101
(off Gordon Ter.)
Broomfield Av. TS16—5C 84
Broomhill Gdns. TS26—3C 6
Broomlee Clo. DL5—5A 106
Broom Rd. DL17—2D 101
Broomside. DL17—3D 101
Broom St. DL16—2F 99
Broom, The. DL17—1E 101
Brotton Rd. TS12 & TS13—4E 65
Brotton Rd. TS17—4E 71
Brougham St. DL3—3A 112
Brougham St. TS2—2F 51
Brougham Ter. TS24—3F 7
Brough Clo. TS17—1F 87
Brough Ct. TS4—2B 74
Brough Gro. DL14—4B 102
Brough Rd. TS23—5F 19
Broughton Av. TS4—5C 74
Broughton Grn. TS10—2C 42
Broughton Rd. TS22—1C 32
Browning Av. TS25—2C 10
Brownsea Ct. TS17—5C 86
Brown St. DL4—3C 104
Broxa Clo. TS10—4C 42
Bruce Av. TS5—2C 72
Bruce Cres. TS24—5E 5
Bruce Rd. DL5—1D 109
Brummer Ho. TS3—2E 75
Brundall Clo. TS19—3C 46
Brunel Rd. TS6—3A 54
Brunel St. DL17—3A 100
Brunel Way. DL1—2C 116
Brunner Ho. TS3—2E 75
Brunner Rd. TS23—5F 33
Brunswick Av. TS6—4C 54
Brunswick Gro. TS24—5A 8
Brunswick St. DL1—2B 116
Brunswick St. TS1—2A 52
Brunswick St. TS18—1B 70
Brunswick St. TS24—5A 8
Bruntoft Av. TS24—4D 5
Brunton St. DL1—3C 116
Brunton Wlk. DL5—1C 108
Brus Corner. TS24—5E 5
Brus Ho. TS17—1E 87
Brusselton Clo. TS5—1D 89
Brusselton Cotts. DL4—5A 104
Bryan St. DL16—2D 99
Brylston Rd. TS3—5A 54
Bryony Ct. TS14—4B 96
Bryony Gro. TS7—2D 91
Buccleuch Clo. TS14—5E 97
Buchanan St. TS18—1B 70
Buckfast Rd. TS12—1E 81
Buckie Gro. TS25—5E 11
Buckingham Dri. TS6—4D 77
Buckingham Rd. TS10—4D 29
Buckingham Rd. TS18—1A 70
Buckland Clo. TS17—5D 87
Buck St. TS2—1F 51
Buckton's Yd. DL3—2A 116
(off Skinnergate)
Buddle Wlk. DL5—1D 109
Budworth Clo. TS23—2A 20
Bull Wynd. DL1—2A 116
Bulmer Clo. DL5—5F 107
Bulmer Clo. TS15—4E 95
Bulmer Ct. TS6—2E 77
Bulmer Pl. TS4—1D 7
Bulmer's Bldgs. TS14—2D 97
(off Park La.)
Bulmer Sq. DL3—4A 112
Bulmer Way. TS1—3E 51
Bungalows, The. TS7—4B 76
(off Henry Taylor Ct.)

Bunting Clo. TS17—5C 86
Burbank Ct. TS24—5A 8
Burbank St. TS24—1A 12
Burdon Clo. DL5—5D 107
Burdon Clo. TS19—4D 47
Burford Av. TS18—3A 70
Burgess St. TS18—5B 48
Burghley Ct. TS8—4A 90
Burghley M. DL5—3F 107
Burke Pl. TS24—1C 8
Burke St. DL4—3C 104
Burlam Rd. TS5—1D 73
Burleigh Pl. DL3—2F 115
Burlesdon Ho. TS3—5E 53
(off Bordesley Grn.)
Burnaby Clo. TS25—3F 11
Burneston Gro. TS18—2B 68
Burnet Clo. TS17—3C 87
Burnhill Way. DL5
         —1A 108 to 3D 107
Burnholme Av. TS3—5F 53
Burnhope. DL5—5B 106
Burnie Gdns. DI4—3C 104
Burniston Dri. TS17—2C 86
Burniston Dri. TS22—5C 18
Burniston Ho. TS3—5E 53
(off Basildon Grn.)
Burn La. DL5—3C 106 to 5E 107
Burnmere. DL16—1B 98
Burnmoor Clo. TS10—3D 43
Burnmoor Dri. TS16—4C 84
Burn Rd. TS25—1F 11
Burnsall Rd. TS3—1C 74
Burns Av. TS25—2C 10
Burnside Ct. TS18—1F 69
Burnside Gro. TS18—1F 69
Burnside Rd. DL1—4E 117
Burns Rd. TS6—5D 55
Burnston Clo. TS26—4B 6
Burnsville Rd. TS6—3E 55
Burn Ter. DL16—2D 99
Burn Valley App. TS26—1E 11
Burn Valley Gro. TS25—1E 11
Burn Valley Rd. TS26—1E 11
Burnynghill Clo. DL5—2A 108
Burringham Rd. TS20—5A 32
Burtonport Wlk. TS18—4D 49
(off Alnport Rd.)
Burton Ter. TS12—1D 63
Burtree Clo. TS7—4C 76
Burtree La. DL3—1A 112
Burtree Rd. DL5—3E 109
Burwell Dri. TS19—4B 46
Burwell Rd. TS3—2A 76
Burwell Wlk. TS25—2C 14
Bury Rd. DL5—1F 109
Burythorpe Clo. TS4—1B 74
Bushel Hill Ct. DL3—1C 114
Bushel Hill Dri. DL3—1C 114
Bushmead Ter. TS3—3F 75
Bush St. TS5—5E 51
Bushton Clo. TS26—4B 6
Busty Ter. DL4—1B 104
Butchers Race. DL16—1F 99
Bute Av. TS5—2E 11
Bute Clo. TS17—2D 87
Bute St. TS18—5B 48
Butler Rd. DL5—1D 109
Butler St. TS20—2C 48
Butterby Grange. DL16—2D 99
Butterfield Clo. TS16—5C 84
Butterfield Clo. TS16—5C 84
Butterfield Gro. TS16—5C 84
Buttermere. DL16—1B 98
Buttermere Av. TS5—4D 73

Buttermere Rd. TS6—4A 56
Buttermere Rd. TS10—1C 42
Buttermere Rd. TS18—5F 47
Butterwick Ct. DL5—4E 107
Butterwick Rd. TS21—4C 118
Butterwick Rd. TS24—4C 4
Butt La. TS14—3F 97
Buttsfield Way. TS23—3F 19
Butts La. TS16—1C 94
Buxton Av. TS7—4E 91
Buxton Gdns. TS22—1D 33
Buxton Moor Cres. DL1—4D 117
Buxton Rd. TS18—4C 48
Bydales Dri. TS11—4E 45
Byelands St. TS4—5B 52
Byemoor Av. TS9—5B 120
Byemoor Clo. TS9—5B 120
Byerley Rd. DL4—3B 104
Byers Ho. TS2—1A 52
(off Dacre St.)
Byfleet Av. TS3—5E 53
Byford Ho. TS3—5E 53
(off Bodmin Clo.)
Byland Clo. TS10—3C 42
Byland Clo. TS14—3F 97
Byland Gro. TS25—5C 12
Byland Rd. TS7—3C 92
Byland Rd. TS12—1E 81
Bylands Gro. TS19—1C 68
Bylands Rd. TS6—1E 77
Bylands Way. DL3—4B 110
Byland Towers. DL16—3D 99
Byland Way. TS23—2B 34
By-Pass Rd. TS23—4E 33
Byrneside Av. TS4—2A 74
Byron Av. DL14—3C 102
Byron Clo. TS23—2F 19
Byron Rd. DL1—1C 116
Byron St. TS26—4D 7
Byway, The. DL1—2E 117
Bywell Gro. TS7—4B 76

Cadogan Sq. DL5—5D 107
Cadogan St. TS1—4E 51
Cadogan St. TS3—4D 53
Cadwell Clo. TS3—2A 76
Caedmon Cres. DL3—3C 114
Caernarvon Clo. TS6—4D 55
Caernarvon Gro. TS26—3B 6
Cairn Ct. TS2—1E 51
Cairngorm Dri. DL1—3C 112
Cairn Rd. TS25—1D 15
Cairnston Rd. TS26—4A 6
Caistor Dri. TS25—2D 15
Caithness Rd. TS6—5C 54
Caithness Rd. TS25—1D 15
Caithness Way. DL1—2F 113
Calcott Clo. TS19—4E 47
Calder Clo. DL14—4A 102
Calder Clo. TS22—5B 18
Calder Gro. TS4—4C 74
Calder Gro. TS10—1C 42
Calder Gro. TS25—5D 11
Caldermere. DL16—1B 98
Caldicot Clo. TS6—4F 55
Caldwell Clo. TS8—4F 89
Caldwell Grn. DL1—3D 117
Caledonia Rd. TS25—2E 11
Caledonian Way. DL1—2E 113
Calf Fallow La. TS20—3A 32
California Clo. TS18—5B 48
California Ct. TS9—3B 120
California Rd. TS6—1A 78
Callander Rd. TS25—5D 11
Callerton Rise. DL5—3D 107

Calluna Gro. TS7—2D 91
Calverley Rd. TS3—1A 76
Calvert Clo. TS3—4C 52
Calvert's La. TS18—5C 48
Calvert St. TS5—4D 51
Camborne Ho. TS3—5E 53
  (off Cottingham Dri.)
Cambourne Clo. TS8—4F 89
Cambrian Av. TS10—3B 42
Cambrian Rd. TS23—1D 33
Cambridge Av. TS5—3D 73
Cambridge Av. TS7—3E 91
Cambridge Rd. TS3—3D 53
Cambridge Rd. TS5—3C 72
Cambridge Rd. TS17—3D 71
Cambridge St. DL16—3C 98
Cambridge St. TS12—1D 63
Cambridge St. Ind. Est. DL16
—3C 98
Cambridge Ter. TS2—4F 35
Camden St. TS1—4B 52
Camden St. TS18—2A 70
Camelon St. TS17—3E 71
Cameron Rd. TS24—4F 7
Cameron St. TS20—5B 32
Campbell Ct. TS18—4E 49
Campbell Rd. TS25—5D 11
Campion Clo. TS17—3C 86
Campion Ct. DL5—2E 107
Campion Dri. TS14—4B 96
Campion Gro. TS7—2D 91
Campion Rd. DL1—3B 112
Campion St. TS26—5E 7
Canberra Gro. TS18—2E 69
Canberra Rd. TS7—2E 91
Canney Hill By-Pass. DL14
—3F 103
Cannobie Clo. DL3—3D 115
Cannock Rd. TS3—2D 75
Cannon Pk. Clo. TS1—3E 51
Cannon Pk. Ind. Est. TS1—3E 51
Cannon Pk. Rd. TS1—3E 51
Cannon Pk. Way. TS1—3E 51
Cannon St. TS1—4D 51
Cannon St. TS5—4C 50
Canon Gro. TS15—4E 95
Canterbury Clo. DL16—1B 98
Canterbury Gro. DL1—4F 113
Canterbury Gro. TS1—1F 73
Canterbury Rd. TS10—1A 44
Canterbury Rd. TS12—4D 65
Canton Gdns. TS5—2E 89
Canvey Wlk. TS14—4D 97
Captain Cook's Cres. TS7
—3F 91
Captain Cook's Way. TS9
—3B 120
Carburt Rd. TS19—1C 46
Carcut Rd. TS3—3D 53
Cardigan Clo. TS6—4F 55
Cardigan Gro. TS26—2C 6
Cardinal Gdns. DL3—2C 114
Cardinal Gro. TS19—4A 46
Cardwell Wlk. TS17—3D 71
  (off Walker St.)
Carew Clo. TS15—5C 94
Carey Clo. TS1—4E 51
Cargo Fleet La. TS3
—3E 53 to 3B 76
Cargo Fleet Rd. TS1 & TS3
—3B 52
Carileph Clo. DL5—1D 109
Carisbrooke Av. TS3—1A 76
Carisbrooke Cres. DL14
—3A 102
Carisbrooke Rd. TS26—5B 6

Carisbrooke Way. TS10—2F 43
Carisbrook Wlk. TS3—2B 114
Carlbury Av. TS5—1C 88
Carlbury Cres. DL3—2B 114
Carlbury Rd. DL5—4E 109
Carleton Dri. DL3—1B 114
Carleton Gro. DL3—1C 114
Carlisle Gro. DL14—3B 102
Carlisle St. TS5 5C 12
Carlow Clo. TS14—4E 97
Carlow St. TS1—5D 51
Carlton Av. TS22—5C 18
Carlton Clo. TS18—5B 48
Carlton Ct. DL1—2C 116
Carlton Dri. TS17—2C 86
Carlton Moor Cres. DL1
—4E 117
Carlton St. DL1—2C 116
Carlton St. DL17—5F 101
Carlton St. TS26—5E 7
Carlyle Rd. TS6—5E 55
Carmarthen Rd. TS3—3F 75
Carmel Gdns. DL3—3D 115
Carmel Gdns. TS5—2E 89
Carmel Gdns. TS7—2C 92
Carmel Gdns. TS14—2D 97
Carmel Gdns. TS20—1D 49
Carmel Rd. N. DL3—1D 115
  (in two parts)
Carmel Rd. S. DL3—4D 115
Carnaby Rd. DL1—3E 117
Carnaby Wlk. TS5—4F 73
Carney St. TS12—4C 80
Carnoustie Dri. TS16—4D 85
Carnoustie Gro. TS27—4A 4
Carnoustie Rd. TS11—2B 60
Caroline St. DL14—4D 103
Caroline St. TS26—1F 11
Carpenter Clo. TS15—5F 95
Carradale Clo. TS16—5D 85
Carrick Ct. TS2—5E 35
Carrick Ho. TS2—1F 51
  (off Stockton St.)
Carrick St. TS24—5D 5
Carr La. DL16—1B 98
Carroll Rd. DL3—2C 114
Carroll Wlk. TS25—4B 10
Carrol St. TS18—5C 48
Carron Gro. TS6—2D 77
Carr Pl. DL5—5F 107
Carrside. DL3—3A 112
Carrsides La. DL17—1F 107
Carr St. DL16—2B 98
Carr St. TS18—1A 70
Carr St. TS26—4E 7
Carter Dri. TS24—5E 5
Carthorpe Dri. TS23—4F 19
Cartington Clo. DL5—3E 107
Cartmel Ct. DL16—1B 98
Cartmell Ter. DL3—4F 111
Cartmel Rd. TS10—2D 43
Carvers Ct. TS12—5D 65
Carville Ct. TS19—2C 46
Casebourne Rd. TS25—2A 12
Casper Ct. TS16—4D 85
Cass Ho. Rd. TS8—5E 89
Casson Ct. TS23—4E 19
Casson Way. TS23—4E 19
Cassop Gro. TS5—5C 72
Cassop Rd. TS19—2C 46
Castlebay Ct. DL1—2E 113
Castle Centre. TS18—1C 70
Castle Chare. DL14—1D 103
Castle Clo. TS19—4D 47
Castle Ct. TS12—5C 80
Castle Howard Clo. TS27—5B 4

Castlereagh Clo. DL5—1D 109
Castlereagh Clo. TS21—5B 68
Castlereagh Rd. TS19—4A 48
Castle Rd. TS10—1F 43
Castleton Av. TS5—3C 72
Castleton Dri. TS22—1C 32
Castleton Rd. TS6—5A 56
Castleton Rd. TS18—2A 70
Castleton Rd. TS25—5C 12
Castleton Wlk. TS17—1D 87
Castle Way. TS4—2B 74
Castle Way. TS18—1C 70
Castle Wynd. TS7—4B 92
Catcote Rd. TS25
—2C 10 to 2C 14
Caterton Clo. TS15—4F 95
Cat Flatt La. TS11—4A & 4B 44
Cathedral Dri. TS19—4B 46
Cathedral Gdns. TS2—2F 51
Catherine Clo. DL16—3D 99
Catherine Gro. TS24—5A 8
Catherine Rd. TS24—5B 8
Catherine St. TS12—5F 81
Catherine St. TS24—3E 9
Catterall Ho. TS3—5E 53
  (off Cottingham Dri.)
Cattersty Way. TS12—3C 64
Cattistock Clo. TS14—4F 97
Caudwell Clo. TS19—1B 46
Causeway, The. DL1—2D 117
Causeway, The. TS23—1F 33
Cavendish Ct. DL17—3B 100
Cavendish Dri. DL1—3B 112
Cavendish Rd. TS4—3B 74
  (in two parts)
Caversham Rd. TS4—4C 74
Cawdor Clo. TS11—2F 59
Cawood Dri. TS5—4F 73
Caxton Gro. TS25—2C 10
Caxton St. TS5—5F 51
Cayton Clo. TS10—3C 42
Cayton Dri. TS5—4F 73
Cayton Dri. TS17—2C 86
Cayton Dri. TS22—5C 18
Cecil Ho. TS25—4F 11
Cecil St. TS18—2B 70
Cedar Clo. TS6—1D 77
Cedar Ct. TS17—4D 71
Cedar Cres. TS16—2E 85
Cedar Gro. DL4—3D 105
Cedar Gro. TS10—5F 29
Cedar Gro. TS12—4B 64
Cedar Gro. TS13—4C 66
Cedar Gro. TS17—3D 71
Cedarhurst Dri. TS12—5F 81
Cedar Rd. DL3—5E 111
Cedar Rd. DL14—3D 103
Cedar Rd. TS7—2A 92
  (Marton)
Cedar Rd. TS7—4C 76
  (Ormesby)
Cedars, The. DL3—1E 115
Cedar St. TS18—5C 48
Cedar Wlk. TS24—2E 7
Cedarwood Av. TS9
—2F 119
Cedarwood Glade. TS8—5D 89
Celandine Clo. TS7—1D 91
Cemetery La. DL3—3C 114
Centenary Cres. TS20—1B 48
Central Av. DL5—5E 107
Central Av. TS5—1C 72
Central Av. TS23—3E 33
Central Dri. DL16—5A 98
Central M. TS1—3A 52
Central Pde. DL4—3C 104

Central Rd. TS24—1B & 3B 8
(in two parts)
Central St. TS15—2D 95
Central Ter. TS10—4D 29
Central Way. TS9—3B 120
Centre Ct. TS5—2D 89
Centre Mall. TS1—3F 51
Ceylon Sq. TS16—3B 84
Chadburn Grn. TS4—3A 74
Chadburn Rd. TS20—2B 48
Chadderton Clo. TS12
—4C 80
Chadderton Dri. TS17—5F 71
Chadwell Av. TS3—2E 75
Chadwick Clo. TS6—3D 55
Chalcot Wlk. TS3—5F 53
Chalfield Ct. TS17—5D 87
Chalford Oaks. TS5—4B 72
Chalk Clo. TS18—2B 70
Chalk Wlk. TS18—2B 70
(off Chalk Clo.)
Challoner Rd. TS15—4C 94
Challoner Rd. TS24—2D 7
Challoner Sq. TS24—3D 7
Chaloner St. TS14—3E 97
Chancel Way. TS6—1F 77
Chancery La. DL1—2A 116
Chandler Clo. DL5—4E 107
Chandlers Ridge. TS7—4B 92
Chandlers Wharf Shopping
Centre. TS18—1C 70
Chandos St. DL3—5F 111
Chantilly Av. DL1—3E 113
Chantry Clo. TS3—3D 75
Chantry Clo. TS20—5B 32
Chapelbeck Bungalows. TS14
—2D 97
Chapel Clo. TS3—3A 76
Chapel Clo. TS11—5D 45
Chapel Ct. TS23—4E 33
Chapelgarth. TS8—4D 89
Chapel Rd. TS23—4E 33
Chapel Row. DL17—4F 101
Chapel Row. TS13—4D 67
Chapel St. DL4—4C 104
Chapel St. TS6—4D 57
Chapel St. TS11—5D 45
Chapel St. TS12—4D 65
Chapel St. TS13—1B 66
Chapel St. TS14—3E 97
Chapel St. TS17—1D 71
Chapman Clo. DL5—4E 107
Chapman Clo. TS3—1F 75
Chapman St. TS20—1C 48
Chard Wlk. TS3—2D 75
Charlbury Rd. TS3—5E 53
Charles St. DL1—4A 112
Charles St. DL4—5C 104
Charles St. DL16—3C 98
Charles St. TS10—4E 29
Charles St. TS11—2B 60
Charles St. TS17—3D 71
Charles St. TS24—5A 8
Charles St. TS25—5C 12
Charlotte Grange. TS25—1E 11
Charlotte St. TS2—2F 51
Charlotte St. TS10—4E 29
Charlotte St. TS12—1E 81
Charlotte St. TS26—1E 11
Charlton Rd. TS10—1A 42
Charltons Garth. TS14—2D 97
Charnley Grn. TS4—4B 74
Charnwood Clo. TS11—5D 45
Charnwood Dri. TS7—1C 92
Charrington Av. TS17—2C 86
Charterhouse St. TS25—2E 11

Chart Ho. TS24—4B 8
(off Warrior Quay)
Chartwell Clo. TS11—4C 44
Chartwell Clo. TS17—5D 87
Chase Clo. DL3—5B 110
Chase, The. DL5—4A 106
Chase, The. TS19—5C 46
Chatfield Ho. TS3—4E 53
(off Northfleet Av.)
Chatham Gdns. TS24—2E 7
Chatham Rd. TS16—4A 84
Chatham Rd. TS24—3D 7
Chatham Sq. TS24—3E 7
Chathill Wlk. TS7—4B 76
Chatsworth Av. DL14—4C 102
Chatsworth Ct. TS19—3E 47
Chatsworth Gdns. TS22—5D 19
Chatsworth Ho. TS3—5E 53
(off Cottingham Dri.)
Chatsworth Ter. DL1—3A 116
Chatton Clo. TS3—3E 75
Chaucer Av. TS3—5A 54
Chaucer Av. TS25—2C 10
Chaucer Rd. DL1—4B 116
Chaytor Ct. DL3—2F 111
Chaytor Lee. TS15—4D 95
Cheadle Wlk. TS3—2E 75
Cheam Av. TS3—5E 53
Cheapside. DL4—2C 104
Cheapside. DL16—3C 98
Cheddar Clo. TS6—4D 57
Cheesmond Av. DL14—5B 102
Cheetham St. TS6—2E 55
Chelmsford Av. TS18—1D 69
Chelmsford Rd. TS5—1F 73
Chelmsford St. DL3—1F 115
Chelmsford Wlk. TS5—2F 73
Chelsea Gdns. TS20—4F 31
Chelston Dri. TS26—3A 6
Cheltenham Av. TS7—4E 91
Cheltenham Av. TS17—3E 71
Cheltenham Clo. TS5—1A 74
Chepstow Clo. TS23—5E 19
Chepstow Ct. DL1—5F 113
Chepstow Wlk . TS26—2C 6
Cheriton Grn. TS3—5E 53
Cherry Tree Clo. TS7—4C 76
Cherry Tree Cotts. TS12—5D 81
Cherry Tree Dri. TS21—4B 118
Cherry Tree Gdns. TS20—1D 49
Cherry Trees. TS10—4C 28
Cherry Wlk. TS24—2E 7
Cherrywood Av. TS9—2F 119
Cherrywood Ct. TS5—2F 89
Chertsey Av. TS3—5E 53
Cherwell Ter. TS3—4F 53
(in two parts)
Chesham Clo. TS20—5C 32
Chesham Gro. TS20—5D 33
Chesham Rd. TS20—5D 33
Chesham St. TS5—1F 73
Cheshire Pl. DL14—4D 103
Cheshire Rd. TS20—2D 49
Chesnut St. DL1—1A 116
Chester Gro. DL3—1B 114
Chester Rd. TS10—1A 44
Chester Rd. TS26 & TS24—3D 7
Chester St. DL14—2D 103
Chester St. TS1—5E 51
Chesterton Av. TS17—1C 86
Chesterton Ct. TS20—1C 48
Chesterton Rd. TS25—3C 10
Chestnut Av. DL16—4B 98
Chestnut Av. DL17—2D 101
Chestnut Av. TS10—5F 29
Chestnut Clo. DL4—3D 105

Chestnut Clo. TS6—4D 57
Chestnut Clo. TS12—2B 62
Chestnut Dri. TS7—2F 91
Chestnut Gro. TS12—4B 64
Chestnut Gro. TS17—4D 71
Chestnut Rd. TS16—2E 85
Chestnut Rd. TS21—4C 118
Chestnut Sq. TS19—3A 48
Chesworth Clo. TS3—2A 76
Chetwode Ter. TS3—3F 75
(off Carmarthen Rd.)
Chevin Wlk. TS3—2D 75
Cheviot Ct. DL1—3C 112
Cheviot Cres. TS23—2E 33
Cheviot Dri. TS12—5D 63
Cheviot Pl. DL5—4B 106
Chez Nous Av. TS25—2F 11
Chichester Clo. TS25—2D 15
Chichester Wlk. DL1—3F 113
Chilcroft Clo. TS22—5B 18
Childeray St. TS18—1A 70
Child St. TS12—4C 64
Child St. TS14—3D 97
Chillingham Ct. TS23—3F 19
Chillingham Gro. DL5—3E 107
Chiltern Av. TS10—2B 42
Chilton Clo. DL3—2C 114
Chilton Clo. DL5—3E 107
Chilton Clo. TS5—5D 73
Chilton La. TS19—1B 46
Chilton La. DL17—4F 101
Chiltons Av. TS23—4F 33
China St. DL3—3B 112
Chine, The. TS12—1C 62
Chingford Av. TS3—2A 76
Chingford Gro. TS19—4E 47
Chipchase Rd. TS5—1E 73
Chippenham Rd. TS4—4B 74
Chopwell Clo. TS19—2C 46
Christchurch Clo. DL1—3B 112
Christchurch Dri. TS18—2C 68
Christopher St. TS20—3C 48
Christopher St. TS26—2E 7
Christopher Wlk. DL5—5D 107
Church Clo. TS5—5E 107
Church Clo. DL17—2C 100
Church Clo. TS7—4B 76
Church Clo. TS8—5D 89
Church Clo. TS11—4E 45
Church Clo. TS13—4D 67
Church Clo. TS16—2D 95
Church Clo. TS17—3C 70
Church Clo. TS24—2D 9
Church Dri. DL14—4E 103
Church Dri. TS9—3A 120
Church Dri. TS12—5D 81
Churchend Clo. TS23—4E 33
Church Howle Cres. TS11
—4F 45
Churchill Clo. TS6—5F 55
Churchill Dri. TS11—4C 44
Churchill Rd. TS6—1F 77
Church La. DL5—5F 109
Church La. DL17—2C 100
Church La. TS5—5D 73
Church La. TS6—3E 55 to 1F 77
Church La. TS7—5C 92
(Nunthorpe)
Church La. TS7—4A & 5B 76
(Ormesby)
Church La. TS11—4D 45
Church La. TS12—1B 80
Church La. TS14—1E 97
Church Mt. TS6—1F 77
Church Rd. DL17—2C 100
Church Rd. TS16—2D 95

Church Rd. TS18
　　　　—5C 48 to 4D 49
Church Rd. TS23—4E 33
Church Row. DL1—2A 116
Church Row. TS13—4D 67
Church Row. TS22—3D 19
Church Sq. TS24—5A 8
Church St. DL4—3C 104
Church St. DL16—3C 98
Church St. DL17—5F 101
Church St. TS10—4B 28
Church St. TS11—4D 45
Church St. TS14—2E 97
Church St. TS24—4A 8
Church St. TS25—5C 12
Church St. S. TS11—4D 45
Church View. TS21—5B 68
(Long Newton)
Church View. TS21—4B 118
(Sedgefield)
Church Wlk. TS3—5A 54
Church Wlk. TS24—3D 9
Churchyard Link Rd. TS18
　　　　—1B 70
Clairville Ct. TS4—5B 52
Clairville Rd. TS4—5B 52
Clanny Rd. DL5—2F 109
Clapham Grn. TS3—1C 74
Clapham Rd. TS15—4C 94
Clare Av. DL3—2C 114
Claremont Dri. TS7—4F 91
Claremont Dri. TS26—1D 11
Claremont Gdns. TS19—5C 46
Claremont Gro. TS21—5A 118
Claremont Pk. TS26—1D 11
Claremont Rd. DL1—4C 116
Clarence Chare. DL5—2E 109
Clarence Clo. DL5—2E 109
Clarence Corner. DL5—2E 109
Clarence Gdns. DL14—2C 102
Clarence Grn. DL5—2E 109
Clarence Ho. DL16—3C 98
Clarence Rd. TS7—3C 92
Clarence Rd. TS16—4D 85
Clarence Rd. TS24—4F 7
Clarence Row. TS18—4C 48
Clarence St. DL14—2C 102
Clarence St. DL16—3C 98
Clarence St. TS18—4C 48
Clarence St. TS23—4E 35
Clarence St. TS24—1D 9
Clarence, The. DL14—2C 102
Clarendon Rd. TS17—5E 71
Clarendon Rd. DL1—3F 113
Clarendon Rd. TS1
　　　　—4F 51 & 4A 52
Clarendon St. TS20—2B 48
Clarendon St. TS10—4E 29
Clareville Rd. DL3—2D 115
Clark St. TS24—1A 12
Clark's Yd. DL3—2A 116
(off Skinnergate)
Claude Av. TS5—3E 73
Clavering Rd. TS27—4A 4
Claxton Av. DL3—1C 114
Claxton Clo. TS19—1B 46
Claxton Ct. DL5—4A 106
Claygate. TS23—4E 19
Clay La. Commercial Pk. TS6
(in two parts)—1C 54 & 2D 55
Claymond Ct. TS20—5B 32
Claymore Rd. TS25—1D 15
Clayton Ct. DL14—1D 103
(off Clayton St.)
Clayton St. DL14—1D 103

Claytons Yd. DL1—2B 116
Cleadon Av. TS23—3F 19
Cleadon Wlk. TS19—2C 46
Clearpool Clo. TS24—1A 8
Cleasby View. DL3—4C 110
Cleasby Way. TS16—2C 84
Cleatham Clo. TS19—2C 46
Cleator Dri. TS14—5D 97
Clee Ter. TS23—2F 33
Clements Rise. TS20—5A 32
Clepstone Av. TS5—3D 73
Clevegate. TS7—3A 92
Cleveland Av. DL3—1E 115
Cleveland Av. DL4—3E 105
Cleveland Av. DL14—3C 102
Cleveland Av. TS5—3E 73
Cleveland Av. TS9—2F 119
Cleveland Av. TS20—1C 48
Cleveland Business Centre. TS1
　　　　—3A 52
Cleveland Centre. TS1—3F 51
Cleveland Clo. TS7—5B 76
Cleveland Ct. TS6—2C 54
Cleveland Dri. TS7—2E 91
Cleveland Gdns. TS16—5C 84
Cleveland Pl. DL5—4B 106
(in three parts)
Cleveland Pl. TS10—2E 41
Cleveland Pl. TS14—3E 97
Cleveland Rd. TS24—1A 8
Cleveland Sq. TS1—3A 52
(off Cleveland Centre)
Cleveland St. DL1—5B 112
Cleveland St. TS2—2A 52
Cleveland St. TS6—1A 78
(Eston)
Cleveland St. TS6—2E 77
(Normanby)
Cleveland St. TS9—3B 120
Cleveland St. TS10—3D 29
Cleveland St. TS12—1D 63
Cleveland St. TS12—3B 80
(Skelton)
Cleveland St. TS13—5B 66
(Liverton Mines)
Cleveland St. TS13—4D 67
(Loftus)
Cleveland St. TS14—2D 97
Cleveland St. TS24—2D 9
Cleveland Ter. DL3—3D 115
Cleveland Trading Est. DL1
　　　　—4B 112
Cleveland View. TS3—1F 75
Cleveland View. TS11—4B 44
Cleveland Way. TS12—4A 80
Cleves Av. DL17—3F 101
Cleves Clo. DL17—2E 101
Cleves Cotts. DL17—3E 101
Cleves Ct. DL17—2E 101
Cliff Cotts. TS5—2D 73
Cliff Cres. TS13—4B 66
Cliffden Ct. TS12—2E 63
Cliffe Av. TS15—5F 65
Cliffe Ct. TS25—4C 12
Cliffe St. TS12—4C 64
Cliffe Ter. TS9—3B 120
Cliffe Way. DL1—4D 117
Cliffewood Clo. TS6—2A 78
Clifford Av. DL14—4D 103
Clifford Clo. TS24—5D 5
Clifford St. TS10—4C 28
Cliffport Ct. TS14—4D 49
Cliff St. TS11—2B 60
Cliff Ter. TS11—3D 45
Cliff Ter. TS13—5B 66
(Loftus)

Cliff Ter. TS13—1B 66
(Skinningrove)
Cliff Ter. TS24—2E 9
Cliff, The. TS25—4C & 5C 12
Clifton Av. DL1—4B 116
Clifton Av. TS16—3E 85
Clifton Av. TS18—3A 70
Clifton Av. TS22—5C 18
Clifton Av. TS26—5D 7
Clifton Gdns. TS16—3E 85
Clifton Pl. TS6—2E 77
Clifton Rd. DL1—3A & 4A 116
Clifton St. TS1—4F 51
Clinton Ho. TS25—1F 15
Clive Cres. TS20—2B 48
Clive Rd. TS5—1E 73
Clive Rd. TS6—2E 77
Clive St. DL17—4F 101
Clockwood Gdns. TS15—3E 95
Cloisters, The. TS19—4B 46
Close St. DL1—4B 112
Close, The. DL16—1D 99
Close, The. TS4—2B 74
Close, The. TS13—1F 67
Close, The. TS21—5A 68
Clover Ct. DL5—2E 107
Cloverdale. DL1—2F 113
Cloverwood Clo. TS7—2A 92
Clyde Gdns. TS22—5B 18
Clyde Pl. TS24—1B 8
Clyde Ter. DL16—4B 98
Clynes Rd. TS6—4F 55
Coach Ho. M. TS6—3D 77
Coach Rd. TS12—3B 64
Coal La. TS22—1A 18 to 2D 19
(in three parts)
Coast Rd. TS10 & TS11
　　　　—5F 29 to 3D 45
Coast Rd. TS27—2A 4
Coatham Av. DI5—3D 109
Coatham Clo. TS8—4F 89
Coatham Cres. DL1—2C 112
Coatham Dri. TS26—1B 10
Coatham Gro. TS23—3A 20
Coatham Lodge. TS10—4B 28
Coatham Rd. TS10—4B 28
Coatham Rd. TS19—2C 46
Coatham Vale. TS16—5B 84
Coatsay Clo. TS19—2C 46
Cobble Carr. TS14—3D 97
Cobb Wlk. TS24—2C 8
Cobden St. DL1—2D 117
Cobden St. TS17—2E 71
Cobden St. TS18—5B 48
Cobden St. TS26—4D 7
Cobham St. TS1—5F 51
Coburg St. DL1—2B 116
Cochrane Ter. DL17—5F 101
Cockburn St. TS12—5F 81
Cocken Rd. TS19—2C 46
Cockerton Grn. DL3—5C 110
Cockerton Wlk. TS19—2C 46
Cockfield Av. TS23—3A 20
Cockton Hill Rd. DL14—4D 103
Cohen Ct. TS20—5A 32
Colburn Av. DL5—4A 106
Colburn Wlk. TS6—5A 56
Colchester Rd. TS13—1F 67
Colchester Rd. TS20—5C 32
Coleby Av. TS4—4B 74
Coledale Rd. TS3—2D 75
Colenso St. TS26—1E 11
Coleridge Av. TS25—2F 11
Coleridge Gdns. DL1—5A 116
Coleridge Rd. TS23—2F 19
Coleshill Clo. TS23—5F 19

Coleton Gdns. TS17—5C 86
College Ct. DL3—2E 115
College Ct. TS3—5A 54
College Ct. TS9—3E 119
College M. TS9—3E 119
College Rd. TS3—5F 53
College Sq. TS9—3E 119
College St. DL4—2B 104
Colleton Wlk. TS3—2E 75
Collin Av. TS4—3A 74
Colling Wlk. DL5—1D 109
Collingwood Ct. TS2—1D 51
Collingwood Rd. TS23—5E 33
Collingwood Rd. TS26—4E 7
Collingwood Wlk. TS26—4E 7
Collins Av. TS20—1D 49
Collinson Av. TS5—3B 72
Colmore Av. TS3—5A 54
Colorado Gro. DL1—3C 112
Colsterdale Clo. TS23—4F 19
Coltman St. TS3—4D 53
Columbia St. DL3—5F 111
Columbine Clo. TS7—2D 91
Colville St. TS1—4E 51
Colwyn Rd. TS20—5D 33
Colwyn Rd. TS26—1E & 1F 11
(in four parts)
Commerce Way. TS6—4B 54
Commercial St. DL3—2A 116
Commercial St. DL17—5F 101
Commercial St. TS2—1A 52
Commercial St. TS18—5C 48
Commercial St. TS24—2C 8
Commondale Av. TS19—3F 47
Commondale Dri. TS25—1B 16
Commondale Gro. TS10—1B 42
Compass Ho. TS24—4B 8
(off Warrior Quay)
Compton Clo. TS20—3C 48
Compton Gro. DL3—1D 115
Compton Gro. DL14—3C 102
Compton Ho. TS3—5E 53
(off Cottingham Dri.)
Compton Rd. TS25—3B 10
Comrie Rd. TS25—1D 15
Concorde Way. TS18
—5F 69 & 5A 70
Coney Av. DL14—5B 102
Coney Clo. TS17—4D 87
Congreve Ter. DL5—5E 109
Conifer Av. TS21—3B 118
Conifer Clo. TS7—4C 76
Conifer Cres. TS23—3D 33
Conifer Dri. TS19—2F 47
Conifer Gro. TS23—3D 33
Conisborough Dri. TS10—2F 43
Coniscliffe Rd. DL3
—3A 114 to 2F 115
Coniscliffe Rd. TS19—2C 46
Coniscliffe Rd. TS26—5A 6
Coniston Av. TS10—1D 43
Coniston Clo. TS12—5C 62
Coniston Gro. TS5—4D 73
Coniston Rd. DL17—3C 100
Coniston Rd. TS6—4A 56
Coniston Rd. TS18—4E 47
Coniston Rd. TS25—3A 12
Coniston St. DL3—5E 111
Connaught St. TS7—3C 92
Connaught Rd. TS5—5C 50
Connaught Rd. TS7—3B 92
Conningsby Clo. TS25—2C 14
Conrad Wlk. TS25—3B 10
Consett Clo. TS19—2C 46
Constance St. TS3—4C 52
Convalescent St. TS12—1D 63

Conway Av. TS23—1F 33
Conway Dri. TS3—1F 75
(in two parts)
Conway Gro. DL14—3C 102
Conway Rd. TS10—1E 43
Conway Wlk. TS26—2C 6
Conyers Av. DL3—1B 114
Conyers Clo. DL3—1B 114
Conyers Clo. TS15—4C 94
Conyers Ct. TS12—4D 65
Conyers Gro. DL3—1B 114
Conyers Pl. DL5—5E 107
Conyers Ter. DL17—3D 101
Cook Cres. TS20—1B 48
Cookgate. TS7—3A 92
Cook's Ct. TS7—4C 76
Coombe Dri. DL1—5E & 5F 113
Coombe Hill. TS11—2B 60
Coombe Way. TS18—2B 68
Co-operative Clo. TS13—4B 66
Co-operative St. DL4—2B 104
Co-operative Ter. TS13—4C 66
Copeland Ct. TS2—1E 51
Copgrove Clo. TS3—1C 74
(in two parts)
Copley Clo. TS19—2C 46
Copley Wlk. TS3—3E 75
Copnor Wlk. TS3—3E 75
Copperwood Clo. TS7—3A 4
Coppice Rd. TS4—2B 74
Coppice, The. TS8—3A 90
(in two parts)
Coppice Wlk. DL3—5B 110
Copse Clo. TS17—4C 86
Copse La. TS17—4C 86
Copse Side. DL3—2B 114
Copsewood Wlk. TS9—2F 119
Coquet Clo. TS10—3A 44
Coral St. TS1—4F 51
Coral St. TS12—1D 63
Coral Way. TS7—2F 43
Corbridge Clo. TS8—4F 89
Corbridge Ct. TS19—2C 46
Corbridge Cres. LL1—3D 113
Corby Av. TS5—4B 72
Corder Rd. TS5—5C 50
Corfe Cres. TS23—5E 19
Coris Clo. TS7—1D 91
Cormland Clo. TS20—1D 49
Cormorant Dri. TS10—3F 43
Cornfield Rd. TS5—2F 73
Cornfield Rd. TS17—3C 70
Cornfield Rd. TS19—5B 46
Cornfields Ho. TS6—3F 77
Cornforth Av. TS3—3E 75
Cornforth Clo. TS19—2C 46
Cornforth Gro. TS23—3A 20
Corngrave Clo. TS11—4E 45
Cornhill Wlk. TS7—4B 76
Cornriggs Wlk. TS19—2C 46
Cornsay Clo. TS5—5C 72
Cornsay Clo. TS19—2C 46
Cornwall Av. DL1—5C 112
Cornwall Clo. TS7—3B 92
Cornwall Cres. TS23—2A 34
Cornwall Gro. TS20—2D 49
Cornwall Pl. DL14—4D 103
(in two parts)
Cornwall Rd. TS14—4C 96
Cornwall St. TS25—2E 11
Coronation Av. DL4—3D 105
Coronation Ct. TS6—2E 77
Coronation Cres. TS15—4C 94
Coronation Dri. TS25—1B 12
Coronation Grn TS3—3A 76
Coronation Rd. TS13—4B 66

Coronation St. DL3—4F 111
Coronation St. TS3—4D 53
Coronation St. TS13—5F 65
Coronation Ter. TS14—2E 97
Corporation Ho. TS1—3A 52
(off Albert Rd.)
Corporation Rd. DL3—5F 111
Corporation Rd. TS1—3A 52
Corporation Rd. TS10—5B 28
Corporation Rd. TS24—2C 8
Corporation St. TS18—5B 48
Corsham Wlk. TS3—3E 75
Cortland Rd. TS7—3D 93
Coryton Wlk. TS3—3E 75
Cosgrove Av. DL14—5C 102
Cosin Clo. DL5—1F 109
Cosin Ho. TS24—2D 9
(off Throston St.)
Costain Gro. TS20—5D 33
Costa St. TS1—5E 51
Costa St. TS6—2A 54
Cotgarth Way. TS19—2B 46
Cotherstone Dri. TS5—2D 89
Cotherstone Moor Dri. DL1
—4E 117
Cotherstone Rd. TS18—3A 70
Cotswold Av. TS3—5E 53
Cotswold Cres. TS23—2E 33
Cotswold Dri. TS10—1B 42
Cotswold Dri. TS12—5D 63
Cottage Rd. DL4—3B 104
Cottersloe Rd. TS20—4C 32
Cottingham Ct. DL3—4C 110
Cottingham Dri. TS3—5E 53
Coulby Farm Way. TS8—5C 90
Coulby Mnr. Farm TS8—3B 90
(in three parts)
Coulby Manor Way. TS8
—3A 90
Coulson Clo. TS15—5C 94
Coulson St. DL16—3E 99
(in two parts)
Coulton Gro. TS22—1B 32
Coundon Grn. TS19—2C 46
Countisbury Rd. TS20—4F 31
Courageous Clo. TS25—4B 12
Court Arc. DL3—2A 116
Courtlands Rd. DL3—5E 111
Courtney Wlk. TS3—5F 53
Court Rd. TS4—2B 74
Covent Clo. TS6—4D 77
Coverdale Rd. TS19—1D 69
Covert, The. DL5—4A 106
Cowbridge La. TS23—4C 20
Cowdray Clo. TS14—4F 97
Cowley Clo. TS16—1E 85
Cowley Clo. TS25—3C 12
Cowley Rd. TS5—5E 73
Cowpen Bewley Rd. TS23
—5D 21
Cowpen Cres. TS19—2C 46
Cowpen La. TS23
—3F 33 to 5C 20
Cowper Ct. TS20—3D 49
Cowper Gro. TS25—3B 10
Cowper Rd. TS20—3D 49
Cowscote Cres. TS13—3B 66
Cowshill Grn. TS19—2C 46
Cowton Way. TS16—3C 84
Coxgreen Clo. TS19—2C 46
Coxhoe Rd. TS23—1A 34
Coxmoor Way. TS11—2A 60
Coxwold Clo. TS5—4F 73
Coxwold Dri. DL1—4C 116
Coxwold Rd. TS18—1E 69
Coxwold Way. TS23—3C 34

Crabtree Wlk. TS7—5E 77
Craddock St. DL14—3D 103
Craddock St. DL16—4B 98
Cradley Dri. TS5—2D 89
Cragdale Rd. TS3—1D 75
Craggs St. TS4—3B 52
Craggs St. TS19—4B 48
Cragside. TS21—5B 118
Cragside Ct. TS17—5C 86
Cragston Clo. TS26—4B 6
Cragwellside. DL1—3C 112
Craigearn Rd. TS6—1D 77
Craig St. DL3—5E 111
Craigweil Cres. TS19—3A 48
Crail Wlk. TS25—5D 11
Craister Ct. TS20—3D 49
Craister Rd. TS20—4D 49
Cramlington Clo. TS8—4F 89
Cramond Clo. DL3—2B 114
Cranage Clo. TS5—3C 72
Cranbourne Ter. TS18—2A 70
Cranfield Av. TS5—4A to 5A 54
Cranford Av. TS6—4C 54
Cranford Clo. TS6—4C 54
Cranford Gdns. TS5—4C 72
Cranleigh Rd. TS18—1F 69
Cranmore Rd. TS3—5D 53
Cranstock Clo. TS22—5B 18
Cranswick Clo. TS23—2A 20
Cranswick Dri. TS5—5F 73
Cranwell Gro. TS17—3E 87
Cranwell Rd. TS25—1B 14
Cranworth Grn. TS17—2E 71
Cranworth St. TS17—2D 71
Crathorne Cres. TS5—1C 72
Crathorne Pk. TS6—2D 77
Crathorne Rd. TS20—5C 32
Craven St. TS1—5E 51
Craven Vale. TS14—4D 97
Crawcrook Wlk. TS19—2C 46
Crawford Clo. DL14—5C 102
Crawford Rd. DL5—1E 109
Crawford St. TS25—5C 12
Crawley Rd. TS17—4F 71
Crayke Rd. TS18—2E 69
Creighton Rd. DL5—5F 107
Cremorne Clo. TS17—1D 91
Crescent Av. TS23—5F 33
Crescent Rd. TS1—5E 51
Crescent, The. TS5—2E 73
Crescent, The. TS7—3D 93
(Nunthorpe)
Crescent, The. TS7—4A 76
(Ormesby)
Crescent, The. TS10—5F 29
Crescent, The. TS11—4D 45
Crescent, The. TS12—2D 63
Crescent, The. TS16—1C 94
Crescent, The. TS17—4D 71
Crescent, The. TS26—4D 7
Cresswell Clo. TS8—4F 89
Cresswell Ct. TS26—4B 6
Cresswell Dri. TS26—4B 6
Cresswell Rd. TS6—2F 55
Cresswell Rd. TS26—4B 6
Crest, The. TS26—4B 6
Crestwood TS10—4E 43
Crewe Rd. DL5—1E 109
Cricketfield Row. DL3—4A 112
Cricket La. TS6—3D 77
Crieff Wlk. TS25—5D 11
Crimdon Clo. TS8—4F 89
Crimdon Wlk. TS19—1B 46
Cringle Ct. TS10—2C 42
Cringlemoor Cres. DL1—4E 117
Crinkle Av. TS3—3E 75

Crispin Ct. TS12—5D 65
Crispin Ct. TS21—4C 118
Crisp St. TS20—3C 48
Croat Way. DL5—3E 109
Croft Av. TS5—4C 72
Croft Dri. TS7—4C 92
Croft Gdns. DL17—4F 101
Crofton Av. TS4—2A 74
Croft Rd. DL2—5E 115
Croft Rd. TS16—5C 84
Croft St. TS20—4C 48
Croft Ter. TS24—3D 9
(in two parts)
Croft, The. TS7—3F 91
Cromarty Clo. DL1—2F 113
Cromer Ct. TS16—1D 95
Cromer St. TS4—4B 52
Cromer Wlk. TS25—1C 14
Cromore Clo. TS17—2D 87
Cromwell Av. TS13—4D 67
Cromwell Av. TS18—5C 48
Cromwell Grn. TS18—5C 48
Cromwell Rd. TS6—3B 54
Cromwell St. TS3—4C 52
Cromwell St. TS24—1A 12
Cromwell Ter. TS17—3D 71
Crookers Hill Clo. TS7—5B 92
Crookhall Wlk. TS19—2C 46
Crooks Barn La. TS20—4B 32
Crook St. TS20—4B 32
Cropton Clo. TS10—3C 42
Cropton Way. TS8—4C 90
Crosby Clo. TS16—4E 85
Crosby Ho. TS3—5E 53
(off Cottingham Dri.)
Crosby Rd. DL5—1C 108
Crosby St. DL3—2A 112
Crosby St. TS20—3C 48
Crosby Wlk. TS17—2D 71
Crossbeck Ter. TS6—2E 77
Crossbeck Way. TS7—4C 76
Crosscliff. TS8—4F 89
Cross Fell. TS10—1C 42
Crossfell Rd. TS3—2D 75
Crossfield Rd. DL3—4D 111
Crossfields. TS8—5C 90
Cross Ho. TS2—1A 52
(off Silver St.)
Crosskirk Clo. TS3—1A 76
Cross La. TS9—5C 120
Cross La. TS13—2C 66
Cross Row. TS12—4C 80
Cross St. DL3—4A 112
Cross St. DL4—4C 104
Cross St. TS6—1A 78
Cross St. TS14—3D 97
Cross St. TS20—1C 48
Cross St. TS21—4C 118
Cross St. TS23—4E 35
Crossway, The. DL1—2D 117
Crosthwaite Av. TS4—2A 74
Crowhurst Clo. TS14—4D 97
Crowland Av. TS3—2A 76
Crowland Rd. TS25—2B 14
Crow La. TS6—5B 56
Crowley Pl. DL5—4E 107
Crown St. DL1—2A 116
Crown St. DL14—4E 103
Crowood Av. TS9—2F 119
Croxdale Gro. DL14—5A 102
Croxdale Gro. TS19—1C 68
Croxdale Rd. TS23—5F 19
Croxden Gro. TS3—3F 75
Croxton Av. TS25—2D 15
Croxton Clo. TS19—5B 46
Croydon Rd. TS1—5B 52

Crummock Rd. TS10—1D 43
Culgaith Av. TS3—1D 75
Cullen Clo. DL1—2D 113
Cullen Rd. TS25—5D 11
Culloden Way. TS23—4B 20
Culross Gro. TS19—5A 46
Cumberland Cres. TS23—3E 33
Cumberland Gro. TS20—4A 32
Cumberland Ho. TS5—1F 73
(off Chelmsford Rd.)
Cumberland Rd. TS5—1F 73
Cumberland Rd. TS6—4F 55
Cumberland St. DL3—3A 112
Cumbie Way. DL5—4D 109
Cumbrian Pl. DL5—4B 106
(in two parts)
Cumbria Pl. DL14—4D 103
Cumbria Wlk. TS25—2F 11
Cumby Rd. DL5—1C 108
Cumnor Wlk. TS3—5E 53
Cundall Rd. TS26—4D 7
Cunningham Dri. TS17—3E 87
Cunningham St. TS5—5D 51
Curlew La. TS20—4B 32
Curran Av. TS5—2C 72
Curson St. TS6—1A 78
Curthwaite. TS5—2C 88
Cuthbert Clo. TS17—1D 91
Cuthbert St. DL16—1D 99
Cutler Clo. TS7—2F 91
Cypress Clo. DL3—4D 115
Cypress Ct. TS19—3B 48
Cypress Rd. TS7—1F 91
Cypress Rd. TS10—1F 43

Dabble Duck Ind. Est. DL4
—4D 105
Dacre Clo. TS17—5D 71
Dacre Ho. TS2—1A 52
(off Dacre St.)
Daimler Dri. TS23—1C 34
Dalby Clo. TS10—4C 42
Dalby Clo. TS22—1B 32
Dalby Way. TS8—4C 90
Dalcross Ct. TS8—4F 89
Dale Clo. TS19—2B 46
Dale Garth. TS11—5E 45
Dale Gro. TS19—1C 68
Dale Rd. DL3—1E 115
Dale Rd. DL4—5D 105
Dale Rd. Ind. Est. DL4—5E 105
Daleston Av. TS5—3E 73
Daleston Clo. TS26—3A 6
Dale St. TS1—3F 51
Dale St. TS11—1B 60
Daleville Clo. TS4—3A 74
Dalewood Wlk. TS9—2F 119
Dalkeith Clo. DL3—2B 114
Dalkeith Cres. TS8—3F 89
Dalkeith Rd. TS25—4C 10
Dallas Ct. TS8—4F & 5F 89
Dallas Rd. TS25—4C 10
Dalmuir Clo. TS16—5D 85
Dalry Gro. TS25—5C 10
Dalston Ct. TS7—4C 76
Dalton Bk. La. TS22—3A 14
Dalton Cotts. DL4—5D 105
Dalton Cres. DL4—5D 105
Dalton Gro. TS20—2B 48
Dalton Gro. TS23—3F 19
Dalton Rd. TS6—4F 55
Dalton St. DL1—2B 116
Dalton St. TS26—5E 7

Dalton Way. DL5—5D 107
Daltry Clo. TS15—4F 95
Dalwood Ct. TS8—4F 89
Damson Ct. DL3—5F 111
Dam St. TS13—4D 67
Danby Ct. TS20—3C 48
Danby Dale Av. TS10—1B 42
Danby Gro. TS17—3E 71
Danby Gro. TS25—5C 12
Danby Ho. TS2—2F 51
(off Suffield St.)
Danby Rd. TS6—5A 56
Danby Rd. TS20—3C 48
Danby Wlk. TS23—5D 19
Danesfort Av. TS14—3C 96
Danesmoor Cres. DL3—2D 115
Daniels Ct. TS4—5B 52
Dante Rd. TS7—1C 90
Daphne Rd. TS19—3B 48
Darcy Clo. TS15—5C 94
Darenth Cres. TS3—2E 75
(in two parts)
Darlington Bk. La. TS21 & TS19
—4A 46
Darlington By-Pass. DL2
—5E 115 to 5F 117
Darlington La. TS19 & TS20
—3C 46 to 5B 32
Darlington Rd. DL17—2C 100
Darlington Rd. TS21—5A 68
(Long Newton)
Darlington Rd. TS21 & TS18
(Stockton-on-Tees) —4A 68
Darlington St. TS17—2D 71
Darlington St. TS24—2D 9
Darnall Grn. TS4—5C 74
Darnbrook Way. TS7—4A 92
Darnton Dri. TS4—5C 74
Darras Wlk. TS3—5E 53
Dartford Clo. TS19—2A 48
Dartmouth Ho. TS3—5E 53
(off Marfleet Av.)
Darvel Rd. TS25—4C 10
Darwen Ct. TS8—4F 89
Darwin Gro. DL1—4D 117
Darwin Gro. TS25—3B 10
Daryngton Clo. DL1—3D 113
Dauntless Clo. TS25—4C 12
Davenport Rd. TS15—5C 94
Daventry Av. TS19—2F 47
David Rd. TS20—2D 49
David Ter. DL14—5F 103
Davison Dri. TS24—5D 5
Davison Rd. DL1—2C 112
Davison St. TS1—3F 51
Davison St. TS12—5F 81
Davy Rd. TS6—4A 54
Davy St. DL17—2B 100
Dawdon Clo. TS19—1C 46
Dawley Clo. TS17—4F 71
Dawlish Dri. TS25—1E 15
Dawlish Grn. TS4—5C 74
Dawn Clo. TS20—4B 32
Dawson Sq. TS15—1C 72
Days Ter. TS12—4C 64
Day St. TS12—5C 64
Deacon St. TS3—4D 53
Deal Clo. TS19—2F 47
Deal Ct. TS4—2B 74
Deal Rd. TS23—5E 19
Dean & Chapter Ind. Est. DL17
—2B 100
Dean Clo. DL4—2C 104
Dean Gdns. DL4—2C 104
Dean Rd. DL17—3C 100
Deansgate. TS6—1B 78

Dean St. DL4—2C 104
Dean St. TS18—1B 70
De Brus Ct. TS12—1D 63
Debruse Av. TS15—5B 94
De Brus Way. TS14—1E 97
Deepdale. TS14—4A 96
Deepdale Av. TS4—3B to 2B 74
Deepdale Av. TS6—4A 56
Deepdale La. TS13—2B 66
Deepdale Rd. TS13—4B 66
Deepdale Way. DL1—5F 113
Deepgrove Wlk. TS6—5A 56
Deerness Rd. DL14—3C 102
Dee Rd. TS6—5E 55
Deerpool Clo. TS24—1A 8
Defoe Cres. DL5—4E 107
De Havilland Av. TS18—5A 70
De Havilland Dri. TS11—3B 44
Deighton Gro. TS23—4E 19
Deighton Rd. TS4—5C 74
De La Mare Dri. TS23—2E 19
Delamere Dri. TS11—5C 44
Delamere Rd. TS3—3E 75
Delarden Rd. TS3—5E 53
Delaval Rd. TS23—1A 34
Deleval Clo. DL5—3D 107
Dell Bank. DL14—1E 103
Dell Clo. TS7—3D 91
Dellfield Clo. TS3—3D 75
Dell, The. DL14—1E 103
Del Strother Av. TS19—4F 47
Denbigh Clo. TS19—2A 48
Denbigh Rd. TS23—5F 19
Dene Clo. TS17—4F 71
Dene Gro. DL3—5E 111
Dene Gro. DL14—3D 103
Dene Gro. TS10—4E 29
Dene Hall Dri. DL14—3B 102
Dene Rd. TS4—2B 74
Deneside. DL14—3D 103
Dene Side. DL16—2C 98
Deneside Clo. TS15—4E 95
Deneside Rd. DL3—5D 111
Denevale. TS15—3E 95
Dene Wlk. TS11—5C 44
Denham Grn. TS3—5E 53
(in two parts)
Denham Pl. DL5—5F 107
Denholme Av. TS18—3A 70
Denmark St. DL3—4A 112
Denmark St. TS2 & TS1—2E 51
Dennison St. TS18—2A 70
Dennison Ter. DL17—4F 101
Denshaw Clo. TS19—5B 46
Dentdale Clo. TS15—5D 95
Denton Av. DL5—5D 109
Denton Clo. DL3—4C 110
Denton Clo. TS5—1C 88
Denton Clo. TS19—1C 46
Dent St. DL4—2D 105
Dent St. TS26—4F 7
Dent Wlk. DL5—5D 107
Deorna Ct. DL1—3C 112
Depot Rd. TS2—1F 51
Derby Av. TS5—2B 72
Derby Clo. TS17—3E 71
Derby Rd. TS14—4D 97
Derby St. DL3—4A 112
Derby St. TS18—5B 48
Derby St. TS25—2F 11
Derby Ter. TS17—2E 71
Derby, The. TS7—2D 91
Derwent Av. TS14—4C 96
Derwent Ct. DL16—2D 99
Derwent Ho. TS23—4B 20
Derwent Pk. TS13—4E 67

Derwent Pl. DL5—5A 106
Derwent Rd. DL17—3C 100
Derwent Rd. TS10—5B 28
Derwent Rd. TS12—5C 62
Derwent Rd. TS17—5E 71
Derwent St. DL3—1A 116
Derwent St. TS1—4E 51
Derwent St. TS3—4D 53
Derwent St. TS20—2B 48
Derwent St. TS26—4F 7
Derwent Ter. DL16—2D 99
Derwentwater Av. TS5—4D 73
Derwentwater Rd. TS6—4A 56
Desford Grn. TS3—1E 75
Deva Clo. TS4—2C 74
Devon Clo. TS10—1C 42
Devon Cres. TS12—1B 80
Devon Cres. TS22—3A 34
Devon Pl. DL14—4D 103
(in two parts)
Devonport Rd. TS5—2A 74
Devonport Rd. TS18—4D 49
Devon Rd. TS6—4F 55
Devon Rd. TS14—4C 96
Devonshire Rd. DL1—5D 113
Devonshire Rd. TS5—1E 73
Devonshire St. TS18—3A 70
Devon St. TS25—2F 11
Dew La. TS7—4B 76
Dewsbury Clo. TS19—2A 48
Dial Stob Hill. DL14—1D 103
Diamond Rd. TS1—4F 51
Diamond Rd. TS17—3E 71
Diamond St. DL4—4B 104
Diamond St. TS12—1D 63
Dickens Gro. TS25—2D 11
Dickens St. DL16—3C 98
Dickens St. TS24—5D 5
Dickinson St. DL1—2C 116
Dillside. TS19—4D 47
Dingleside. TS19—5D 47
Dinsdale Av. TS5—5D 73
Dinsdale Ct. TS23—5A 20
Dinsdale Cres. DL1—2C 116
Dinsdale Dri. TS16—5E 85
Dinsdale Rd. TS19—1C 46
Diomed Ct. TS7—1D 91
Dionysia Rd. TS5—5D 53
Dipton Grn. TS4—5C 74
Dipton Rd. TS19—1C 46
Dishforth Clo. TS17—3F 87
Dixon Gro. TS3—5D 53
Dixon Rd. DL5—2D 109
Dixons Bank. TS7
—3F 91 to 5C 92
Dixon St. DL14—3D 103
Dixon St. TS12—4C 64
(Brotton)
Dixon St. TS12—5D 63
(Skelton)
Dixon St. TS13—3A 66
Dixon St. TS18—5B 48
Dobson Pl. TS24—4C 4
Dobson Ter. TS10—4E 29
Dockside Rd. TS3 & TS6
—2C 52 to 1B 54
Dock St. TS2—2A 52
Dock St. TS24—2C 8
Dodd's St. DL3—1F 115
Dodford Rd. TS8—4F 89
Dodsworth St. DL1—5C 112
Dodsworth Wlk. TS27—4B 4
Doncaster Cres. TS19—2A 48
Donegal Ter. TS1—5D 51
Donington Grn. TS3—2B 76
Dorchester Clo. TS8—2C 90

Dorchester Clo. TS19—2A 48
Dorchester Dri. TS24—4B 4
Doris Clo. TS7—1D 91
Dorlcote Pl. TS20—2C 48
Dorman Rd. TS6—1F 77
Dorman's Cres. TS10—1A 42
Dormanstown Ind. Est. TS10
—1E 41
Dormor Way. TS6—3F 53
Dornoch Sands. TS5—2C 88
Dorothy St. TS3—4D 53
Dorrien Cres. TS3—5D 53
Dorset Clo. TS5—1E 73
Dorset Clo. TS10—2C 42
Dorset Cres. TS23—2A 34
Dorset Dri. DL1—5D 113
Dorset Pl. DL14—4D 103
Dorset Rd. TS12—1B 80
Dorset Rd. TS14—4C 96
Dorset Rd. TS20—2D 49
Dorset St. TS25—2F 11
Double Row. DL14—1D 105
Douglas Clo. TS18—5A 70
Douglas Cres. DL14—3F 103
Douglass Ter. DL14—1C 104
Douglas St. TS4—4B 52
(in two parts)
Douglas Ter. TS6—2E 77
Douthwaite Rd. DL14—5B 102
Dovecot Hill. DL14—5D 103
Dovecot St. TS18—1B 70
Dovedale Av. TS6—4A 56
Dovedale Clo. TS20—1D 49
Dovedale Rd. TS20—1D 49
Dover Clo. TS23—5D 19
Dover Rd. TS19—2A 48
Dover St. TS24—5A 8
Downe St. TS13—4B 66
Downfield Way. TS11—2A 60
Downham Av. TS3—3D 75
Downham Gro. TS25—1C 14
Downholme Rd. TS18—3D 69
Downing Ct. DL1—3C 112
Downside Rd. TS5—3B 72
Dowson Rd. TS24—4D 5
Doxford Clo. DL5—1C 108
Doxford Wlk. TS8—4F 89
Doyle Wlk. TS25—3B 10
Doyle Way. TS19—4B 46
Dragon Ct. TS20—5C 32
Drake Clo. TS11—5F 45
Drake Ct. TS2—2D 51
Drake Rd. TS20—1C 48
Drake St. DL16—3C 98
Draycote Cres. DL3—4E 115
Draycott Av. TS5—2E 89
Draycott Clo. TS10—4C 42
Draycott Clo. TS20—5F 31
Drayton Rd. TS25—3B 10
Driffield Way. TS23—3A 20
Driftwell Dri. TS19—4B 46
Drinkfield Cres. DL3—2A 112
Drive, The. TS8—5D 89
Drive, The. TS11—5C 44
Drive, The. TS17—1D 87
Drive, The. TS25—4C 14
Droitwich Av. TS19—2F 47
Drummond Clo. DL1—2F 113
Druridge Gro. TS10—3F 43
Drury St. DL3—5A 112
Drybourne Av. DL4—3C 104
Drybourne Pk. DL4—3B 104
Dryburgh View. DL3—5C 110
Dryburn Rd. TS19—1B 46
Dryden Clo. TS23—2F 19
Dryden Rd. TS25—3C 10

Dublin St. DL3—3B 112
Duchy Rd. TS26—5A 6
Duddon Sands. TS5—2C 88
Duddon Wlk. TS19—5A 48
Dudley Dri. DL5—2E 107
Dudley Gro. DL14—3B 102
Dudley Rd. TS23—5E 19
Dudley Wlk. TS10—2F 43
(off Carisbrooke Way)
Dufton Rd. TS5—1D 73
Dugdale St. TS18—4D 49
Dukeport Ct. TS18—4D 49
(off Alnport Rd.)
Duke St. DL3—2F 115
Duke St. DL14—3D 103
Duke St. TS26—4D 7
Dukesway. TS17—4E 87
Dulverton Way. TS19—4F 97
Dumbarton St. TS19—2A 48
Dumfries Rd. TS25—5D 11
Dumfries St. DL1—1B 116
Dunbar Av. TS4—5C 74
Dunbar Ct. TS13—1F 67
Dunbar Dri. TS16—1D 95
Dunbar Rd. TS23—5E 19
Dunbar Rd. TS25—4C 10 & 4D 11
Duncan Av. TS10—5B 28
Duncan Pl. TS13—4C 66
Duncan Rd. TS25—4C 10
Duncombe Clo. DL16—4A 98
Duncombe Ter. DL17—3E 101
Dundas Arc. TS1—3A 52
(off Dundas St.)
Dundas M. TS1—3A 52
Dundas St. DL16—3C 98
Dundas St. TS1—3A 52
(in two parts)
Dundas St. TS10—4D 29
Dundas St. TS11—2B 60
Dundas St. TS13—4C 66
Dundas St. TS19—4A 48
Dundas St. E. TS12—1D 63
Dundas St. W. TS12—1D 63
Dundas Ter. TS11—5D 45
(Marske)
Dundas Ter. TS11—2B 60
(New Marske)
Dundee Av. TS19—2A 48
Dundee Rd. TS25—5D 11
Dundee St. DL1—1B 116
Dunedin Av. TS18—2C 68
Dunelm Ct. DL16—1B 98
Dunelm Gro. DL4—2B 104
Dunelm Rd. TS3—3D 47
Dunelm Ter. DL17—2D 101
(off Broom Rd.)
Dunelm Wlk. DL1—4E 113
Duneside. TS19—3D 47
Dunford Clo. TS19—1C 46
Dunhallow Clo. TS14—4D 97
Dunholme Av. TS3—3B 76
Dunkeld Clo. TS19—1C 46
Dunkerque Mall. TS1—3F 51
Dunlane Clo. TS5—5C 50
Dunlin Clo. TS20—3C 32
Dunmail Rd. TS10—1C 42
Dunmail Rd. TS19—5A 48
Dunmow Av. TS3—3F 75
Dunnet Clo. TS10—4D 43
Dunning Rd. DL17—2C 100
Dunning Rd. TS1—3A 52
(in two parts)
Dunning St. TS1—3A 52
Dunoon Clo. TS19—2A 48
Dunoon Rd. TS25—5C 10
Dunottar Av. TS16—3D 85

Dunrobin Clo. DL1—2E 113
Dunsdale Clo. TS6—2F 77
Dunsdale Clo. TS11—4E 45
Dunsley Clo. TS3—1C 74
Dunsley Ct. TS14—2D 97
Dunsley Dri. TS23—4F 19
Dunsop Av. TS4—5C 74
Dunstable Clo. TS19—2F 47
Dunstable Rd. TS5—5C 50
Dunster Clo. DL3—4A 110
Dunster Ho. TS3—2E 75
Dunster Rd. TS23—5F 19
Dunston Clo. TS14—5D 97
Dunston Rd. TS19—1C 46
Dunston Rd. TS26—4B 6
Durham Chare. DL14—1D 103
Durham La. TS15 & TS16
—3B 68 to 5C 84
Durham Rd. DL14—4F 109
Durham Rd. DL14—1D 103
Durham Rd. DL16—2D 99
Durham Rd. DL17—2C 100
Durham Rd. TS6—5F 55
Durham Rd. TS10—1A & 2A 44
Durham Rd. TS12—4D 65
Durham Rd. TS21—3B 118
(Sedgefield)
Durham Rd. TS21 & TS19
—2A 30 to 4B 48
(Stockton-on-Tees)
Durham Rd. TS22—3D 19
Durham St. DL14—2C 103
Durham St. DL16—5A 98
Durham St. TS2—2A 52
Durham St. TS18—5B 48
Durham St. TS24—1C 8
Durham Way. DL5—4E 109
Durham Way N. DL5—3E 109
Durham Way S. DL5—4E 109
Durness Gro. TS25—4C 10
Durnford Rd. TS3—2A 76
Dykes Wlk. DL5—1F 109

Eagle Ct. TS18—5A 70
Eagle Pk. TS7—4A 92
Eaglescliffe Clo. TS11—2A 60
Eaglescliffe Ind. Est. TS16
—3C 84
Eaglesfield Rd. TS25—4B 10
Eamont Gdns. TS26—1E 11
Eamont Rd. DL17—2C 100
Eamont Rd. TS20—1B 48
Earl Clo. DL1—2C 112
Earle Clo. TS15—4F 95
Earls Ct. Rd. TS8—5F 89
Earlsdon Av. TS5—1C 88
Earlsferry Rd. TS25—4B 10
Earlston Wlk. TS25—4B 10
Earl St. TS24—1B 8
Earlsway. TS17—4F 87
Earn Wlk. TS25—4B 10
Earsdon Clo. TS20—5F 31
Easby Av. TS3—3F 73
Easby Clo. DL14—4A 102
Easby Clo. TS6—5B 56
Easby Clo. TS10—2C 42
Easby Clo. TS14—3F 97
Easby Ct. TS12—5E 63
Easby Gro. TS6—1E 77
Easby Gro. TS17—4E 71
Easby La. TS9—4A 120
Easby Pl. DL3—4B 110
Easby Rd. TS23—2F 33
Easdale Wlk. TS5—3F 73
Easington Rd. TS19—5C 30

Easington Rd TS24 & TS27
—3A 4 to 2E 7
Easson Rd. DL3—1A 116
Easson Rd. TS10—5D 29
Easson St. TS4—1B 74
East Av. TS23—4E 33
Eastbank Rd TS7—5C 76
Eastbourne Av. TS16—1D 95
Eastbourne Gdns. TS3—3A 76
Eastbourne Rd. DL1—3C 116
Eastbourne Rd. TS5—2F 73
Eastbourne Rd. TS19—3B 48
Eastbury Clo. TS17—5D 87
East Cres. TS5—2C 72
East Cres. TS13—4D 67
Eastcroft. TS3—1D 75
Eastcroft Rd. TS6—2F 55
E. End. TS9—3E 119
E. End. TS21—4C 118
Easterside Rd. TS4—5C 74
Eastfield Rd. TS11—4C 44
Eastfields. TS9—3E 119
Eastfields Rd. DL5—3A 108
Eastgate Rd. TS5—3D 73
Eastham Sands. TS5—2C 88
Eastland Av. TS26—1D 11
Eastland View. TS3—5F 53
Eastlea Av. DL14—3D 103
Eastleigh. TS17—5F 71
E. Lodge. TS5—4A 52
E. Lodge Gdns. TS11—4C 42
Eastlowthian St. TS2—5A 36
E. Meadows. TS11—5E 45
E. Middlesbrough Ind. Est. TS3
—4E & 3F 53
E. Mount Rd. DL1—5B 112
Easton St. TS17—3E 71
East Pde. DL14—2D 103
East Pde. TS12—1B 80
East Pde. TS21—4C 118
East Pde. TS24—1B 8
Eastport Rd. TS18—4D 49
E. Precinct. TS23—1E 33
E. Raby St. DL3—2F 115
East Row. DL1—2A 116
East Row. DL5—5F 109
East Row. TS5—2C 72
East Row. TS6—1A 78
E. Scar. TS10—2F 43
East St. DL1—2A 116
East St. TS2—2A 52
East St. TS11—5D 45
East St. TS13—4D 67
East St. TS18—5B 48
East Ter. TS12—1B 80
E. View. DL17—2D 101
E. View Ter. DL4—2B 104
E. View Ter. TS4—1B 74
E. View Ter. TS25—4C 12
E. Well Clo. TS21—4C 118
Eastwood Rd. TS3—1B 76
Ebba Clo. DL5—1D 109
Ebchester Clo. TS19—5C 30
Eccleston Wlk. TS4—5B 74
Eckert Av. TS5—2B 72
Eckford Wlk. TS25—4C 10
Eddison Way. TS8—5F 89
(in three parts)
Eddleston Wlk. TS25—4B 10
Eden Cres. DL1—5A 116
Eden Dri. TS21—5C 118
Edenhall Gro. TS10—3D 43
Eden Rd DL5—5F 107
Eden Rd DL16—4C 98
Eden Rd TS4—1A 74
Eden Rd TS12—5D 63

Eden St. TS12—1D 63
Eden St. TS24—5F 7
Eden Way. TS22—4B 18
Eder Rd. TS20—2C 48
Edgar Gro. DL14—1C 102
Edgar St. TS20—2C 48
Edgar St. TS25—2A 12
Edgecombe Dri. DL3—5B 110
Edgecombe Gro. DL3—5B 110
Edge Hill. DL14—1C 102
Edgehill Way. TS23—4B 20
Edgemoor Rd. DL1—5D 117
Edgeworth Ct. TS8—5A 90
Edgley Rd. TS18—2C 68
Edinburgh Av. TS5—3E 73
Edinburgh Clo. TS7—3B 92
Edinburgh Dri. DL3—3B 114
Edinburgh Gro. TS25—5A 12
Ediscum Garth. DL14—3A 102
Edmondbyers Rd. TS19—5C 30
Edmondsley Wlk. TS19—5D 31
Edmundsbury Rd. TS5—1A 74
Edmund St. DL1—4B 112
Ednam Gro. TS25—4C 10
Edridge Grn. TS3—5F 53
Edwards St. TS6—2A 78
Edwards St. TS18—2B 70
Edward St. DL1—5B 112
Edward St. DL14—1C 102
Edward St. DL16—3B 98
Edward St. TS3—4D 53
Edward St. TS6—3B 54
Edzell Wlk. TS25—4B 10
Egerton Clo. TS20—4F 31
Egerton Gro. DL5—3E 107
Egerton Rd. TS26—5A 6
Egerton St. TS1—5A 52
Egerton Ter. TS25—4C 14
Egglescliffe Bank. TS16—1C 94
Egglescliffe Clo. TS19—5D 31
Eggleston Ct. TS2—1D 51
Eggleston Ct. TS12—1E 81
Eggleston Ter. TS18—1A 70
Eggleston Rd. TS10—4D 43
Eggleston View. DL14—4A 110
Eglington Rd. TS6—2F 55
Eglinton Av. TS14—4E 97
Egmont Rd. TS4—5B 52
Egton Av. TS7—4A 92
Egton Clo. TS10—4D 43
Egton Dri. TS25—1B 16
Egton Rd. TS20—3C 48
Egton Way. DL1—2E 113
Eider Clo. TS17—5C 86
Elcho St. TS26—4E 7
Elcoat Rd. TS20—5C 32
Elder Ct. TS1—3A 52
Elder Gro. TS19—2F 47
Elderslie Wlk. TS25—4B 10
Elderwood Ct. TS4—3A 74
Eldon Bank. DL14—1D 105
Eldon Bank Top. DL4—2C 104
Eldon Clo. DL5—5E 107
Eldon Gro. TS26—5D 7
Eldon Pl. DL3—3A 112
Eldon Rd. DL5—2D 109
Eldon St. DL3—3A 112
Eldon St. TS17—2E 71
Eldon Ter. DL17—4F 101
Eldon Wlk. TS17—2E 71
(off Cobden St.)
Eleanor Pl. TS18—2B 70
Elemere Ct. TS23—5F 19
Elemore Pl. DL5—3D 107
Elgin Av TS3—3E 75

Elgin Av. TS6—3D 55
Elgin Ct. DL1—2F 113
Elgin Rd. TS17—3E 87
Elgin Rd. TS25—4C 10
Elizabeth Barrett Wlk. DL5
—1E 109
Elizabeth Pl. DL1—4B 112
Elizabeth St. TS17—3E 71
Elizabeth Ter. TS3—4C 52
Elizabeth Way. TS25—5B 12
Elkington Wlk. TS3—2B 76
Elland Av. TS4—5C 74
Elland Ct. DL1—5F 113
Ellary Wlk. TS25—4B 10
Ellen Av. TS18—2A 70
Ellenport Ct. TS18—4D 49
Ellerbeck Way. TS7—3C 76
Ellerburne St. TS17—3E 71
Ellerby Clo. TS10—2C 42
Ellerby Grn. TS3—1D 75
Ellerby Rd. TS6—5A 56
Ellerton Clo. DL3—4A 110
Ellerton Clo. TS5—5F 73
Ellerton Rd. TS18—2C 68
Ellesmere. DL16—1B 98
Ellesmere Wlk. TS3—5F 53
Ellicott Wlk TS18—2B 70
(off Parliament St.)
Elliot St. TS10—4C 28
Elliot St. TS12—2C 80
Elliott St. TS26—4E 7
Ellis Gdns. TS8—5F 89
Ellison St. TS26—1E 11
Elm Av. TS21—4C 118
Elm Clo. TS6—5C 54
Elm Clo. TS12—2B 62
Elm Dri. DL4—2B 104
Elm Dri. TS7—2E 91
Elmfield Pl. DL5—1B 108
Elmfield St. DL3—1A 116
Elmfield Ter. DL3—1A 116
Elmfield Ter. DL4—2B 104
Elm Gro. TS17—4D 71
Elm Gro. TS26—4C 6
Elmhurst Gdns. TS8
—4F & 5F 89
Elm Rd. DL4—2B 104
Elm Rd. DL17—3D 101
Elm Rd. TS10—4F 29
Elm Rd. TS14—2D 97
Elms Rd. DL3—1F 115
Elmstone Gdns. TS8—4F 89
(in three parts)
Elm St. TS1—3A 52
Elm St. TS6—2B 54
Elm Ter. DL14—3D 103
Elm Tree Av. TS19—3C 46
Elm Tree Centre. TS19—3D 47
Elmtree St. DL3—3F 111
Elm Wlk. TS13—4C 66
Elmwood. TS8—3C 90
Elmwood Av. TS5—1C 72
Elmwood Clo. TS9—2F 119
Elmwood Gro. TS19—4F 47
Elmwood Pl. TS26—3C 6
Elmwood Rd. TS16—2D 85
Elmwood Rd. TS26—3C 6
Elphin Wlk. TS25—4B 10
Elsdon St. TS18—1A 70
Elstob Clo. DL5—4E 107
Elstob Clo. TS19—5C 30
Elstob Rd. DL5—4E 109
Elterwater Clo. TS10—1C 42
Eltham Cres. TS17—2F 87
Eltisley Grn. TS3—5F 53
Elton Clo. TS19—5D 31

Elton Gro. DL3—2E 115
Elton Gro. TS19—1B 68
Elton La. TS16—5C 84
Elton Pde. DL3—3E 115
Elton Rd. DL3—2E 115
Elton Rd. TS22—5C 18
Elton St. TS10—4D 29
Eltringham Rd. TS26—5E 7
Elvan Gro. TS25—4C 10
Elvet Pl. DL3—4C 110
Elvington Clo. TS23—2A 20
Elvington Grn. TS3—1F 75
Elwick Av. DL5—3A 106
Elwick Av. TS5—5D 73
Elwick Clo. TS19—5C 30
Elwick Ct. TS25—1E 11
Elwick Gdns. TS19—5C 30
Elwick Rd. TS26 & TS24
—4A 6 to 1F 11
Ely Clo. DL1—4F 113
Ely Cres. TS10—1A 44
Ely Cres. TS12—4D 65
Ely St. TS4—4B 52
Embles La. DL5—5F 109
Embleton Av. TS5—4D 73
Embleton Clo. TS19—5C 30
Embleton Rd. TS22—5C 18
Embleton Wlk. TS19—5C 30
Embsay Clo. TS4—3B 74
Emerald St. TS1—4F 51
Emerald St. TS12—1D 63
Emerson Av. TS5—3F 73
Emerson Way. DL5—1D 109
Emily St. TS1—4A 52
Emley Moor Rd. DL1—4D 117
Emmanuel Clo. DL1—3B 112
Emma Simpson Ct. TS18
—3D 69
Emmerson Ct. TS24—5D 5
Emmerson St. TS5—1F 73
Emsworth Dri. TS16—5B 84
Encombe Ter. DL17—5F 101
Endeavour Clo. TS25—4C 12
Endeavour Dri. TS7—4C 76
Endeavour, The. TS7—3B 92
Enderby Gdns. TS8—5F 89
Endeston Rd. TS3—3F 75
Endrick Rd. TS25—4B 10
Endsleigh Dri. TS5—3B 72
Enfield Chase. TS10—4D 97
Enfield Gro. TS6—4D 77
Enfield St. TS1—4E 51
Engine Houses. DL4—5A 104
Ennerdale Av. TS5—4D 73
Ennerdale Cres. TS12—5C 62
Ennerdale Rd. DL1—4C 116
Ennerdale Rd. TS18—5E 47
Ennis Rd. TS10—1F 41
Ennis Sq. TS10—1F 41
Enterpen Clo. TS15—3F 95
Enterprise Way. DL16—1F 99
Epping Av. TS3—3E 75
Epping Clo. TS11—5D 45
Epping Clo. TS17—2D 87
Eppleby Way. DL1—3D 117
Epsom Av. TS4—5C 74
Epsom Ct. DL1—5F 113
Epsom Rd. TS10—2E 43
Epsom Rd. TS18—3A 50
Epworth Dri. TS3—1F 75
Erica Gro. TS7—1D 91
Eric Av. TS17—3E 71
Eridge Rd. TS14—4E 97
Eriskay Wlk. TS25—4B 10
Erith Gro. TS4—5C 74
Ernest St. TS26—4E 7

Ernest Wlk. TS26—4E 7
Errington Garth. TS11—5F 45
(off Hambleton Cres.)
Errington St. TS12—5C 64
Errol St. TS1—5A 52
Errol St. TS24—4F 7
Erskine Rd. TS25—4C 10
Escomb Clo. DL5—4F 107
Escomb Clo. TS19—5C 30
Escombe Av. TS4—5C 74
Escombe Rd. TS23—3F 19
Escomb Rd. DL14—3C 102
Esher Av. TS6—4D 77
Esher St. TS1—4B 52
Eshwood Sq. TS1—3F 51
Esk Clo. TS14—4C 96
Eskdale Clo. TS15—5C 94
Eskdale Gdns. DL4—3E 105
Eskdale Pl. DL5—1B 108
Eskdale Rd. TS10—1A 42
Eskdale Rd. TS25—5B 10
Eskdale St. DL3—2F 115
Eskdale Ter. TS12—5F 81
Eskdale Ter. TS14—2E 97
(off Bolckow St.)
Esk Grn. TS16—1C 94
Esk Gro. TS25—4C 10
Esk Rd. DL1—5B 116
Esk Rd. TS20—1B 48
Esk St. TS3—4D 53
Esk Ter. TS13—4E 67
(off Whitby Rd.)
Espin Wlk. DL5—4E 107
Esplanade. TS10—3D 29
Essex Av. TS6—3E 55
Essex Clo. TS10—2C 42
Essex Cres. TS23—2A 34
Essex Gro. TS20—1D 49
Essexport Rd. TS18—4D 49
Essex St. TS1—5E 51
Essex Way. DL1—5D 113
Eston Clo. TS17—4E 71
Eston Ho. TS6—1A 78
Eston Moor Cres. DL1—5E 117
Eston Rd. TS6—2D 55
(Grangetown)
Eston Rd. TS6—1B 78 to 4D 57
(Lazenby, in two parts)
Estoril Rd. DL1—3E 117
Estoril Rd. S. DL1—3E 117
Ethel St. DL1—2C 116
Etherley Clo. TS19—5C 30
Etherley La. DL14—3A 102
Etherley Wlk. TS19—5D 31
(in two parts)
Eton Rd. TS5—2D 73
Eton Rd. TS18—2A 70
Eton St. TS25—2E 11
Ettington Av. TS3—3E 75
Etton Rd. TS23—2A 20
Ettrick Wlk. TS25—4B 10
Evans St. TS6—3E 55
Evendale. TS14—4A 96
Evenwood Clo. TS19—5C 30
Evenwood Gdns. TS5—2E 89
Everett St. TS26—3D 7
Evergreen Wlk. TS4—3A 74
Everingham Rd. TS15
—5B to 4C 94
Eversham Rd. TS6—2F 55
Eversley Wlk. TS3—3E 75
Evesham Rd. TS3—3E 75
Evesham Way. TS23—3B 20
Ewbank Clo. DL5—4E 107
Ewbank Dri. TS18—1A 70
Ewbank Gdns. TS18—1A 70

Exchange Pl. TS1—2A 52
Exchange Sq. TS1—2A 52
Exeter Dri. DL1—4F 113
Exeter Rd. TS5—1A 74
Exeter Rd. TS6—1F 77
Exeter St. TS12—1D 63
Exeter St. TS24—5A 8
Exmoor Gro. TS26—3C 6
Ezard St. TS19—4B 48

Faber Clo. DL5—4E 107
Fabian Ct. Shopping Centre.
TS6—5F 55
Fabian Rd. TS6—5D to 5F 55
Faceby Pl. TS20—3C 48
Faceby Wlk. TS3—2D 75
Fagg St. TS18—5B 68
Fairbridge St. TS1—3F 51
Fairburn Clo. TS19—5B 46
Fairburn Rd. TS6—2D 77
Fairdene Av. TS19—5B 46
Fairfax St. TS8—5F 89
Fairfield Av. TS5—2C 72
Fairfield Av. TS7—5B 76
Fairfield Clo. TS19—2D 43
Fairfield Clo. TS19—5C 46
Fairfield Rd. TS4—2A 74
Fairfield Rd. TS9—3D 119
Fairfield Rd. TS19—5C 46
Fairfield St. DL3—5F 111
Fairholme Ct. TS8—5F 89
(in two parts)
Fairmead. TS10—3B 42
Fairmead. TS15—4B 94
Fairstone Av. TS19—4B 46
Fairthorn Av. TS19—5B 46
Fairview. TS21—5B 68
Fairville Rd. TS19—5B 46
Fairway, The. DL1—2D 117
Fairway, The. TS12—3C 62
Fairway, The. TS16—5D 85
Fairwell Rd. TS19—5C 46
Fairy Cove Ter. TS24—1D 9
(off Moor Pde.)
Fairy Cove Wlk. TS24—1D 9
Fairy Dell. TS7—3D 91
Fakenham Av. TS5—3C 72
Falcon La. TS20—3B 32
Falcon Rd. DL1—2E 117
Falcon Rd. TS3—4F 53
Falcon Way. TS14—3A 96
Falkirk Rd. TS25—5C 10
Falkirk St. TS17—3E 71
Falklands Clo. TS11—4C 44
Falkland St. TS1—4E 51
Fallow Clo. TS17—4C 86
Fallow Rd. DL5—2E 107
Fallows Ct. TS1—4E 51
(in two parts)
Fall Way. TS6—4D 77
Falmer Rd. DL1—3C 116
Falmouth Gro. TS26—2C 6
Falmouth St. TS1—5A 52
Falstaff Ct. DL1—2B 116
Falston Clo. TS23—4D 19
Falstone Ter. DL1—3D 113
Fanacurt Rd. TS14—4B 96
Fane Clo. TS19—5C 46
Fane Gro. TS5—5D 73
Faraday St. DL17—3A 100
Faraday St. TS1—4E 51
Fareham Clo. TS25—2D 15
Farfields Clo. TS21—5B 68
Faringdon Dri. TS7—3A 92
Farleigh Clo. TS23—5F 19

Farley Dri. TS5—4B 72
Farmbank Rd. TS7—1C 92
Farm Clo. DL14—5C 102
Farmcote Ct. TS8—5E 89
Farm La. TS17—4C 86
Farm La. TS18—1E 69
Farnborough Av. TS5—3D 73
Farndale. DL16—1B 98
Farndale Ct. TS4—2B 74
Farndale Cres. DL3—1C 114
Farndale Cres. TS4—2B 74
Farndale Dri. TS14—4A 96
Farndale Gdns. DL4—3E 105
Farndale Gdns. TS12—5F 81
Farndale Grn. TS19—3F 47
Farndale Rd. TS4—2B 74
Farndale Rd. TS7—2C 92
Farndale Rd. TS25—5C 12
Farndale Sq. DL14—5A 102
Farndale Sq. TS10—1A 42
Farndale Wlk. TS6—5A 56
Farne Ct. TS17—5C 86
Farnell Gro. TS25—4C 10
Farne Wlk. TS14—4D 97
  (off Hutton La.)
Farnham Clo. DL5—3E 107
Farnham Clo. TS16—5B 84
Farnham Wlk. TS3—3D 75
Farrer St. DL3—5A 112
Farrer St. TS18—4B 48
Farrholme. DL3—5D 115
Farrier Clo. TS17—4C 86
Farr Wlk. TS25—5C 10
Fastnet Gro. TS24—5A 8
Fauconberg Way. TS15—5B 94
Faulder Wlk. TS25—3F 11
Faulkner Rd. DL5—5D 107
Faverdale. DL3—3D 111
Faverdale Av. TS5—2C 88
Faverdale Black Path. DL3
  —3D to 3F 111
Faverdale Clo. TS1—3F 51
Faverdale Clo. TS19—3D 47
Faverdale Ct. DL3—2D 111
Faverdale E. DL3—3E 111
Faverdale Ind. Est. DL3—3D 111
Faverdale N. DL3—3E 111
Faverdale Rd. DL3—3D 111
Faverdale W. DL3—3D 111
Fawcett Av. TS8—5D 89
Fawcett Clo. DL14—5B 102
Fawcett Rd. TS17—1E 87
Fawcett Way. TS17—1E 87
Fawcus Ct. TS10—1A 42
Fawn Clo. TS25—2F 107
Faygate Ct. TS8—5E 89
Fearby Rd. TS18—3C 68
Feetham Av. DL1—4E 113
Feethams. DL1—2A 116
Feethams S. DL1—3A 116
Felbrigg La. TS17—5C 86
Felby Av. TS3—4E 75
Felixstowe Clo. TS25—2C 14
Fell Briggs Dri. TS11—4D 45
Fellston Clo. TS26—4B 6
Felton Clo. DL5—4F 107
Felton La. TS19—3B 46
Fenby Av. DL1—4C 116
Fencote Gdns. TS19—5C 46
Fenhall Grn. DL5—3D 107
Fenner Clo. TS11—5F 45
Fens Cres. TS25—1D 15
Fenton Clo. TS6—2B 54
Fenton Clo. TS17—5C 86
Fenton Rd. TS25—1B 14
Fenton St. TS12—4C 80

Fenwick St. DL16—2F 99
Fenwick St. TS18—4C 48
Ferens Ter. DL4—5D 105
Ferndale. TS19—3D 47
Ferndale Av. TS3
  —4F 53 to 5A 54
Ferndale Clo. TS11—2B 60
Ferndale Ct. TS3—5A 54
Fern Gro. DL16—5A 98
Fernhill Rd. TS6—2A 78
Fernie Rd. TS14—5E 97
Fernie Rd. TS20—4C 32
Fernlea Ct. DL1—4C 116
Fern St. TS1—4A 52
Fernwood. TS10—3E 43
Fernwood Av. TS25—3E 11
Ferry Rd. TS2—1A 52
Ferry Rd. TS24—3C 8
Feversham St. TS2—2A 52
Feversham Ter. DL17—5F 101
Fewston Clo. DL5—5A 106
Fewston Clo. TS3—1D 75
Fidler St. TS1—3B 52
Field Clo. TS17—4F 71
Fieldfare La. TS20—4C 32
Field Head. TS10—1C 42
Field St. DL1—4B 112
Fieldview Clo. TS2—4F 35
Fife Gro. TS25—5B 10
Fife Rd. DL3—2F 115
Fife Rd. TS20—4B 32
Fife St. TS1—4B 52
Filey Clo. TS10—2F 43
Finchale Cres. DL3—4B 110
Finchale Rd. DL5—2D 109
Fincham Clo. TS20—5F 31
Finchdale Av. TS3—3F 75
Finchdale Av. TS23—5E 19
Finchfield Clo. TS16—4C 84
Finchley Rd. TS20—4C 32
Findlay Gro. TS25—5C 10
Finkle St. DL14—1D 103
Finkle St. TS18—1C 70
Finsbury St. TS1—4E 51
Firbeck Wlk. TS17—3D 87
Firby Clo. TS20—5F 31
Firby Clo. TS24—1A 8
Fir Gro. TS10—3B 42
Fir Gro. TS17—4D 71
Firlands, The. TS11—3E 45
Fir Rigg Dri. TS11—4D 45
Firsby Ct. TS8—5F 89
  (in two parts)
Firsby Wlk. TS3—1E 75
Firs, The. DL1—2E 113
Firthmoor Cres. DL1—4E 117
Firtree Av. TS6—3D 77
Firtree Dri. TS6—3D 77
Firtree Rd. TS19—3F 47
Firwood Ter. DL17—5F 101
Fishermans Sq. TS10—4E 29
Fishponds Rd. TS11—1C 58
Fiske Ct. TS5—2D 89
Fitzwilliam Clo. TS11—5E 45
Fitzwilliam St. TS10—5E 29
Fitzwilliam Way. DL1—3B 112
Flambard Wlk. DL5—1E 109
Flamingo Clo. DL1—2E 117
Flatts La. TS6 & TS7
  —3E 77 to 2F 93
Flatts La. TS7—5D 77
Flatts La. TS6—3E 77
Flaxton Ho. TS3—2E 75
  (off Langridge Cres.)
Flaxton St. TS26—1E 11

Fleck Way. TS17—4E 87
Fleet Bri. Rd. TS20 & TS23
  —1D 49
Fleetham Gro. TS18—2C 68
Fleetham Pl. TS1—3E 51
Fleetham St. TS1—4F 51
Fleet Ho. TS3—1A 76
Fleet Ho. TS24—4B 8
  (off Warrior Quay)
Fleet St. DL14—3D 103
Fleet St. TS3—4D 53
Fleet, The. TS10—2F 41
Fleet, The. TS17—4A 72
Fleming Rd. TS6—4B 54
Fleming St. TS10—3C 28
Fletcher Wlk. TS25—3B 10
Flexley Av. TS3—3A 76
Flintoff St. DL14—2D 103
Flint Wlk. TS26—3B to 2C 6
Flixton Gro. TS22—1C 32
Flodden Way. TS23—4B 20
Flora Av. DL3—3E 115
Flora Dri. DL16—3B 98
Flora St. TS6—1E 77
Florence St. DL1—2C 116
Florence St. TS2—2F 51
Florentine Ct. TS8—5E 89
  (in two parts)
Florida Gdns. TS5—4E 73
Flotilla Ho. TS24—4B 8
  (off Warrior Quay)
Flounders Rd. TS15—5C 94
Folkestone Clo. TS8—5F 89
Folland Dri. TS11—4C 44
Fonteyn Ct. TS8—5F 89
Fontwell Clo. TS19—4B 46
Forber Rd. TS4—4A 74
Forbes Av. TS5—2C 72
  (in two parts)
Forcett Clo. TS10—1D 89
Forcett St. DL3—5D 111
Fordham Ho. TS24—2D 9
  (off Throston St.)
Fordon Pl. TS4—4B 74
Ford St. TS18—4B 48
Ford Way. DL14—5C 102
Fordwell Rd. TS19—4B 46
Fordyce Rd. TS8—5E 89
Fordyce Rd. TS25—5B 10
Fordy Gro. TS17—4D 71
Fore Bondgate. DL14—1D 103
Forest Dri. TS7—1C 92
Foresters Path. DL5—2A 108
Forest M. TS17—1E 87
Forest Moor Rd. DL1—5E 117
Forest Rd. TS3—3C 74
Forfar Av. TS4—5C 74
Forfar Clo. DL1—2E 113
Forfar Rd. TS25—5B 10
Formby Clo. TS27—4B 4
Formby Grn. TS4—4B 74
Formby Wlk. TS16—4D 85
Forres Wlk. TS25—5C 10
Forster Ho. TS1—3A 52
Forster St. DL3—1A 116
Forth Gro. TS25—5C 10
Forth Rd. TS10—5B 28
Fortrose Clo. TS16—5D 85
Forty Foot Rd. TS2—2E 51
Foster St. TS12—5B 64
Fotheringhay Dri. DL1—2F 113
Founders Ct. TS4—4C 14
Foundry St. DL4—2C 104

Fountain Ct. TS1—3A 52
Fountains Av. TS17—5D 87
Fountains Clo. TS14—3E 97
Fountains Ct. TS12—1E 81
Fountains Cres. TS6—1E 77
Fountains Dri. TS5—4E 73
Fountains Meadow. DL16
—3D 99
Fountains Pl. TS14—3E 97
Fountain St. TS14—3E 97
Fountains View. DL3—5B 110
Four Riggs. DL3—1A 116
Four Winds Ct. TS26—5B 6
Fowler Clo. TS15—4F 95
Fowler Rd. DL5—5F 107
Fox Almshouses. TS20—5C 32
Foxberry Av. TS5—2C 88
Fox Clo. TS17—4D 87
Fox Howe. TS8—3C 90
(in two parts)
Fox Pl. DL5—4D 107
Foxrush Clo. TS10—4D 43
Fox St. TS20—1C 48
Foxton Clo. DL5—4E 107
Foxton Clo. TS15—3F 95
Foxton Dri. TS23—3F 19
Foxwood Dri. TS19—3D 47
Frampton Grn. TS3—3E 75
Frances Ter. DL14—4C 102
France St. TS10—4D 29
Francis Wlk. TS17—3D 71
(off Gilmour St.)
Frankfield Pl. TS9—3B 120
Franklin Clo. TS18—2C 68
Franklin Ct. TS17—1E 87
Fransham Rd. TS3—1E 75
Fraser Gro. TS25—5B 10
(in two parts)
Fraser Rd. TS18—3E 69
Frederick St. TS3—4D 53
Frederick St. TS17—2D 71
Frederick St. TS18—4B 48
Frederic St. TS24—1C 8
Fredric Ter. TS23—3E 35
Freeman's Pl. DL1—1B 116
Freemantle Gro. TS25—5F 11
Fremantle Cres. TS4—3A 74
Fremington Wlk. TS4—5C 74
Frensham Dri. TS25—3F 11
Freville Gro. DL3—1B 114
Freville St. DL4—3B 104
Freville St. TS24—1A 12
Friarage Gdns. TS24—2D 9
Friar St. TS24—2D 9
Friarswood Clo. TS15—4F 95
Friar Ter. TS24—2D 9
Friendship La. TS24—2D 9
Friends School Yd. DL3
—2A 116
Frimley Av. TS3—1E 75
Frobisher Clo. TS11—5F 45
Frobisher Rd. TS17—1E 87
Frome Rd. TS20—2C 48
Front Chapel Row. DL17
(off Chilton La.)   —4F 101
Front Row. DL14—1D 105
Front St. DL14—3A 102
Front St. DL16—3D 99
(Merrington Lane)
Front St. DL16—1E 99
(Tudhoe Grange)
Front St. TS13—2A 66
Front St. TS21—4C 118
Front St. TS25—4C 14
Front, The. TS25—5D 13
(in two parts)

Frosterley Gro. TS23—3A 20
Fryer Cres. DL1—4E 113
Fryer St. DL4—3C 104
Fry St. TS1—3A 52
Fryup Cres. TS14—5D 97
Fuchsia Gro. TS19—5D 47
Fulbeck Ct. TS23—1A 34
Fulbeck Ho. TS3—2B 76
Fulbeck Rd. DL5—3D 109
Fulbeck Rd. TS3—2B 76
Fulford Gro. TS11—2A 60
Fulford Pl. DL3—2A 112
Fulford Way. TS7—4F 91
Fuller Cres. TS20—5A 32
Fullerton Ho. TS3—5F 53
(off Northfleet Av.)
Fulmar Head. TS14—3B 96
Fulmar Rd. TS20—3B 32
Fulmerton Cres. TS10—4D 43
Fulthorp Av. TS24—4C 4
Fulthorpe Av. DL3—1B 114
Fulthorpe Clo. DL3—1C 114
Fulthorpe Gro. DL3—1B 114
Fulthorpe Rd. TS20—5A 32
Fulton Ct. DL4—2C 104
Fulwood Av. TS4—3B 74
Furlongs, The. TS10—5E 29
Furnace Pit Ind. Est. DL4
—4B 104
Furness Clo. DL14—4A 102
Furness St. DL1—3C 112
Furness St. TS24—4F 7

Gables, The. TS7—3E 91
Gainford Av. TS5—3F 73
Gainford Rd. TS19—1D 69
Gainford Rd. TS23—1A 34
Gainford St. TS26—5F 7
Gainsborough Ct. DL1—4B 116
Gainsborough Ct. DL14—1C 102
(off Grainger St.)
Gainsborough Rd. TS7—2D 91
Gaisgill Clo. TS7—4C 76
Galgate Clo. TS7—3F 91
Galleys Field Ct. TS24—2D 9
Galioway. DL1—1F 113
Galloway Sands. TS5
—2C 88
Galsworthy Rd. TS25—3B 10
Ganstead Way. TS23—2A 20
Ganton Clo. TS11—2B 60
Ganton Clo. TS22—5B 18
Garburn Pl. DL5—5B 106
Garbutt Clo. DL4—3B 104
Garbutt Sq. DL1—3B 116
Garbutt St. DL4—3B 104
Garbutt St. TS18—4C 48
Garden Clo. TS17—3C 70
Gardener Ho. TS25—4B 10
Garden Pl. DL3—2B 112
Garden Pl. TS6—2E 77
Gardens, The. TS4—3B 74
Garden St. DL1—1A 116
Garden Ter. DL14—2D 103
Garnet Rd. TS17—4E 71
Garnet St. TS1—4F 51
Garnet St. TS12—1D 63
Garrett Wlk. TS1—4E 51
Garrick Ct. DL1—2C 116
(off King William St.)
Garrick Gro. TS25—3C 10
Garrowby Rd. TS3—1D 75
Garsbeck Way. TS7—3C 76
Garsdale Clo. TS15—5C 94
Garsdale Grn. TS3—1E 75

Garsdale Ho. TS3—2E 75
(off Langridge Cres.)
Garside Dri. TS24—5E 5
Garstang Clo. TS7—2A 92
Garston Gro. TS25—5F 11
Garthlands Rd. DL3—5D 111
Garthorne Av. DL3—2B 114
Garth, The. DL5—3A 108
Garth, The. DL16—2E 99
Garth, The. DL17—2C 100
Garth, The. TS8—5C 90
Garth, The. TS9—3E 119
Garth, The. TS11—4D 45
Garth, The. TS12—4D 65
Garth, The. TS20—5B 32
Garth, The. TS21—4B 118
Garth Wlk. TS3—2D 75
Garvin Clo. TS3—2D 75
Gascoyne Clo. TS7—2F 91
Gaskell La. TS1—5C 66
Gate Ho. Clo. DL1—3F 113
Gatenby Dri. TS5—2D 89
Gateway, The. DL1—2B 112
Gatley Wlk. TS16—1E 85
Gatwick Grn. TS3—1E 75
Gaunless Ter. DL14—1D 103
(Bishop Auckland)
Gaunless Ter. DL14—4F 103
(South Church)
Gayton Sands. TS5—2C 88
Gedney Av. TS3—4E 75
Geltsdale. TS5—2D 89
Geneva Cres. DL1—5B 116
Geneva Dri. DL1—4C 116
(in two parts)
Geneva Dri. TS10—1D 43
Geneva Gdns. DL1—5B 116
Geneva La. DL1—4C 116
Geneva Rd. DL1—4C 116
Geneva Ter. DL1—4B 116
Gent Rd. DL14—4D 103
George Reynolds Ind. Est. DL4
—5D 105
George Short Clo. DL1—5A 112
George St. DL1—3A 116
George St. DL4—3B 104
George St. DL14—1D 103
George St. DL17—5F 101
George St. TS10—5E 29
George St. TS12—5B 64
George St. TS14—2D 97
George St. TS17—2D 71
George St. TS24—5A 8
Georgiana Clo. TS17—2D 71
Gerard St. DL16—2D 99
Gerrie St. TS12—5C 80
Gervaulx Ct. DL16—1B 98
Gibbon St. DL14—1D 103
Gibbon St. DL16—5A 98
Gibb Sq. TS24—2D 9
Gib Chare. DL14—1D 103
Gibralter Rd. TS16—3A 84
Gibson Gro. TS24—4C 4
Gibson St. TS3—4D 53
Gifford St. TS5—1F 73
Gilberti Pl. TS24—5D 5
Gilkes St. TS1—3F 51
(in two parts)
Gillercomb. TS10—4D 43
Gilling Cres. DL1—4D 117
Gilling Cres. DL16—2D 99
(in two parts)
Gilling Rd. TS5—5C 46
Gilling Wlk. TS3—1D 75
Gilling Way. TS10—2F 43
Gillpark Gro. TS25—5B 12

Gill St. TS12—2C 62
Gill St. TS14—2E 97
Gill St. TS26—5F 7
Gilmonby Rd. TS3—4E 75
Gilmour St. TS17—3D 71
Gilpin Ct. DL5—1F 109
Gilpin Rd. DL5—1F 109
Gilpin St. TS17—4D 71
Gilpin Sq. TS19—3A 48
Gilside Rd. TS23—1A 34
Gilsland Clo. TS5—2C 88
Gilsland Cres. DL1—3D 113
Gilsland Gro. TS6—2E 77
Girton Av. TS3—4E 75
Girton Wlk. DL1—3B 112
Gisborne Gro. TS18—2D 69
Gisburn Av. TS3—3E 75
Gisburn Rd. TS3—1A 34
Gladesfield Rd. TS20—2C 48
Gladstone Ind. Est. TS17—2D 71
Gladstone St. DL3—1A 116
Gladstone St. TS6—1A 78
Gladstone St. TS12—5B 64
Gladstone St. TS13—5F 65
  (Carlin How)
Gladstone St. TS13—4D 67
  (Loftus)
Gladstone St. TS18—2B 70
Gladstone St. TS24—2D 9
Gladstone Ter. DL17—4E 101
Glaisdale. DL16—2B 98
Glaisdale Av. TS5—4F 73
Glaisdale Av. TS10—1A 42
Glaisdale Av. TS19—4F 47
Glaisdale Clo. TS6—5B 56
Glaisdale Gdns. DL4—3E 105
Glaisdale Gro. TS25—5C 12
Glaisdale Rd. TS6—5B 56
Glaisdale Rd. TS15—3F 95
Glamis Gro. TS4—2B 74
Glamis Rd. DL1—2D 113
Glamis Rd. TS23—5D 19
Glamis Wlk. TS25—5C 10
Glamorgan Gro. TS26—2B 6
Glasgow St. TS17—2D 71
Glastonbury Av. TS6—1F 77
Glastonbury Clo. DL16—1B 98
Glastonbury Ho. TS3—3F 75
Glastonbury St. TS12—1E 81
Glastonbury Wlk. TS26—2C 6
Gleaston Cres. TS4—4B 74
Gleaston Wlk. TS4—4B 74
Glebe Gdns. TS13—1F 67
Glebe Rd. DL1—1B 112
Glebe Rd. TS1—4E 51
Glebe Rd. TS9—4F 119
Glebe, The. TS20—5A 32
Glencairn Gro. TS25—5B 10
Glendale. TS14—4A 96
Glendale Av. TS26—5D 7
Glendale Dri. DL3—4E 115
Glendale Rd. TS5—4F 73
Glendue Clo. TS7—4B 92
Gleneagles Clo. TS22—5B 18
Gleneagles Ct. TS4—4B 74
Gleneagles Rd. DL1—2E 113
Gleneagles Rd. TS4—4A 74
Gleneagles Rd. TS11—2B 60
Gleneagles Rd. TS27—4A 4
Glenfall Clo. TS22—5B 18
Glenfield Clo. TS19—5C 46
Glenfield Dri. TS5—4F 73
Glenfield Rd. DL3—4E 115
Glenfield Rd. TS19—5B 46
Glenfield Ter. TS13—4E 67
Glenluce Clo. TS16—4D 85

Gl
Gle
Glenenmere. DL16—1B 98
Glensanmor Gro. TS6—1D 77
Glensth Cres. TS7—3E 91
Glen, The ide. TS12—1D 63
Glentowen Clo. TS26—3A 6
Glentworth. TS16—1D 95
Glentworth Gro. TS25—5B 12
Ginucester th Av. TS3—2B 76
Gloucester Pl. Ho. TS3—2B 76
Gloucester Rd. Clo. TS7—3B 92
Gloucester St. DL1—5D 113
Gloucester Ter. TS14—4C 96
Goathland Dri. TS25—2E 11
Goathland Gro. TS23—2A 34
Goathland Rd. TS26—5B 12
Gofton Pl. TS6—4E 54—5D 97
Goldcrest. TS4—4B 95A 56
Goldcrest Clo. TS17—4L
Golden Flats. TS2E—1F 7
Golden Lion Wk. TS9—4E 86
Goldsmith Av. TS24—4D 45
Gomer Ter. DL14—1C 102 119
Gonville Ct. DL1—3B 1 2
Goodison Way. DL1—5F 113
Goodwin Clo. TS10—4C 42
Goodwin Wlk. TS2—5A 8
Goodwood Rd. TS3—2E 45
Goosepastures. TS15—3D 5
Gooseport Rd. TS18—4D 49
Gordon Clo. DL1—2F 113
Gordon Clo. TS6—3F 55
Gordon Rd. TS10—5B 28
Gordon St. TS26—4D 7
Gordon Ter. DL14—1D 103
Gordon Ter. DL17—3D 101
Gore Sands. TS5—2B 88
Gorman Rd. TS5—1E 73
Gorscombe Clo. DL17—3F 10
Gorsefields Ct. TS6—2F 77
Gorton Clo. TS23—4D 19
Gort Rd. DL5—5D 107
Gosford M. TS2—2F 51
Gosford Rd. TS20—2B 48
Gosford St. TS2—2A 52
Gosforth Av. TS10—4E 29
Gough Clo. TS1—4E 51
Gouldsmith Gdns. DL1—3F 113
Goulton Clo. TS15—3F 95
Gower Clo. TS1—4E 51
Gower Wlk. TS26—2C 6
Graffenberg St. TS10—4E 29
Grafton Clo. TS14—4E 97
Graham Ct. DL1—2C 116
Graham Ho. TS2—2A 52
  (off East St.)
Graham St. TS13—5B 66
Graham St. TS24—2C 8
Graham Wlk. TS25—5C 10
Grainger St. DL1—4B 116
Grainger St. DL14—1D 103
Grainger St. DL16—3E 99
Grainger St. TS24—3F 7
Grammar School La. TS15
                        —3D 95
Grampian Rd. TS12—5D 63
Grampian Rd. TS23—2E 33
Grange Av. DL14—3F 103
Grange Av. TS18—4E 47
Grange Av. TS23—5F 33
Grange Av. TS26—5D 7
Grange Bungalows, The. TS6
                        —3F 55
Grange Clo. TS6—3F 55
Grange Clo. TS26—5C 6

Grange Ct. DL5—3E 107
Grange Cres. TS7—3E 91
Grange Dri. TS9—3E 119
Grange Est. TS6—4D 57
Grange Farm. TS8—3C 90
Grange Farm Rd. TS6—3F 55
Grangefield. TS12—4B 64
Grangefield Rd. TS18—5F 47
Grange La. TS13—2F 67
Grange Rd. DL1
                —5E 115 to 2A 116
Grange Rd. TS1 & TS4
                —3F 51 to 3B 52
Grange Rd. TS17—3D 71
Grange Rd. TS20—1C 48
Grange Rd. TS26—5D 7
Grangeside. DL3—5E 115
Grange St. TS12—4D 65
Grange, The. DL5—2D 107
Grangetown By-Pass. TS6
                —2C 54
Grange View. TS22—3D 19
Grangeville Av. TS19—5B 46
Grange Wood. TS8—3A 90
Grantham Av. TS26—5D 7
Grantham Grn. TS4—5C 74
  (in two parts)
Grantham Rd. TS20—4A 32
Grantley Av. TS3—5B 54
Granton Clo. DL3—2B 114
Grant St. TS10—4D 29
Granville Av. DL4—3B 104
Granville Av. TS26—2C 6
Granville Av. DL4—3B 104
Granville Gro. TS20—2C 48
Granville Rd. DL14—3B 102
Granville Rd. TS1—5F 51
Granville Rd. TS6—3E 55
Greasby Clter. TS10—4E 29
Grasmere. Rd. TS6—2A 78
Grasmere. ATS3—2B 76
Grasmere Cre. 16—1B 98
Grasmere Dri. TS5—4D 73
Grasmere Rd. 1 TS12—1C 80
Grasmere Rd. TS6—1D 77
Grasmere Rd. TS1—3C 116
Grasmere Rd. TS7—3C 100
Grasmere St. TS26—5D 29
Grass Croft. TS21—5F 47
Grassholm DL1—4E 11
Grassholm Av. TS5—28
Grassholme Pl. DL5—5B
Grassholm Rd. TS20—1C 2
Grassington Rd. TS4—3B 5
Grass St. DL14—1F 112
Graygarth Rd. TS—10 3 75
Grayson Grange DL1—5A A
Grayson Rd. DL—5A 96
Gray's Rd. TS18—F 47
Gray St. TS2—2A
Gray St. TS24—3F
Graythorp Ind. Est. 25
                   —4A 16
Graythorp Rd. TS25—4A 16
Gt. Auk. TS14—3B 96
Gt. Gates. DL14—1D 103
Greatham Clo. TS5—1E 89
Greatham St. TS25—2A 12
Greathead Cres. DL5—1F 109
Gt. North Rd. DL1—1B 112
Gt. North Rd. DL5 & DL17
                —3F 109 to 1F 107
Greear Garth. TS14—3D 97
Greenacre Clo. TS9—4A 120

Middlesbrough 143

Greenacre Clo. TS11—4D 45
Greenacres. TS8—5C 88
Greenbank Av. TS5—1C 72
Green Bank Clo. TS12—4C 80
Greenbank Rd. DL3—5F 111
Greenbank Ter. TS12—4C 80
Green Clo. TS7—3B 92
Greencroft. TS10—3B 42
Greencroft Clo. DL3—3E 115
Greencroft Ct. DL3—3E 115
Greencroft Wlk. TS3—3F 75
Greenfield Dri. TS16—4C 84
Greenfields. DL17—2D 101
Greenfields Rd. DL14—5A 102
Greenfields Way. TS18—1B 68
Greenfield Way. DL5—5A 106
Greenford Wlk. TS3—2B 76
Greenham Clo. TS3—1B 76
Greenhead Clo. TS8—3F 89
Greenhow Gro. TS25—5C 12
Greenhow Rd. TS3—1D 75
Greenhow Wlk. TS10—2C 42
Greenland Av. TS5—2B 72
Greenland Rd. TS24—2A 8
Greenlands Rd. TS10—5E 29
Green La. DL1—1C 112
Green La. DL4 & DL14—1C 104
Green La. DL14—2C 102
(off Prince's St.)
Green La. DL14—5C 102
(off Watling Rd.)
Green La. DL16—2F 99
Green La. TS5—3D 73
Green La. TS10 & TS11—3A 95
Green La. TS12—1C 80
Green La. TS15—5C 94 to 4A 48
Green La. TS17—5C 70 to 1F 99
Green La. TS19—2F 47 to 1A 106
Green La. Ind. Est. DL—3E 115
Greenlee Garth. DL5—2A 60
Greenmount Rd. DL—5C 10
Greenock Clo. TS18 80
Greenock Rd. TS18—2D 69
Green Rd. TS12—8—2D 69
Green's Beck R—4D 77
Green's Gro. TS—4C 86
Greenside. TS25—4C 14
Greenside. TS18—1D 69
Greensides Rd. TS10—3E 43
Green's. DL1—2C 116
Greenst. TS24—1F 11
Green Ter. TS25—5C 12
Grey, The. DL5—5F 109
Grn, The. TS4—3B 74
Grn, The. TS10—1F 41
Gen, The. TS11—5C 44
Gen, The. TS12—3C 62
Green, The. TS17—1D 87
Green, The. TS20—5B 32
Green, The. TS21—5A 68
Green, The. TS22—3D 19
Green, The. TS23—4E 33
(Billingham)
Green, The. TS23—5D 21
(Cowpen Bewley)
Green, The. TS25—4C 14
(Greatham)
Green, The. TS25—4C 12
(Seaton Carew)
Green Vale Gro. TS19—1B 68
Greenway. DL6—1F 77
Green Way. TS7—4B 92
Greenway. TS17—4C 86
Greenway Ct. TS3—5A 54

Greenway, The. TS3
—5A 54 to 2A
Greenwell Rd. DL5—5D 107
Greenwell St. DL1—3A 116
Greenwich Ho. TS3—5E 5
(off Byfleet Av.)
—2E 69
Greenwood Av. TS5—3—2A 34
Greenwood Rd. TS18—4—4F 7
Greenwood Rd. TS23—3D 101
Greenwood Rd. TS2—5D 67
Gregory Ter. DL17—3—4E 75
Grendale Ct. TS13—11—5F 45
Grendon Wlk. TS—S17—1E 87
Grenville Clo.—DL1—3B 112
Grenville Rd. TS1—4E 51
Gresham Clo. S25—3E 11
Gresham R—TS10—5B 28
Greta Av.—TS12—5D 63
Greta Rd.—TS20—1B 48
Greta Rd. St. TS1—4E 51
Greta R St. TS12—2D 63
Greta—on Av. TS4—5C 74
Greta—ville Way. DL5—1E 109
Gre—wgrass La. TS10 & TS11
Gr—4E 43 to 3A 60
Greyfriars Clo. DL3—2A 114
Greylands Av. TS20—1C 48
Greymouth Clo. TS18—2D 69
Greystoke Ct. TS5—4D 73
Greystoke Gro. TS10—3D 43
Greystoke Rd. TS10—3D 43
Greystoke Wlk. TS10—3D 43
Greystone Rd. TS6—2A 56
Grey St. DL1—5C 112
Grey St. DL14—2D 103
Grey St. TS20—2C 48
Grey Ter. DL17—4F 101
Grey Towers Dri. TS7—4B 92
Grey Towers Farm Cotts. TS7
—5C 92
Greywood Clo. TS27—3A 4
Gribdale Rd. TS3—1E 75
Griffin Rd. TS4—1B 74
Griffiths Clo. TS15—5C 94
Griffiths Rd. TS6—4F 55
Grimston Wlk. TS3—1C 74
Grimwood Av. TS3—5F 53
Grindon Ct. DL5—3E 107
Grinkle Av. TS3—3E 75
Grinkle Ct. TS14—1E 97
Grinkle La. TS13—2F 67
Grinkle Rd. TS10—1A 42
Grinton Pk. Way. DL1—4C 116
Grinton Rd. TS18—3C 68
Grisedale Clo. TS5—2D 89
Grisedale Cres. TS6—4A 56
Grisedale Cres. TS16—1D 95
Gritten Sq. TS24—1A 8
Groat Av. DL5—2E 109
Groat Dri. DL5—2E 109
Groat Rd. DL5—2E 109
Grosmont Clo. TS10—4D 43
Grosmont Dri. TS23—1D 33
Grosmont Rd. TS6—5A 56
Grosmont Rd. TS25—5C 12
Grosmont Ter. TS6—5A 56
Grosvenor Gdns. TS6—2E 77
Grosvenor Gdns. TS26—4E 7
Grosvenor Pl. TS14—3D 97
Grosvenor Rd. TS5—2D 73
Grosvenor Rd. TS19—1D 69
Grosvenor Rd. TS22—5C 18
Grosvenor Sq. TS14—2D 97
Grosvenor St. DL1—3B 116

Grosvenor St. TS26—4E & 5E 7
Grosvenor Ter. TS13—2A 66
(off Queen St.)
Grove Clo. TS26—5D 7
Grove Hill. TS13—2B 66
Grove Rd. DL14—3C 102
Grove Rd. TS3—4C 52
Grove Rd. TS10—4D 29
Grove Rd. TS13—2B 66
Groves St. TS24—2D 9
Groves, The. TS18—2A 70
Grove St. TS18—2A 70
Grove Ter. TS20—2C 48
Grove, The. TS5—2E 89
Grove, The. TS7—1F 91
Grove, The. TS14—5B 96
Grove, The. TS15—4D 95
Grove, The. TS25—4C 14
Grove, The. TS26—5D 7
Grundales Dri. TS11—4D 45
Guardian Ct. DL3—3E 115
Gudmunsen Av. DL14—5B 102
Guernsey Wlk. TS14—4C 96
Guildford Clo. DL1—4F 113
Guildford Ct. TS6—4E 77
Guildford Rd. TS6—4D 77
Guildford Rd. TS23—5D 19
Guisborough Ct. TS6—1A 78
Guisborough La. TS12—1A 80
Guisborough Rd. TS7
—4B 92 to 2E 93
Guisborough Rd. TS9—3A 120
Guisborough Rd. TS12—2C 62
Guisborough Rd. TS17—3E 71
Guisborough Rd. TS6—2A 78
Guiseley Way. TS16—3C 84
Gulliver Rd. TS25—3B 10
Gunnergate Clo. TS12—2B 62
Gunnergate La. TS8 & TS7
—4D 91
Gunnerside Rd. TS19—5B 46
Gunn La. DL5—1F 109
Gurney Ho. TS1—3A 52
Gurney St. DL1—4B 112
Gurney St. TS1—3A 52
Gurney St. TS11—1B 60
Gurney Way. DL5—3D 109
Guthrie Av. TS5—3B 72
Guthrum Pl. DL5—3D & 4D 107
Gwynn Clo. TS19—4B 46
Gypsy La. TS7—3F 91 to 2D 93

Hackforth Rd. TS18—3C 68
Hackness Wlk. TS5—4F 73
Hackworth Clo. DL4—4D 105
Hackworth Clo. DL5—1E 109
Hackworth Clo. DL17—3B 100
Hackworth Ind. Est. DL4
—4B 104
Hackworth Rd. DL4—3C 105
(off St John's Rd.)
Hackworth Rd. DL4—4B 104
(off Shildon By-Pass)
Hackworth St. DL4—4C 104
Hackworth St. DL17—3B 100
Hadasia Gdns. TS19—5D 47
Haddon Rd. TS23—5E 19
Haddon St. TS1—5A 52
Hadleigh Clo. TS21—5B 118
Hadleigh Cres. TS4—2B 74
Hadlow Wlk. TS3—1E 75
(off Homerton Rd.)
Hadnall Clo. TS5—4B 72
Hadrian Ct. DL3—3F 115
Haffron Av. TS18—4C 48

Haffron St. TS18—4C 48
Haig St. DL3—3A 112
Haig St. DL17—4F 101
Haig Ter. DL17—3B 100
Hailsham Av. TS17—5E 87
Haldane Gro. TS25—5C 10
Hale Rd. TS23—5F 19
Half Moon La. DL16—3E & 2F 99
Halidon Way. TS23—4A 20
Halifax Clo. TS11—4C 44
Halifax Rd. TS17—2E 87
Hall Clo. TS11—4D 45
Hall Clo., The. TS7—4B 76
Hallcroft Clo. TS23—5E 33
Hall Dri. TS5—5D 73
Hallgarth Clo. TS5—2D 89
Hallgarth Ter. DL17—2D 101
Hallgate Clo. TS18—3C 68
Hall Grounds. TS13—4C 66
Hallifield St. TS20—2C 48
Hallington Head. DL5—5A 106
Hall Lea. TS21—4B 118
Hall View Gro. DL3—5B 110
Halton Clo. TS23—3F 19
Halton Ct. TS3—5A 54
Halton St. TS23—3F 19
Hambledon Cres. TS12—5D 63
Hambledon Rd. TS5—2C 72
Hambleton Av. TS10—3B 42
Hambleton Ct. DL5—4A 106
Hambleton Cres. TS11—5F 45
Hambleton Gro. DL1—3D 113
Hambleton Rd. TS7—2C 92
Hambleton Sq. TS23—1D 33
Hamilton Gro. TS6—5C 54
Hamilton Rd. TS19—3A 48
Hamilton Rd. TS25—5C 10
Hammond Dri. DL1—5A 116
Hampden Clo. TS6—3B 54
Hampden Way. TS17—2E 87
Hampshire Grn. TS20—2D 49
Hampshire Pl. DL14—5D 103
Hampstead Gro. TS6—4D 77
Hampstead Rd. TS6—3D 77
Hampstead, The. TS10—2F 43
Hampton Clo. TS7—2B 92
Hampton Gro. TS10—1F 43
Hampton Rd. TS18—2F 69
Hamsterley Rd. TS19—2D 47
Hamsterley St. DL3—5E 111
Hanbury Clo. TS17—5C 86
Handale Clo. TS14—3F 97
Handley Clo. TS18—1A 86
Hankin Rd. TS3—4C 52
Hanover Clo. DL3—2B 114
Hanover Ct. DL14—3E 103
Hanover Ct. TS20—5A 32
Hanover Gdns. DL14—3E 103
Hanover Gdns. TS5—2D 73
Hanover Pde. TS20—5A 32
Hansard Clo. TS3—3A 108
Hanson Ct. TS10—4D 29
Hanson St. TS10—4D 29
Harborne Gdns. TS5—2E 89
Harcourt Rd. TS6—3A 54
Harcourt St. DL3—5F 111
Harcourt St. TS26—4D 7
Hardale Gro. TS10—1B 42
Hardinge Rd. DL5—4E 107
Harding Row. TS20—1C 48
Harding Ter. DL3—5E 111
Hardisty Cres. DL14—4C 102
Hardknott Gro. TS10—1C 42
Hardwick Av. TS5—4D 73
Hardwick Clo. DL1—3E 113
Hardwick Ct. DL5—4E 107

Hardwick Ct. TS26—1A 10
Hardwick Rd. TS6—2B 54
Hardwick Rd. TS19—1D 47
Hardwick Rd. TS21—4B 118
Hardwick Rd. TS23—5A 20
Harebell Clo. TS17—4C 86
Harebell Meadows. DL5
—2E 107
Harehills Rd. TS5—2C 72
Haresfield Way. TS17—5C 86
Harewood Gro. DL3—3F 115
Harewood Hill. DL3—3F 115
Harewood Rd. TS17—2E 71
Harewood St. TS1—5F 51
Harewood Ter. DL3—3F 115
Harewood Way. TS10—2F 43
Harford St. TS1—5E 51
Hargreave Ter. DL1—3B 116
Harker Clo. TS15—5C 94
Harker St. DL4—3B 104
Harland Pl. TS20—1C 48
Harlech Clo. TS6—5F 55
Harlech Gro. TS11—2B 60
Harlech Wlk. TS26—2C 6
Harley Gro. DL1—3F 113
Harlow Cres. TS17—4F 71
Harlsey Cres. TS18—3D 69
Harlsey Gro. TS18—3D 69
Harlsey Rd. TS18—3D 69
Harpenden Wlk. TS3—1E 75
Harper Pde. TS18—2E 69
Harper Ter. TS18—2E 69
Harringay Cres. DL1—5E 113
Harris Gro. TS25—5C 10
Harrison Clo. DL4—5C 104
Harrison Cres. DL14—5B 102
Harrison Pl. TS24—1D 7
Harrison St. TS3—4D 53
Harrison Ter. DL3—4F 111
Harris St. DL1—3D 117
Harris St. TS1—3F 51
Harrogate Cres. TS5—1F 73
Harrowgate La. TS19—3B 46
Harrow Rd. TS5—3D 73
Harrow Rd. TS18—1A 70
Harrow St. TS25—2E 11
Harry St. DL3—4A 112
Harsley Wlk. TS3—1E 75
(in two parts)
Hart Av. TS26—3C 6
Hartburn Av. TS18—1F 69
Hartburn Ct. TS5—1D 89
Hartburn La. TS18—2F 69
Hartburn Village. TS18—3E 69
Hart Clo. TS19—2E 47
Harter Clo. TS7—4B 92
Hartford Rd. DL3—3E 115
Hartforth Av. TS5—1D 89
Harthope Gro. DL14—4A 102
Hartington Rd. TS1—3F 51
Hartington Rd. TS18—1B 70
Hartington St. TS13—4B 66
Hartington St. TS17—3D 71
Hartland Gro. TS3—3F 75
(in two parts)
Hart La. TS27 & TS26
—1A 6 to 4E 7
Hartlepool Clo. TS19—2E 47
Hartlepool Ind. Est. TS24—1E 7
Hartley Clo. TS26—4E 7
Hartley Rd. DL5—5D 107
Hartley Ter. DL16—2D 99
Hartoft Ct. TS8—5E 89

Hartoft Ct. TS10—3C 42
Harton Av. TS22—5C 18
Hartsbourne Cres. TS11—2A 60
Hartside Gro. TS19—2F 47
Hartville Rd. TS24—3A 4
Hartwith Dri. TS19—5C 30
Harvester Ct. TS7—1C 90
Harvey Ct. TS10—1A 42
Harvey Wlk. TS25—3B 10
Harwal Rd. TS10—4B 28
Harwell Clo. TS4—3B 74
Harwell Dri. TS19—3C 46
Harwich Clo. TS10—3A 44
Harwich Gro. TS25—5F 11
Harwood Ct. TS2—1E 51
Harwood St. TS24—3E 7
Haseldon Gro. TS21—5A 118
Haselrigg Clo. DL5—3A 108
Hastings Clo. TS7—3B 92
Hastings Clo. TS17—5B 94
Hastings Pl. TS24—1D 7
Hastings Way. TS23—4B 20
Haswell Av. TS25—3F 11
Haswell Ct. TS20—3C 48
Hatfield Av. TS5—3D 73
Hatfield Clo. TS16—5B 84
Hatfield Rd. DL5—5E 107
Hatfield Rd. TS23—1A 34
Haughton Grn. DL1—4E 113
Haughton Rd. DL1—1B 116
Havelock Clo. DL5—1E 109
Havelock St. DL1—4A 112
Havelock St. TS17—3D 71
Havelock St. TS24—1B 12
Haven Gro. TS24—1B 8
Haven Wlk. TS24—1B 8
Haverthwaite. TS5—2C 88
Haverton Hill Rd. TS18—3A 50
Haverton Hill Rd. TS23
—2B 50 to 4E 35
Havilland Rd. TS17—2E 87
Hawbeck Way. TS7—4C 76
Hawes Pl. DL5—5C 106
Haweswater Rd. TS10—1C 42
Hawford Clo. TS17—5D 87
Hawkesbury Clo. TS18—2D 69
Hawkins Clo. TS11—5F 45
Hawkridge Clo. TS26—4E 7
Hawk Rd. TS3—4E 53
Hawkshead Ct. DL5—5B 106
Hawkshead Rd. TS10—1D 43
Hawkstone Clo. TS14—4D 97
Hawkstone Clo. TS22—5B 18
Hawnby Clo. TS19—5B 46
Hawnby Clo. TS10—2C 42
Hawnby Rd. TS5—3F 73
Hawthorn Av. TS17—5D 71
Hawthorn Av. TS23—4E 33
Hawthorn Cres. TS7—1F 91
Hawthorn Dri. TS12—4B 64
Hawthorn Dri. TS14—3B 96
Hawthorne Av. TS4—2A 74
Hawthorne Rd. DL17—3D 101
Hawthorne Rd. TS19—3A 48
Hawthorn Gro. TS15—4E 95
Hawthorn Rd. DL14—3D 103
Hawthorn Rd. DL16—4A 98
Hawthorn Rd. TS10—5F 29
Hawthorn Rd. TS21—4B 118
Hawthorns, The. DL3—1E 115
Hawthorns, The. TS9—3B 120
Hawthorn St. DL1—4B 116
Hawthorn Rd. TS6—3A 54
(off Old Middlesbrough Rd.)
Hawthorn Wlk. TS24—2E 7
Haxby Clo. TS5—5F 73

Haxby Wlk. TS24—1A 8
Hayburn Clo. TS10—3F 43
Hayburn Clo. TS17—5D 87
Hayburn Ct. TS8—5E 89
(in two parts)
Hayling Way. TS18—1B 68
Haymore St. TS5—1F 73
Hayston Rd. TS26—4A 6
Hazel Av. DL3—5E 111
Hazelbank. TS8—3C 90
Hazel Ct. TS1—3A 52
Hazel Ct. TS24—2E 7
Hazeldale Av. DL4—3E 105
Hazeldene Av. TS18—3F 69
Hazel Gdns. TS12—4B 64
Hazel Gro. TS7—2A 92
Hazel Gro. TS10—5F 29
Hazel Gro. TS17—4D 71
Hazel Gro. TS24—2E 7
Hazelhead Ct. TS8—5E 89
Hazelmere. DL16—1B 98
Hazelmere Clo. TS22—5B 18
Hazelrigg Clo. DL5—3A 108
Hazel Rd. TS19—3A 48
Hazel Slade. TS16—4D 85
Hazel Wlk. TS13—4D 67
Hazelwood Ct. TS5—2F 89
Hazelwood Rise. TS24—2D 9
Headingley Cres. DL1—5F 113
Headlam Rd. DL1—4C 116
Headlam Rd. TS20—3C 48
Headlam Rd. TS23—5A 20
Headlam Ter. TS16—1C 94
Headland Promenade. TS24
—1B 8
Headlands, The. DL3—2C 114
Headlands, The. TS11—3E 45
Head St. TS1—3F 51
Healaugh Pk. TS15—5E 95
Heatherburn Ct. DL5—4D 107
Heather Clo. TS19—1F 47
Heather Dri. TS5—4D 73
Heatherfields Rd. TS6—3F 77
Heather Gro. DL16—5A 98
Heather Gro. TS24—2D 7
Heatherwood Gro. DL3—1D 115
Heathfield Clo. TS16—4C 84
Heathfield Dri. TS25—2E 11
Heath Rd. DL16—5A 98
Heath Rd. TS3—3C 52
Heathrow. TS17—4F 71
Heaton Rd. TS23—3E 19
Hebburn Rd. TS19—2D 47
Hebrides Wlk. DL1—2E 113
Hebron Rd. TS5—2A 74
Hebron Rd. TS9—4D 119
Hedingham Clo. TS4—2B 74
Hedley Clo. DL5—4C 106
Hedley Clo. TS15—5C 94
Hedleyhope Wlk. TS19—2D 47
Hedley St. TS14—2E 97
Heighington Clo. TS19—2D 47
Heighington La. DL5—5A 108
Heighington La. Ind. Est. DL5
—5D 109
Heighington St. DL5—5E 109
Heild Clo. TS20—5F 31
Helena Ter. DL14—4C 102
Helmington Grn. TS19—2E 47
Helmsley Clo. DL17—3E 101
Helmsley Clo. TS5—4F 73
Helmsley Clo. TS18—5E 107
Helmsley Dri. TS14—2D 97
Helmsley Lawn. TS10—2F 43
(off Ludlow Cres.)

Helmsley Moor Way. DL1
—4E 117
Helmsley St. TS24—3E 7
Helston Ct. TS17—5A 72
Hemel Clo. TS17—4F 71
Hemingford Gdns. TS15—4E 95
Hemlington Hall Rd. TS8
—4D 89
Hemlington La. TS8—3F 89
Hemlington Rd. TS8—5D 89
Hemlington Village Rd. TS8
—4B 90
Hempstead Clo. TS17—4F 71
Henderson Gro. TS24—4F 7
Henderson Ho. TS2—2F 51
(off Silver St.)
Henderson Rd. DL5—1E 109
Henderson St. DL1—4A 116
Hendren Clo. DL3—2A 112
Henley Gro. TS17—3D 71
Henley Rd. TS5—2D 73
Henrietta Clo. TS17—2D 71
Henrietta St. TS24—1C 8
Henry Smith's Ter. TS24—2D 9
Henry St. DL1—4B 112
Henry St. DL4—3B 104
Henry St. TS3—5D 53
Henry St. TS6—2C 54
Henry St. TS10—3C 28
Henry Taylor Ct. TS7—4B 76
Hensley Ct. TS20—4F 31
Henson Gro. DL5—4D 107
Heortnesse Rd. TS24—1A 8
Hepple Clo. TS23—3E 19
Herbert St. DL1—3B 116
Herbert St. TS3—4D 53
Herbert Wlk. TS24—3F 7
Hercules St. DL1—3D 113
Hereford Clo. TS5—1F 73
Hereford Rd. TS14—4D 97
Hereford St. TS25—2F 11
Hereford Ter. TS23—3A 34
Heriot Gro. TS25—5C 10
Hermitage Pl. TS20—4B 32
Heron Ct. TS18—1A 70
Heron Dri. DL1—2E 117
Heron Ga. TS14—3B 96
Heronspool Clo. TS24—1A 8
Herrington Ct. DL5—4E 107
Herrington Rd. TS23—3F 19
Herriot Ct. DL1—2F 113
Herschell St. TS10—4D 29
Hershall Dri. TS3—1F 75
Hertford Rd. TS20—1B 48
Hesketh Av. TS4—5C 74
Hesleden Av. TS5—1C 88
Hesledon Clo. TS19—2E 47
Heslop Dri. DL1—4A 116
Heslop St. TS17—3E 71
Hestobel St. DL14—4C 102
Heswall Rd. TS23—1A 34
Hetton Clo. TS23—4E 19
Heugh Chare. TS24—3E 9
Hewitson Rd. DL1—3E 117
Hewitson Rd. S. DL1—3E 117
Hewitt's Bldgs. TS14—2E 97
Hewley St. TS6—2E 77
Heworth Dri. TS20—5F 31
Hexham Dri. TS6—1F 77
Hexham Grn. TS3—3A 76
Hexham St. DL14—1C 102
Hexham Wlk. TS23—5E 19
Hexham Way. DL3—4A 110
Heysham Gro. TS10—3F 43
Heythrop Dri. TS5—4B 72
Heythrop Dri. TS14—4E 97

Heywood St. TS5—5D 51
Hibernian Gro. TS25—5C 10
Hickling Gro. TS19—3C 46
Hickstead Ct. DL1—5F 113
Hickstead Rise. DL5—2F 107
Hidcote Gdns. TS17—5C 86
Highbank Rd. TS7—5C 76
High Barn Rd. DL5—3A 108
High Bondgate. DL14—1C 102
Highbury Av. TS5—4F 73
Highbury Rd. DL3—1D 115
High Church Wynd. TS15
—2C 94
Highcliffe Gro. TS11—2B 60
Highcliffe Ter. DL17—2D 101
Highcliffe View. TS14—3D 97
Highcroft. DL16—5A 98
High Durham St. DL14—2C 102
High Farm View. TS6—5C 54
High Fell. TS10—1C 42
Highfield Clo. TS16—4D 85
Highfield Cres. TS18—2D 69
Highfield Dri. TS16—4D 85
Highfield Gdns. TS16—4D 85
Highfield Rd. DL3—3C 110
Highfield Rd. TS4—1B 74
Highfield Rd. TS6—1F 77
Highfield Rd. TS11—4B 44
Highfield Rd. TS18—2D 69
High Force Rd. TS2—1D 51
Highgate. TS6—1B 78
High Gill Rd. TS7—2B 92
High Godfalter Hill. TS7—1D 93
High Grange Av. TS3—5E 19
High Grange Ho. TS23—4E 19
High Grange Rd. DL16—2C 98
High Grn. DL3—5C 110
High Grn. DL5—2E 107
High Grn. TS9—4B 120
Highland Gdns. DL4—2B 104
Highland Rd. TS25—5C 10
Highland Ter. DL17—2D 101
Highmead Wlk. TS4—4E 75
High Melbourne St. DL14
—4D 103
Highmooor Rd. DL1—4E 117
High Newham Ct. TS19—1D 47
High Newham Rd. TS19—1C 46
High Northgate. DL1—5A 112
High Peak. TS14—4F 97
High Rifts. TS8—4C 88
High Row. DL3—2A 116
High Row. DL5—5F 109
High Row. TS13—4B 66
High Stone Clo. TS10—2F 43
High St. Marske-by-the-Sea,
TS11—3D to 5D 45
High St. Stockton-on-Tees,
TS18—5C 48
High St. Aycliffe, DL5—5F 109
High St. Boosbeck, TS12
—4C 80
High St. Brotton, TS12—4C 64
High St. E. TS10—4D 29
High St. Eldon Lane, DL14
—1C 104
High St. Eston, TS6—1F 77
High St. Ferryhill, DL17—4F 101
High St. Great Ayton, TS9
—4A 120
High St. Greatham, TS25
—3C 14
High St. Hartlepool, TS24—3D 9
High St. Lackenby, TS6—5B 56
High St. Lazenby, TS6—4D 57
High St. Lingdale, TS12—5E 81

High St. Loftus, TS13—4D 67
High St. Normanby, TS6—2E 77
High St. Norton, TS20—5C 32
High St. Ormesby, TS7—4A 76
High St. Port Clarence, TS2
—5A 36
High St. Sedgefield, TS21
—4B 118
High St. Skelton, TS12—1C 80
High St. Skinningrove, TS13
—1B 66
High St. Spennymoor, DL16
—3C 98
High St. Stokesley, TS9
—4E 119
High St. W. TS10—4B 28
High St. Wolviston, TS22
—3D 19
High St. Yarm, TS15—2C 94
Hilda Pl. TS12—1D 63
Hilda St. DL1—2C 116
Hilda Wlk. TS24—5A 8
Hilderthorpe. TS7—3A 92
Hildon Dri. DL1—5C 116
Hillbeck St. DL14—4E 103
Hill Clo. TS12—1C 80
Hill Clo. Av. DL3—2B 114
Hill Cres. TS10—1F 41
Hillcrest Av. TS18—1D 69
Hillcrest Dri. TS7—1C 92
Hillcrest Dri. TS13—5C 66
Hillel Wlk. TS5—2E 89
Hillfields. DL5—3A 108
Hillingdon Rd. TS3—4E 75
Hill Rd. TS23—4E 33
Hillside Av. TS4—3A 74
(in two parts)
Hillside Clo. TS11—3A 60
Hillside Rd. DL3—3E 115
Hillside Rd. TS20—5C 32
Hills, The. TS12—1C 80
Hillston Clo. TS26—4A 6
Hill St. TS10—4C 28
Hill St. E. TS18—5D 49
Hill St. Shopping Centre. TS1
—3F 51
Hills View Rd. TS6—1A 78
Hillview. TS3—3E 75
(off Delamere Rd.)
Hill View. TS25—5D 15
Hill View Ter. TS11—2B 60
Hilsdon Dri. DL4—4E 105
Hilton Rd. DL5—2E 109
Hilton Rd. DL14—3E 103
Hind Ct. DL5—2E 107
Hinderwell Av. TS10—1B 42
Hinderwell Ct. TS8—5E 89
Hindhead. TS16—4D 85
Hindpool Clo. TS24—1A 8
Hind St. TS18—2A 70
Hinton Av. TS5—1C 72
Hinton Ct. TS14—2E 97
Hirdman Gro. TS24—3C 4
Hird Rd. TS15—4C 94
Hird St. DL1—2B 116
Hirst Ct. DL16—5A 98
Hirst Gro. DL1—3E 117
Hobdale Ter. TS12—3C 80
Hob Hill Clo. TS12—3C 62
Hob Hill Cres. TS12—2C 62
Hob Hill La. TS11 & TS12—3F 61
Hobson Av. TS10—2E 41
Hodges Ho. TS1—3A 52
Hodgson Ct. TS6—2A 78
Hoe, The. TS24—4B 8
Holbeck Av. TS5—2E 89

Holbeck Wlk. TS17—2F 87
Holborn. DL16—2C 98
Holdenbyb Dri. TS3—4E 75
Holderness. DL5—5A 106
Holder St. TS10—4D 29
Holdforth Clo. TS24—1D 7
Holdforth Ct. TS24—1D 7
Holdforth Crest. DL14—3E 103
Holdforth Dri. DL14—3D 103
Holdforth Rd. TS24—1D 7
Holgate Moor Grn. DL1—4D 117
Holland Rd. TS25—2C 14
Hollies, The. TS10—5F 29
Hollinside Clo. TS19—2E 47
Hollinside Rd. TS23—5A 20
Hollins La. TS5—2D 73
Hollin Way. DL5—5D 109
Hollowfield. TS8—3B 90
(in three parts)
Hollowfield Sq. TS8—3B 90
Hollybush Av. TS17—4D 87
Hollybush Est. TS12—5E 63
Hollygarth. TS9—4A 120
Holly Hill. DL4—3D 105
Hollyhurst Av. TS4—3A 74
Hollyhurst Rd. DL3—1E 115
Holly La. TS8—5D 89
Hollymead Dri. TS14—2D 97
Hollymount. TS23—4E 33
Hollystone Ct. TS23—3F 19
Holly St. DL3—1A 116
Holly St. TS1—4A 52
Holly St. TS20—1C 48
Holly Ter. TS2—5F 35
Hollywalk Av. TS6—3D 77
Hollywalk Clo. TS6—3D 77
Hollywalk Dri. TS6—2D 77
Holmbeck Rd. TS12—1F 81
Holme Ct. TS3—4A 75
Holmefields Rd. TS6—3E 77
Holme Ho. Rd. TS18—3F 49
Holmes Clo. TS17—5C 70
Holmeside Gro. TS23—3A 20
Holmfirth Ct. TS8—5E 89
Holmlands Rd. DL3—5E 111
Holmside Wlk. TS19—2E 47
Holmwood Av. TS4—3A 74
Holmwood Gro. DL1—1B 112
Holnest Av. TS3—2E 75
Holtby Wlk. TS3—4E 75
Holt St. TS24—1F 11
Holt, The. TS8—3A 90
Holwick Rd. DL1—3B 112
Holwick Rd. TS2—2D 51
Holyhead Dri. TS10—3F 43
Holyoake St. DL17—3B 100
Holyrood Av. DL3—2B 114
Holyrood Clo. TS17—3E 71
Holy Rood Clo. TS4—1B 74
(in two parts)
Holyrood La. TS4—1B 74
Holyrood Wlk. TS25—5C 10
Holywell Grn. TS16—5D 85
Holywell Gro. DL14—5A 102
Homerell Clo. TS10—3F 43
Homer Gro. TS25—3C 10
Homerton Ct. DL1—3B 112
Homerton Rd. TS3—1E 75
Honeypot La. DL3—4E 111
Honeywood Gdns. DL3—4E 111
Honister Clo. TS19—5A 48
Honister Gro. TS5—5C 72
Honister Pl. DL5—5B 106
Honister Rd. TS10—1C 42
Honister Wlk. TS16—1D 95
Honiton Way. TS25—1D 15

Hood Clo. TS24—4C 4
Hood Dri. TS6—3C 54
Hoope Clo. TS15—5C 94
Hopemoor Pl. DL1—4E 117
Hope St. TS18—2A 70
Hope St. TS23—3E 35
Hope St. TS24—5A 8
Hopetown La. DL3—5A 112
Hopper Rd. DL5—2D 109
Hopps St. TS26—4E 7
Horcum Ct. TS8—5E 89
Horden Rd. TS23—5A 20
Hornbeam Clo. TS7—4C 76
Hornbeam Wlk. TS19—1F 47
Hornby Av. TS21—5B 118
Hornby Clo. TS1—3F 51
Hornby Clo. TS25—3C 12
Horndale Av. DL5—2C 108
Hornleigh Gro. TS10—4B 28
Hornsea Clo. TS23—2A 20
Hornsea Gro. TS10—4B 28
Hornsea Rd. TS8—5E 89
Horsefield St. TS4—3B 52
Horse Mkt. DL1—2A 116
Horsley Gro. DL14—5A 102
Horsley Pl. TS24—1D 7
Horsley Way. TS23—3F 19
Horswell Gdns. DL16—4A 98
Hoskins Way. TS3—1F 75
Hospital Clo. TS25—4C 14
Hough Cres. TS17—4D 71
Houghton Grn. TS19—2E 47
Houghton St. TS24—1F 11
Houlskye Ct. TS8—5E 89
Houndgate. DL1—2A 116
Houndgate M. DL1—2A 116
Hoveton Clo. TS19—3D 47
Hovingham St. TS3—4D 53
Howard Clo. DL14—5B 102
Howard Dri. TS11—5F 45
Howard St. TS1—4E 51
Howard St. TS24—1B 8
Howard Wlk. TS23—5E 33
Howbeck La. TS24—1E 7
Howcroft Av. TS10—2F 41
Howden Ct. TS8—5E 89
Howden Dike. TS15—5E 95
Howden Rd. DL5—3F 109
Howden Rd. TS24—4C 4
Howden Rd. TS18—5B 48
Howe St. TS1—5F 51
Howgill Wlk. TS3—1D 75
Howlbeck Rd. TS14—2D 97
Howson Cres. DL5—3E 107
Hoylake Clo. TS11—2B 60
Hoylake Rd. TS4—4A 74
(in two parts)
Hoylake Way. TS16—5D 85
Hucklehoven Way. TS24—5A 8
Hudson St. DL17—3C 100
Hudson St. TS2—2A 52
Hudswell Gro. TS18—2D 69
Hugill Clo. TS15—5E 95
Hullock Rd. DL5—5D 107
Hulton Clo. TS7—3A 92
Humber Clo. TS13—5E 67
Humber Gro. TS22—5B 18
Humber Pl. DL1—5A 116
Humber Rd. TS17—4E 71
Humbledon Rd. TS19—2E 47
Hume Ho. TS18—4B 48
Hume St. TS18—4B & 4C 48
(in two parts)
Humewood Gro. TS20—3D 33
Hummersea Clo. TS12—4C 64
Hummersea La. TS13—4D 67

Hummers Hill La. TS11—4E 45
Hummersknott Av. DL3
             —3C 114
Humphrey Clo. DL5—5C 106
Hundale Cres. TS10—3F 43
Hundens La. DL1—2C 116
Hunley Av. TS12—3C 64
Hunley Clo. TS12—3C 64
Hunstanton Gro. TS11—2A 60
Hunstanworth Rd. DL3—4C 110
Huntcliffe Av. TS10—1B 42
Huntcliffe Dri. TS12—3B 64
Hunter Houses Ind. Est. TS25
             —3B 16
Hunter Rd. DL5—1E 109
Huntersgate. TS6—1B 78
Hunters Grn. DL5—4A 106
Huntershaw Way. DL3—2A 112
Huntingdon Grn. TS20—1D 49
Huntley Clo. TS3—4F 75
Huntley Rd. TS25—5C 10
Huntley St. DL1—3B 116
Hunwick Clo. TS5—1C 88
Hunwick Wlk TS19—3D 47
Hurn Wlk. TS17—5F 71
Huron Clo. TS4—1B 74
Hurst Pk. TS10—2E 43
Hurworth Clo. TS19—5B 46
Hurworth Hunt. DL5—5A 106
Hurworth Rd. DL5—3C 108
Hurworth Rd. TS4—3B 74
Hurworth Rd. TS23—3B 20
Hurworth St. DL14—3D 103
Hurworth St. TS24—3E 7
Hury Rd. TS20—1B 48
Hustler Rd. TS5—3D 89
Hutchinson St. DL14—2C 102
Hutchinson St. TS12—4C 64
Hutchinson St. TS18—5B 48
Hutchinson Wlk. DL5—4F 107
Hutone Pl. TS24—4C 4
Hutton Av. DL1—3D 113
Hutton Av. TS26—5D 7
Hutton Clo. TS17—4D 71
Hutton Ct. TS26—5E 7
Hutton Gro. TS10—2F 41
Hutton Gro. TS18—2E 69
Hutton La. TS14—5B 96
Hutton Pl. DL5—3D 107
Hutton Rd. TS4—5C 52
Hutton St. TS13—1B 66
Hutton St. TS24—1A 8
Hutton Village Rd. TS14—5B 96
Huxley Gro. DL1—4D 117
Huxley Wlk. TS25—3C 10
Hylton Clo. DL5—4F 107
Hylton Gro. TS20—3B 48
Hylton Rd. DL17—2E 101
Hylton Rd. TS23—5A 20
Hylton Rd. TS26—1B 10
Hythe Clo. TS10—3A 44

Ian Gro. TS25—1C 14
I'Anson Sq. DL1—1A 116
I'Anson St. DL3—3A 112
Ian St. TS17—3E 71
Ibbetson St. TS24—2D 9
Iber Gro. TS25—1C 14
Ibrox Gro. TS25—1D 15
Ibstone Wlk. TS19—5D 31
Idaho Gdns. DL1—3C 112
Ida Pl. DL5—3D 107
Ida Rd. TS3—5C 52
Ida St. TS20—2B 48

Ilam Ct. TS17—5C 86
Ilford Rd. TS19—1D 47
Ilford Way. TS3—3E 75
Ilfracombe Clo. TS8—2C 90
Ilkeston Wlk. TS19—5D 31
Ilkley Gro. TS14—5D 97
Ilkley Gro. TS25—5F 11
Ilston Grn. TS3—3E 75
Imeson St. TS6—2A 78
Imperial Av. TS17—3E 71
Imperial Av. TS20—2C 48
Imperial Centre. DL1—2A 116
Imperial Cres. TS20—2C 48
Imperial Rd. TS23—5E 33
Inchcape Rd. TS25—1C 14
Inch Gro. TS25—1C 14
Ingham Gro. TS25—1B 14
Ingleby Clo. TS6—5B 56
Ingleby Ct. TS10—4D 29
Ingleby Gro. TS18—2E 69
Ingleby Moor Cres. DL1
             —4E 117
Ingleby Rd. TS4—5C 52
Ingleby Rd. TS25—1C 16
Ingleby Way. TS17—5C 86
Ingledew Rd. TS2—2F 51
(off Suffield St.)
Inglesgarth Ct. DL16—4B 98
Ingleton Rd. TS19—1D 47
Inglewood Av. TS11—5D 45
Inglewood Clo. DL1—3C 112
Inglewood Clo. TS3—1B 76
Ingoldsby Rd. TS3—2B 76
Ingram Gro. TS3—1D 75
Ingrove Clo. TS19—1D 47
Ings Av. TS3—5F 53
Ings La. TS12—4D to 2E 65
Ings La. TS15—4B 94
Ings M. TS10—5E 29
Ings Rd. TS10—5E 29
Inkerman St. TS18—5B 48
Innes Rd. TS25—1C 14
Innes St. TS2—1F 51
Inskip Wlk. TS19—1D 47
Institute Ter. TS6—2E 55
Instow Clo. TS19—1D 47
Inverary Clo. DL1—2E 113
Inverness Rd. TS25—1C 14
Ipswich Av. TS3—3E 75
Irene St. TS13—2A 66
Irstead Wlk. TS19—1D 47
Irvin Av. DL14—4B 102
Irvin Av. TS12—1B 62
Irvine Rd. TS3—5D 53
Irvine Rd. TS25—1C 14
Isherwood Clo. DL5
             —1D 109
Islay Gro. TS25—1C 14
Islington Wlk. TS4—5C 74
Italy St. TS2—2F 51
Ivanhoe Cres. TS25—1C 14
Iveston Gro. TS22—1C 32
Iveston Wlk. TS19—1D 47
Ivy Gro. TS24—2D 7
Ivywood Ct. DL3—4E 111

Jack Hatfield Sq. TS1—3A 52
(off Fry St.)
Jacklin Wlk. TS16—4D 85
Jackson Pl. DL5—5F 107
Jackson St. DL16—3C 98
Jackson St. TS12—5C 64
Jackson St. TS13—5E 67
Jackson St. TS25—2E 11
Jacques Ct. TS24—2D 9

James Ho. TS2—2A 52
(off Garbutt St.)
Jameson Rd. TS20—4B 32
Jameson St. TS25—5B 10
James St. DL1—4B 112
James St. DL14—3D 103
James St. DL16—3C 98
James St. TS3—4C 52
James St. TS24—5B 8
James Ter. DL14—5F 103
Jarvis Wlk. TS25—5B & 5C 10
Jasmine Av. DL4—3D 105
Jasmine Gro. TS7—2D 91
Jasmine Rd. TS19—3A 48
Jay Av. TS17—5F 87
Jaywood Clo. TS27—3A 4
Jedburgh Dri. DL3—3A 110
Jedburgh Rd. TS25—5B 10
Jedburgh St. TS1—4A 52
Jefferson St. TS3—4D 53
Jenison Clo. DL5—3A 108
Jenkins Dri. DL14—5C 102
Jennings Av. DL4—3C 104
Jennings, The. TS6—2E 77
Jersey St. TS24—5A 8
Jersey Wlk. TS14—4C 96
Jervaulx Rd. TS12—1E 81
Jervis Ho. TS3—4F 53
(off Purfleet Av.)
Jesmond Av. TS5—3D 73
Jesmond Ct. DL5—4A 106
Jesmond Gdns. TS24—2D 7
Jesmond Gro. TS18—3D 69
Jesmond M. TS26—4E 7
Jesmond Rd. DL1—3F 113
Jesmond Rd. TS26—3D 7
Jesmond Sq. TS24—3D 7
Jobson St. TS26—4E 7
John Boyle Clo. TS6—2C 54
John Dixon La. DL1—1C 116
John Dobbin Rd. DL1—1A 116
John F. Kennedy Ho. TS17
             —4F 71
Johnson Gro. TS20—1A 48
Johnson St. TS1—3F 51
Johnson St. TS26—5F 7
Johnston Av. TS12—1C 62
John St. DL1—5A 112
John St. DL4—3C 104
John St. TS9—3B 120
John St. TS12—1D 81
John St. TS13—4D 67
John St. TS18—5B 48
John St. TS24—4A 8
John Ter. DL14—5F 103
John Walker Sq. TS18—1C 70
Joicey Pl. DL5—5F 107
Joicey St. TS26—4E 7
Jones Rd. TS6—2C 54
Jones Rd. TS24—1D 7
Joppa Gro. TS25—5C 10
Joseph Patterson Cres., The.
             DL17—3A 100
Jowitt Rd. TS24—1D 7
Joyce Rd. TS24—4C 4
Jubilee Bank. TS7—4B 76
Jubilee Cotts. DL3—3A 114
Jubilee Ct. TS6—2A 78
Jubilee Cres. DL4—3D 105
Jubilee Gro. TS22—1D 33
Jubilee Rd. DL4—3D 105
Jubilee Rd. TS6—2A 78
Jubilee St. TS3—4D 53
Jubilee St. S. TS3—4D 53
Junction Rd. TS19 & TS20
             —5D 31 to 4B 32

Juniper Gro. TS7—2A 92
Juniper Wlk. TS25—5B 10
Jura Dri. DL1—2E 113
Jura Gro. TS25—5C 10
Jute Gro. TS25—5C 10
Jutland Rd. TS25—5F 11

Kader Av. TS5—5C 72
Kader Cotts. TS5—1D 89
Kader Farm Av. TS5—1E 89
Katherine St. DL1—4A 112
Kathleen St. TS25—2F 11
Kay Gro. DL1—3D 117
Kearsley Clo. TS16—1E 85
Keasdon Clo. TS3—1C 74
Keats Ct. DL1—3D 117
Keats Rd. TS6—2E 77
Keay St. TS5—5D 51
Kebock Wlk. TS25—5B 10
Kedleston Clo. TS19—4E 47
Kedward Av. TS3—5F 53
Keepers La. TS17—5C 86
Keighley Clo. TS7—1C 90
Keightley Vs. DL14—5F 103
Keilder Clo. TS10—3C 42
Keilder Rise. TS8—3A 90
Keir Hardie Clo. TS6—2C 54
Keir Hardie Cres. TS6—3C 54
Keithlands Av. TS20—1C 48
Keith Rd. TS4—3A 74
Keith Rd. TS25—5E 11
Keithwood Clo. TS4—3A 74
Kelbrook Wlk. TS3—1F 75
Keld Gro. TS19—1B 68
Keldmere. DL16—1B 98
Keld Rd. DL5—5C 106
Kelfield Av. TS3—1F 75
Kelgate Ter. TS8—5C 88
Kellawe Pl. DL5—5F 107
Kellaw Rd. DL1—2F 117
Kelling Clo. TS3—4F 19
Kelloe Clo. TS19—1D 47
Kells Gro. TS25—5B 10
Kelsall Clo. TS3—3F 75
Kelso Gro. TS25—5B 10
Kelso Wlk. DL3—4A 110
Kelsterne Clo. TS15—4F 95
Kelvin Gro. TS3—2E 75
Kelvin Gro. TS25—5B 10
Kelvin St. DL17—2B 100
Kemble Grn. DL5—5F 107
Kemble Grn. E. DL5—5F 107
  (off Vane Rd.)
Kemble Grn. N. DL5—5F 107
  (off Vane Rd.)
Kemble Grn. S. DL5—5F 107
  (off Vane Rd.)
Kemplah M. TS14—3D 97
Kempston Wlk. TS20—5F 31
Kempthorne Ho. TS3—4F 53
  (off Purfleet Av.)
Kempton Ct. DL1—5F 113
Kendal Clo. DL1—4F 115
Kendal Ct. TS4—2B 74
Kendal Gro TS10—1D 43
Kendal Rd. TS18—4F 47
Kendal Rd. TS25—2F 11
Kendrew Clo DL5—4E 107
Kendrew St. DL3—1A 116
Kenilworth Av TS3—3F 75
Kenilworth Ct. DL5—3F 107
Kenilworth Dri. DL3—4C 110
Kenilworth Dri. DL3—3B 102
Kenilworth Flats. TS23—1F 33
Kenilworth Rd. TS23—1F 33

Kenilworth Way. TS10—2A 44
Kenley Gdns. TS20—4F 31
Kenmore Rd. TS3—2B 76
Kennedy Cres. TS13—2A 66
Kennedy Gdns. TS23—1F 33
Kennedy Gro. TS20—1A 48
Kennel La. DL1—4E 113
Kennthorpe. TS7—3A 92
Kenny Wlk. DL5—1F 109
Kensington. DL14—4D 103
  (off Seymour St.)
Kensington Av. TS6—3E 77
Kensington Ct. TS24—1D 7
Kensington Gdns. DL1—3D 117
Kensington Gdns. DL17
                        —2C 100
Kensington Rd. TS5—5E 51
Kensington Rd. TS18—2A 70
Kensington S. DL14—4D 103
  (off Seymour St.)
Kent Av. TS25—2F 11
Kent Clo. DL1—1A 112
Kent Clo. TS7—3C 92
Kent Clo. TS10—2C 42
Kent Clo. TS18—3D 69
Kent Gro. TS20—1D 49
Kentmere. DL16—1B 98
Kentmere Rd. TS3—2D 75
Kentport Ct. TS18—4D 49
Kent Rd. TS14—4C 96
Kenville Gro. TS19—4B 46
Kepier Clo. TS19—1D 47
Kepple Av. TS3—2D 75
Kepwick Clo. TS5—5F 73
Kepwick Ct. TS10—3C 42
Kerr Cres. TS21—3B 118
Kerr Gro. TS25—5B 10
Kerridge Clo. TS11—4D 45
Kesteven Rd. TS4—1C 90
Kesteven Rd. TS25—1B 14
Kestrel Av. TS3—4E 53
Kestrel Clo. DL1—2E 117
Kestrel Clo. TS20—3C 32
Kestrel Hide. TS14—3A 96
Keswick Clo. TS5—5D 73
Keswick Rd. TS6—1D 77
Keswick Rd. TS10—1D 43
Keswick Rd. TS23—5F 33
Keswick St. TS26—1E 11
Kettleness Av. TS10—1A 42
Kettlewell Clo. TS23—4F 19
Ketton Av. DL3—1A 112
Ketton Rd. TS19—2E 47
Ketton Row. TS1—3E 51
Ketton Way. DL5—5D 109
Keverstone Clo. TS19—2E 47
Keverstone Gro. TS23—3A 20
Kew Gdns. TS20—4F 31
Kew Rise. DL3—1C 114
Kew Rise. TS6—4D 77
Kexwith Moor Clo. DL1—5E 117
Keynes Clo. TS6—3D 55
Keynsham Av. TS3—3F 75
Kielder Clo TS22—1B 32
Kielder Dri. DL1—4D 113
Kilbride Clo. TS17—4F 71
Kilbridge Clo. TS11—2B 60
Kilburn Rd. TS4—3B 74
Kilburn Rd. TS18—2E 69
Kilburn St. DL4—5D 105
Kilburns Yd. DL14—1C 102
Kildale Gro TS10—1B 42
Kildale Gro. TS19—1B 68
Kildale Gro. TS25—1B 16
Kildale Moor Pl. DL1—4E 117
Kildale Rd. TS4—1B 74

Kildale Rd. TS23—3E 33
Kildare St. TS1—5E 51
Kildwick Gro. TS3—3F 75
Kilkenny Rd. TS14—4E 97
Killerby Clo. TS19—1E 47
Killhope Gro. DL14—5A 102
Killinghall Gro. TS18—1B 68
Killinghall St. DL1—5C 112
Killin Rd. DL1—2E 113
Kilmarnock Rd. DL1—2E 113
Kilmarnock Rd. TS25—5B 10
Kilmory Wlk. TS25—5B 10
Kilnwick Clo. TS23—3A 20
Kilsyth Gro. TS25—5B 10
Kilton Clo. TS10—2F 43
Kilton Clo. TS19—1E 47
Kilton Ct. TS4—2A 74
Kilton Dri. TS12—4D 65
Kilton La. TS12 & TS13
                        —5A 82 to 4D 65
Kilton Thorpe La. TS12—3D 83
Kilwick St. TS24—1F 11
Kimberley Dri. TS3—1E 75
Kimberley St. TS26—1E 11
Kimble Dri. TS17—1D 87
Kimblesworth Wlk. DL5
                        —3D 107
Kimblesworth Wlk. TS19
                        —2E 47
Kimmerton Av. TS5—1D 89
Kinbrace Rd. TS25—5B 10
Kindersley St. TS3—4D 53
Kinderton Gro. TS20—5F 31
Kingcraft Rd. TS7—1C 90
King Edward's Rd. TS1—4F 51
King Edward's Sq. TS1—4F 51
King Edward St. DL4—2D 105
King Edward Ter. TS11—4D 45
Kingfisher Dri. TS14—3A 96
King Georges Ter. TS6—2A 54
King James St. DL16—2C 98
King Oswy Dri. TS24—3B 4
Kingsdale Clo. TS15—5C 94
Kingsdown Way. TS11—2B 60
Kings Dri. DL5—4D 107
Kings Ho. TS1—3A 52
Kingsley Av. TS25—3D 11
Kingsley Clo. TS6—4F 55
Kingsley Rd. TS6—4F 55
Kingsley Rd. TS18—1D 69
Kingsport Clo. TS18—4E 49
King's Rd. TS3—4C 52 to 5D 53
Kings Rd. TS5—1E 73
Kings Rd. TS22—5D 19
Kingston Av. TS5—3E 73
Kingston St. DL3—1F 51
Kingston St. TS1—4F 51
King St. DL3—1A & 2A 116
King St. DL16—2C 98
King St. TS6—2B 54
King St. TS10—4E 29
King St. TS17—2D 71
King St. TS18—5C 48
King St. TS25—2A 12
Kingsway. DL1—2C 112
Kingsway. DL14—1D 103
Kingsway. TS23—1E & 1F 33
Kingsway. TS6—4C 54
King William Ct. DL16—2C 98
  (off High Grange Rd.)
King William Grange. DL16
                        —2C 98
King William St. DL1—3C 116
Kininvie Rd. TS10—4D 43
Kininvie Wlk. TS19—1E 47
Kinloch Rd. TS6—1D 77

Kinloss Clo. TS17—1F 87
Kinloss Wlk. TS17—1F 87
Kinross Av. TS3—3F 75
Kinross Clo. TS25—5B 10
Kintra Rd. TS25—5B 10
Kintyre Clo. DL1—2E 113
Kintyre Dri. TS17—2D 87
Kintyre Wlk. TS14—4C 96
(off Hutton La.)
Kinver Clo. TS3—2D 75
Kipling Gro. TS19—1C 68
Kipling Rd. TS25—2C 10
Kirby Av. TS5—2C 72
Kirby Clo. TS6—5B 56
Kirby Clo. TS23—1A 34
Kirby Wlk. TS10—2D 43
Kirkbright Clo. TS12—5F 81
Kirkby Clo. DL1—5C 112
Kirkdale. DL16—2B 98
Kirkdale. TS14—4A 96
Kirkdale Clo. TS19—4F 47
Kirkdale Way. TS5—5F 73
Kirkfell Clo. TS16—4C 84
Kirkfield Rd. DL3—1A 112
Kirkgate Rd. TS5—3D 73
Kirkham Clo. DL5—3E 107
Kirkham Rd. TS7—2C 92
Kirkham Row. TS4—3C 74
Kirklands, The. TS11—4E 45
Kirkland Wlk. TS3—3E 75
Kirkleatham Av. TS11—4E 45
Kirkleatham By-Pass. TS10
—1B 58
Kirkleatham La. TS10
—4B 28 to 1A 58
Kirkleatham St. TS10—4B 28
Kirklevington Wlk. TS19
—1D 47
Kirknewton Clo. TS19—1E 47
Kirknewton Rd. TS6—2D 77
Kirk Rd. TS15—4F 95
Kirkstall Av. TS3—3F 75
Kirkstall Ct. TS12—1E 81
Kirkstall Cres. DL3—4C 110
Kirkstone Ct. TS24—2E 7
Kirkstone Gro. TS10—1D 43
Kirkstone Gro. TS24—2D 7
Kirkstone Pl. DL5—1B 108
Kirkstone Rd. TS3—2D 75
Kirkwall Clo. TS19—4A 46
Kirriemuir Rd. TS25—5B 10
Kitchen Av. DL14—5B 102
Kitchener St. DL3—5F 111
Kitchener Ter. DL17—3D 101
Kitching Gro. DL3—2A 112
Knaith Clo. TS15—5B 94
Knapton Av. TS22—5B 18
Knaresborough Av. TS7—4E 91
Knaresborough Clo. TS27
—5B 4
Knayton Gro. TS19—1B 68
Knighton Ct. TS17—5F 71
Knightsbridge Av. DL1—3F 113
Knightsport Rd. TS18—4D 49
Knitsley Wlk. TS19—1E 47
Knole Rd. TS23—5F 19
Knoll Av. DL3—3D 115
Knowles St. TS18—5C 48
Kreuger All. TS3—4C 52
Kyle Av. TS25—2E 11

Laburnum Av. TS17—5D 71
Laburnum Ct. TS18—1A 70
Laburnum Gro. TS2—5A 36
Laburnum Rd. DL1—1B 112

Laburnum Rd. DL14—3D 103
Laburnum Rd. TS6—5C 54
Laburnum Rd. TS7—5C 76
Laburnum Rd. TS10—5F 29
Laburnum Rd. TS12—4B 64
Laburnum Rd. TS16—2D 85
Laburnum St. TS26—4E 7
Lacey Gro. TS26—3D 7
Lackenby La. TS6—4A to 5C 56
Lackenby Rd. TS6—4D 57
Ladgate La. TS5, TS8, TS4
& TS3—2F 89 to 4A 76
Ladybower. DL5—4A 106
Lady Kathryn Gro. DL3—4F 111
Ladyport Grn. TS18—4D 49
Ladysmith Clo. DL14—2C 102
Ladysmith St. DL14—2C 102
Ladysmith St. TS25—2A 12
Lagonda Ct. TS23—5D 21
Lagonda Rd. TS23—1C 34
Laindon Av. TS4—5D 75
Laing Caravan Site. TS10
—4A 28
Laing St. DL3—4D 111
Laing St. TS18—5B 48
Laird Rd. TS25—5B 10
Lakes Av. TS10—5D 29
Lakeside. DL1—4F 115
Lakeston Clo. TS26—4B 6
Lamb Clo. DL5—4E 107
Lamberd Rd. TS24—5D 5
Lambert Ter. TS13—1F 67
Lambeth Rd. TS5—2E 73
Lambourne Dri. TS7—2F 91
Lambton Clo. DL5—2E 109
Lambton Cres. TS21—5B 118
(in two parts)
Lambton Dri. DL14—3B 102
Lambton Rd. DL17—3E 101
Lambton Rd. TS4—1B 74
Lambton Rd. TS19—4A 48
Lambton Rd. TS23—5A 20
Lambton St. DL1—5A 112
(off Progress Way)
Lambton St. DL4—3B 104
Lambton St. TS6—2E 77
Lambton St. TS24—5A 8
Lambton St. Ind. Est. DL4
—4A 104
Lammermuir Clo. DL1—3D 113
Lammermuir Rd. TS23—1E 33
Lamonby Clo. TS7—3A 92
Lamont Gro. TS25—5A 10
Lamport Clo. TS18—4E 49
Lamport St. TS1—4D 51
Lanark Clo. TS19—4C 46
Lanark Rd. TS25—5A 10
Lanark Ter. DL17—2D 101
Lanberry Grn. TS4—1C 74
Lancaster Clo. TS24—3F 7
Lancaster Dri. TS11—4C 44
Lancaster Ho. TS6—4F 55
Lancaster Rd. TS5—2F 73
Lancaster Rd. TS16—4A 84
Lancaster Rd. TS24—2F 7
Lancaster Way. TS17—2E 87
Lancefield Rd. TS20—4C 32
Lancelot St. TS26—4D 7
Lanchester Av. TS23—4E 19
Lanchester Rd. TS6—2E 55
Landor Rd. TS3—5A 54
Lane End Cotts. TS15—5E 95
Lanehouse Rd. TS17—3D 71
Lane Pl. TS6—3E 55
Laneside Rd. TS18—2E 69
Lane, The. TS21—4C 118

Langdale. TS14—4A 96
Lanethorpe Cres. DL1—3E 117
Lanethorpe Rd. DL1—4E 117
Langbaurgh Clo. TS9—3B 120
Langbaurgh Ct. TS12—1D 63
(Saltburn)
Langbaurgh Ct. TS12—1D 81
(Skelton)
Langdale. TS14—4A 96
Langdale Clo. TS16—1D 95
Langdale Cres. TS6—5F 55
Langdale Gro. TS5—4E 73
Langdale Pl. DL5—5B 106
Langdale Rd. DL1—3C 116
Langdale Rd. TS23—4F 33
Langdale Wlk. DL14—5A 102
Langham Wlk. TS19—5B 46
Langholm Cres. DL3—2F 115
Langley Av. TS17—3E 71
Langley Clo. TS10—4D 43
Langley Ct. TS3—3E 75
Langley Dri. DL16—3D 99
Langley Gro. DL14—3B 102
Langley Ho. TS24—2D 9
(off Union St.)
Langley Rd. DL5—5F 107
Langmere. DL16—1B 98
Langridge Cres. TS3—2D 75
Langsett Av. TS3—2D 75
Langthorne Gro. TS18—2B 68
Langthorpe. TS7—3A 92
Langthwaite Wlk. TS10—3D 43
Langton Av. TS22—1B 32
Langton Clo. TS4—1A 74
Langton Wlk. DL1—4C 116
Lanrood Grn. TS4—1C 74
Lansbury Clo. TS6—3B 54
Lansbury Gro. TS24—4F 7
Lansdowne Ct. TS4—5B 52
Lansdowne Rd. TS4—5B 52
Lansdowne Rd. TS15—3E 95
Lansdowne Rd. TS17—4F 71
Lansdowne Rd. TS26—5E 7
Lansdowne St. TS3—3A 112
Lansdown Way. TS23—4B 20
Lanshaw Grn. TS4—1C 74
Lantsbery Dri. TS13—5B 66
Lapwing La. TS20—4B 32
Larch Av. DL4—3E 105
Larch Clo. TS7—2A 92
Larch Cres. TS16—2E 85
Larches, The. TS6—5C 54
Larches, The. TS7—4C 76
Larches, The. TS10—1F 43
Larches, The. TS19—3D 47
Larchfield St. DL3—2F 115
Larch Gro. TS24—2E 7
Larch Rd. TS19—3B 48
(in two parts)
Larch Rd. TS14—2D 97
Larch Ter. TS2—5A 36
Lark Dri. TS14—3A 96
Larkhall Sq. TS20—2C 48
Larkspur Dri. DL1—2C 116
Larkspur Rd. TS7—2C 90
Larkswood Rd. TS10—4D 43
Larne Gro. TS25—5F 11
Larun Beat, The. TS15—4D 95
Lascelles Av. DL5—4A 106
Lastingham Av. TS6—1F 77
Latham Rd. TS5—1E 73
Latimer Clo. TS15—5B 94
Latimer La. TS14—4C 96
Latimer Rd. DL1—4D 113
Lauder Clo. TS19—4C 46
Lauderdale Dri. TS14—4E 97

Lauder Ho. TS19—4C 46
Lauder St. TS24—4F 7
Laura St. TS1—5A 52
Laurel Av. TS4—3B 74
Laurel Av. TS17—5D 71
Laurel Clo. TS12—2D 63
Laurel Ct. DL4—4D 105
Laurel Cres. TS12—4B 64
Laurel Rd. TS7—2E 91
Laurel Rd. TS10—1F 43
Laurel Rd. TS12—2D 63
Laurel Rd. TS16—2E 85
(in two parts)
Laurel Rd. TS19—3A 48
Laurel St. DL3—5E 111
Laurel St. TS1—4A 52
Laurel Way. DL14—2D 103
Lauriston Clo. DL3—2A 114
Lavan Sands. TS5—2C 88
Lavender Ct. TS11—5E 45
Lavender Rd. TS3—5D 53
Lavernock Clo. TS10—3F 43
Lawns, The. TS2—2D 9
Lawnswood Rd. TS3—1B 76
Lawrence Rd. TS17
—5C 70 & 5D 71
Lawrence St. DL1—2C 116
Lawrence St. TS10—5E 29
Lawrence St. TS18—1B 70
Lawson Clo. TS6—3C 54
Lawson Ind. Est. TS3—4D 53
Lawson Rd. TS25—4C 12
Lawson St. TS18—1B 70
Lawson Way. TS3—3D 53
Lax Ter. TS22—3D 19
Laxton Clo. TS23—4E 19
Laycock St. TS1—4D 51
Layland Rd. TS12—1E 81
Layton Ct. DL5—3E 107
Lazenby Bank Rd. TS6 & TS14
—5D 57 to 2F 79
Lazenby Clo. DL3—1C 114
Lazenby Cres. DL3—1C 114
Lazenby Gro. DL3—1C 114
Lazenby Rd. TS24—4C 4
Leach Gro. DL3—4D 111
Leadenhall St. DL1—5A 112
Leafield Rd. DL1—3A 116
Lealholm Cres. TS3—3F 75
Lealholme Gro. TS19—1C 68
Lealholm Wlk. TS6—5A 56
Lealholm Way. TS14—5D 97
Leamington Dri. TS25—2F 11
Leamington Gro. TS3—3A 76
Leamington Pde. TS25—2F 11
Leam La. TS19—3B 46
Leas Gro. TS24—1B 8
Leaside. DL5—2D 109
Leaside N. DL5—2D 109
Leas, The. DL1—2B 112
Leas, The. TS10—2F 43
Leas, The. TS21—5B 118
Leas Wlk. TS24—1B 8
Leazes Ter. DL14—3D 103
Leckfell Clo. TS7—3A 92
Ledbury Dri. TS5—2E 89
Ledbury Dri. TS17—1D 87
Ledbury Way. TS14—4D 97
Leeds St. TS18—5B 48
Lee Grn. DL5—1D 109
Leeholme Rd. TS23—1A 34
Leeming Gro. TS5—2D 73
Lee Rd. TS6—2E & 2F 55
Lees Rd. TS1—4E 51
Leicester Gro. DL1—4F 113

Leicester Ho. TS6—4F 55
Leicester Rd. TS20—1D 49
Leicester Way. TS16—1B 94
Leighton Rd. TS6—3F 55
Leighton Rd. TS18—3C 68
Leighton Ter. TS27—5B 4
Leinster Rd. TS1—5D 51
Leith Rd. DL3—2B 114
Leith Wlk. TS17—3E 87
Lenham Clo. TS22—5B 18
Lennox Cres. TS23—2E 33
Lennox St. TS1—4A 52
Lennox Wlk. TS25—5A & 5B 10
Leonard St. DL1—3B 116
Leopold Pl. DL14—3D 103
Lerwick Clo. TS19—5A 46
Letch La. TS21 & TS19—5A 30
Letch Rd. TS20—5C 32
Letitia Ind. Est. TS5—4C 50
Letitia St. TS5—4C 50
Leven Clo. TS9—4E 119
Leven Clo. TS16—1C 94
Levendale Clo. TS15—4F 95
Leven Gro. TS17—4E 71
Leven Gro. TS25—5B 10
Leven Rd. TS3—4D 53
Leven Rd. TS9—4D 119
Leven Rd. TS14—4C 96
Leven Rd. TS15—4D 95
Leven Rd. TS20—1B 48
Levenside. TS9—4A 120
(Great Ayton)
Levenside. TS9—4E 119
(Stokesley)
Leven St. TS1—4D 51
Leven St. TS6—2B 54
Leven St. TS12—1D 63
Leven St. TS23—3E 35
Levens Wlk. TS10—1D 43
Leven Wynd. TS9—4E 119
Leveret Clo. TS17—4D 87
Levick Cres. TS5—4B 72
Levick Ho. TS3—3D 73
Levington Wynd. TS7—4B 92
Levisham Clo. TS5—4F 73
Levisham Clo. TS18—2E 69
Lewes Rd. DL1—3C 116
Lewes Way. TS23—3B 20
Lewis Gro. TS25—3B 10
Lewis Rd. TS5—1E 73
Lewis Wlk. TS14—4C 96
Lexden Av. TS5—4C 72
Leybourne Ter. TS18—1A 70
Leyburn Gro. TS18—3C 68
Leyburn Rd. DL1—3B 112
Leyburn St. TS26—1E 11
Lichfield Av. TS5—5F 55
Lichfield Av. TS16—4B 84
Lichfield Rd. TS5—2A 74
Liddell Clo. DL5—5F 107
(in two parts)
Lightfoot Cres. TS24—1D 7
Lightfoot Gro. TS18—1B 70
Lightfoot Rd. DL5—5D 107
Lightfoot Ter. DL17—3B 100
Light Pipe Hall Rd. TS18—1A 70
(in two parts)
Lilac Av. TS17—5D 71
Lilac Av. TS21—4B 118
Lilac Clo. TS6—4D 57
Lilac Clo. TS12—2B 62
Lilac Ct. Dl4—4E 105
Lilac Cres. TS12—4B 64
Lilac Gro. TS3—5F 53
Lilac Gro. TS10—5F 29
Lilac Rd. TS6—5D 55

Lilac Rd. TS7—4B 76
Lilac Rd. TS16—2D 85
Lilac Rd. TS19—3A 48
Lilburn Clo. DL4—3C 104
Lilburne Cres. DL5—5D 107
Lile Gdns. TS21—5C 118
Limber Grn. TS3—2B 76
Limbrick Av. TS19—5B 46
Limbrick Ct. TS19—5C 46
Lime Av. DL1—1B 112
Lime Clo. TS7—2E 91
Lime Cres. TS11—5E 45
Lime Cres. TS24—2E 7
Lime Gro. DL4—3E 105
Lime Gro. DL14—5C 102
Lime Gro. TS19—5D 47
Limehurst Rd. DL3—5E 111
Limeoak Way. TS18—4D 49
Limerick Rd. TS19—1E 41
Lime Rd. DL17—2C 100
Lime Rd. TS6—5C 54
Lime Rd. TS10—4F & 5F 29
Lime Rd. TS14—2D 97
Lime Rd. TS16—1E 85
Limes Cres. TS6—1D 77
Limes Rd. TS6—2F 73
Limetree Ct. TS4—3A 74
Lime Wlk. TS13—4C 66
Limpton Ga. TS15—5D 95
Linacre Way. DL1—3B 112
Linburn Dri. DL14—5A 100
Linby Av. TS3—3D 75
Lincoln Ct. DL1—4F 113
Lincoln Cres. TS23—2A 34
Lincoln Gro. TS20—2D 49
Lincoln Pl. TS17—4D 71
Lincoln Rd. TS10—2A 44
Lincoln Rd. TS14—4D 97
Lincoln Rd. TS25—1B 14
Lincombe Dri. TS6—3E 89
Linden Av. DL3—3D 115
Linden Av. TS9—3A 120
Linden Av. TS18—3F 69
Linden Clo. DL4—4E 105
Linden Clo. TS9—3A 120
Linden Ct. TS17—4D 71
Linden Cres. TS7—3D 91
Linden Cres. TS9—3A 120
Linden Dri. DL3—3E 115
Linden Gro. TS5—2E 73
Linden Gro. TS9—3A 120
Linden Gro. TS17—4D 71
Linden Gro. TS26—5D 7
Linden Ho. TS12—4B 64
Linden Pl. DL5—1B 108
Linden Rd. DL14—3D 103
Linden Rd. DL17—3E 101
Linden Rd. TS9—3A 120
Linden Rd. TS12—4B 64
Linden Ter. DL17—5F 101
Lindisfarne Clo. TS27—4B 4
Lindisfarne Rd. DL16—2E 99
(in two parts)
Lindisfarne Rd. TS3—3F 75
Lindrick Ct. TS6—2F 77
Lindrick Dri. TS27—4A 4
Lindrick Rd. TS11—2A 60
Lindsay Rd. TS25—5A 10
Lindsay St. DL14—2C 102
Lindsay St. TS18—2B 70
Lindsey Ct. TS12—5D 65
Lingard Wlk. DL5—2F 109
Ling Clo. TS7—1D 91
Lingdale Clo. TS19—4F 47
Lingdale Dri. TS25—1B 16
Lingdale Gro. TS10—2A 42

Lingdale Rd. TS12—5D 81
Lingdale Rd. TS17—5E 71
Lingfield Ash. TS8—5C 90
Lingfield Clo. DL1—1F 117
Lingfield Dri. TS16—5B 84
Lingfield Est. DL1—1F 117
Lingfield Grn. DL1—2E 117
Lingfield Rd. TS15—3F 95
Lingfield Rd. TS19—5C 46
Lingfield Way. TS8—5D 91
Lingford Ct. DL14—2D 103
Lingholm. TS10—1C 42
Lingmell Rd. TS10—2D 43
Link Centre. TS18—5B 48
(off Farrer St.)
Links, The. TS12—3C 62
Link, The. TS3—3A 76
Linkway, The. TS23—1A 34
Linmoor Av. TS3—1E 75
Linnet Ct. TS20—3C 32
Linsley Clo. TS3—4C 52
Linthorpe M. TS1—3F 51
(in two parts)
Linthorpe Rd. TS5 & TS1
—1F 73 to 2F 51
Linton Av. TS7—3D 91
Linton Clo. TS19—3C 46
Linton Rd. TS6—2C 76
Linwood Av. TS9—2F 119
Linwood Gro. DL3—4D 115
Lismore Dri. DL1—2E 113
Lister St. TS26 & TS24—1E 11
Lithgo Clo. TS25—3C 12
Lit. Ayton La. TS9—4B 120
Littlebeck Dri. DL1—3C 112
Littleboy Dri. TS17—4F 71
Lit. Brown St. TS18—1C 70
Lit. Crake. TS14—3B 96
Lit. Grebe. TS14—3A 96
Little La. DL5—4F 109
Lit. York St. TS18—1B 70
Liverton Av. TS5—5D 51
Liverton Cres. TS17—2C 86
Liverton Cres. TS25—5C 18
Liverton Rd. TS13—5A 66
(Liverton Lodge)
Liverton Rd. TS13—5B 66
(Liverton Mines)
Liverton Rd. TS13—4C 66
(Loftus)
Liverton Ter. TS13—5B 66
Liverton Ter. S. TS13—5B 66
Liverton Whin. TS12—1B 62
Livingstone Rd. TS3—5D 53
Lizard Wlk. TS24—5A 8
Lloyd St. TS2—2E 51
Lobelia Clo. TS7—4C 76
Lobster Rd. TS10—4C 28
Loch Gro. TS25—5B 10
Lockerbie Wlk. TS17—1D 87
Locke Rd. TS10—5C 28
Lockheed Clo. TS18—1A 86
Lock St. DL3—3A 112
Lockton Cres. TS17—2C 86
Lockwood Ct. TS6—2F 77
Locomotive St. DL1—3C 112
Lodge Rd. TS6—1F 77
Lodge St. DL1—1B 116
Lodge St. TS18—1B 70
Lodore Gro. TS5—5C 72
Loftus Bank. TS13—3A 66
Loftus Ho. TS4—2B 74
Loftus Rd. TS17—4E 71
Logan Dri. TS19—5D 47
Logan Gro. TS25—5B 10

Lomond Av. TS23—2F 33
Londonderry Rd. TS19—4A 48
(in two parts)
Londonderry St. TS24—3D 9
Longacre Clo. TS12—4D 63
Longbank Rd. TS7—5C 76
Longbeck La. TS11—2D 59
Longbeck Rd. TS11—5C 44
Longbeck Trading Est. TS11
—4C 44
Longbeck Way. TS17—3F 87
Longcroft Wlk. TS3—5D 53
Longfellow Rd. TS23—3E 19
Longfellow Wlk. TS25—4B 10
Longfield Rd. DL3—2A 112
Longfield Rd. DL14—5E 103
Longfield View. TS6—4D 77
Longford Clo. TS23—5F 19
Longford St. TS1—5D 51
Longhill Ind. Est. TS25
(in two parts) —2A & 3A 12
Longhirst. TS8—4D 91
Longlands Rd. TS4 & TS3
—5C 52
Long Newton La. TS21—5B 68
Longscar Wlk. TS24—5A 8
Longshaw Clo. TS10—5D 87
Long Wlk. TS15—3E 95
Longworth Way. TS14—1F 97
Lonsdale Ct. TS25—1F 11
Lonsdale St. TS1—5E 51
Loraine Clo. TS11—5F 45
Loraine Cres. DL1—4F 115
Loraine Wlk. DL3—4D 107
Lord Av. TS17—4E 87
Lord Neville Dri. DL5—2A 108
Lord St. TS10—4D 29
Lorimer Clo. TS17—4C 86
Lorne St. TS1—4E 51
Lorne Ter. TS12—4D 65
Lorn Wlk. DL1—2E 113
Lorrain Gro. TS20—3D 33
Lorton Rd. TS10—2D 43
Lothian Clo. DL16—4B 98
Lothian Gro. TS10—5B 28
Lothian Rd. TS4—5B 52
Lough Ho Bank. DL17—4F 101
Louisa St. DL1—2C 116
Lovaine St. TS1—4E 51
Lovaine Ter. DL17—3E 101
Lovat Av. TS10—5B 28
Lovat Gro. TS25—5B 10
Low Church Wynd. TS15
(in two parts) —2C 94
Low Cleveland St. TS13—5B 66
Lowcross Av. TS14—4B 96
Lowdale La. TS24—3A 4
Lowell Clo. TS23—2F 19
Lwr. Bridge St. DL14—1C 102
Lwr. East St. TS2—2A 52
Lwr. Feversham St. TS2—2A 52
Lwr. Gosford St. TS2—2A 52
Lwr. Promenade. TS12—1D 63
Lowery Rd. DL5—1C 108
Lowe St. DL3—1A 116
Loweswater Cres. TS18—5E 47
Loweswater Gro. TS10—5D 29
Low Farm Dri. TS10—2C 42
Lowfield Av. TS3—5F 53
Lowfields. DL5—3A 108
Lowfields Av. TS17—4C 86
Lowfields Grn. TS17—4C 86
Lowfields Wlk. TS17—4D 87
Low Fold. TS10—1C 42
Low Grange Av. TS23
—2A to 5A 20

Low Grange Ct. TS23—4B 20
Low Grange Rd. DL16—2D 99
Low Grn. DL5—2E 107
Low Grn. TS9—4A 120
Lowick Clo. TS19—4C 46
Low La. TS8 & TS5
—5A 88 to 2F 89
Lowmead Wlk. TS14—4E 75
Low Melbourne St. DL14
—4D 103
Lowmoor Rd. DL1—4E 117
Lowood Av. TS7—3D 91
Lowson St. DL3—2A 112
Lowther Clo. TS22—5B 18
Lowther Dri. DL5—3E 107
Lowther Rd. DL14—5B 102
Lowthian Rd. TS26 & TS24
—4F 7
Loxley Rd. TS3—1B 76
Loyalty Clo. TS25—4F 11
Loyalty Ct. TS25—3F 11
Loyalty M. TS25—3F 11
Loyalty Rd. TS25—4F 11
Loy La. TS13—4E 67
Lucan St. TS24—5F 7
Lucerne Ct. TS7—2D 91
Lucerne Dri. TS14—4B 96
Lucerne Rd. TS10—1D 43
Luce Sands. TS5—2C 88
Lucia La. TS14—4C 96
Lucknow St. DL1—5C 112
Ludford Av. TS3—2E 75
Ludham Gro. TS19—3D 47
Ludlow Cres. TS10—2F 43
Ludlow Rd. TS23—5E 19
Luff Way. TS10—2F 43
Luisgate. TS17—1F 87
Lulworth Gro. TS24—4B 4
Lulworth Gro. DL5—1E 109
Lumley Clo. DL16—1D 99
Lumley Cres. DL17—3E 101
Lumley Gro. DL14—4B 102
Lumley Rd. TS10—5E 29
Lumley Rd. TS23—5F 19
Lumley Sq. TS24—2D 9
Lumley St. TS13—4B 66
Lumley Ter. TS14—2E 97
Lumpsey Clo. TS12—4C 64
Lundy Ct. TS17—5C 86
Lundy Wlk. TS14—4D 97
(off Hutton La.)
Lunebeck Wlk. TS17—3F 87
Lunedale Av. TS5—4E 73
Lunedale Rd. DL3—5C 110
Lunedale Rd. TS23—2E 33
Lune Rd. TS16—1C 94
Lune Rd. TS20—1B 48
Lune St. TS4—4B 52
Lune St. TS12—2D 63
Lusby Cres. DL14—5B 102
Lustrum Av. TS18—3A 50
Lustrum Ind. Est. TS18—3F 49
Lutton Cres. TS22—1B 32
Luttreil Ho. TS3—2E 75
Luttryngton Ct. DL5—4A 106
Lycium Clo. TS7—1D 91
Lydbrook Rd. TS5—1C 72
Lydd Gdns. TS17—1F 87
Lyndale. TS14—4A 96
Lyndon Way. TS18—5B 46
Lyne Rd. DL16—5A 98
Lynmouth Clo. TS8—3D 89
Lynmouth Rd. TS20—4F 31
Lynmouth Wlk. TS26—3C 6
Lynne Clo. DL3—1B 112
Lynnfield Rd. TS26—4E 7

Lynn St. TS24—5A & 1A 12
Lynton Ct. TS26—2C 6
Lynton Gdns. DL1—3E 117
Lynwood Av. TS5—4F 73
Lyon Clo. DL5—1D 109
Lyonette Rd. DL1—3D 113
Lysander Clo. TS11—4C 44
Lytham Rd. DL1—2B 112
Lytham Wlk. TS16—5D 85
Lythe Pl. TS4—3B 74
Lythe Wlk. TS6—5A 56
Lyttleton Dri. TS18—2D 69
Lytton St. TS4—4B & 4C 52

Macaulay Av. TS3—5F 53
Macaulay Rd. TS25—3B 10
Mac Bean St. TS3—4D 53
McClean Av. TS10—1A 42
McCreton St. TS3—5D 53
McCullagh Gdns. DL14—3E 103
McDonald Pl. TS24—2E 9
  (off Cliff Ter.)
McIntyre Ter. DL14—4D 103
Mackenzie Pl. DL5—4D 107
Mackie Dri. TS14—1F 97
Macklin Av. TS23—1B 34
Macmillan Cres. TS6—3D 55
Macmillan Rd. DL5—5D 107
Macmillan Rd. TS6—3D 55
McMullen Rd. DL1—5E 113
McNay St. DL3—5A 112
McNay St. TS12—1D 63
Macrae Rd. TS25—1A 14
Maddison St. DL4—4C 104
Madison Sq. TS19—4C 46
Mafeking Pl. DL4—4D 105
Magdalene Pl. DL17—3E 101
Magdalen St. TS3—4C 52
Magister Rd. TS17—1D 87
Magnet St. DL4—4C 104
Magnolia Ct. TS18—1A 70
Magnolia Way. DL4—3D 105
Maidstone Dri. TS7—2F 91
Main Rd. DL14—1D 105
Mainsforth Bk. Row. DL17
  —5F 101
Mainsforth Dri. TS23—3A 20
Mainsforth Flats. TS24—5B 8
Mainsforth Front Row. DL17
  —5F 101
Mainsforth Ter. TS24 & TS25
  —4A 8 to 2B 12
Main St. DL4—3B 104
Main St. DL14—4E 103
Main St. DL17—2C 100
Major Cooper Ct. TS25—5C 12
Major St. DL3—5F 111
Major St. TS18—4C 48
Majuba Rd. TS10—4B 28
Malcolm Dri. TS19—3B 46
Malcolm Gro. TS10—1F 43
Malcolm Gro. TS17—5E 71
Malcolm Rd. TS25—1B 14
Malden Rd. TS20—5C 32
Maldon Rd. TS5—1C 72
Malham Cres. DL5—5C 106
Malham Gro. TS17—5D 87
Malim Rd. DL1—2F 117
Maling Grn. DL5—5F 107
Malin Gro. TS10—4D 43
Mallaig View. TS19—4D 47
Mallard Clo. TS14—3A 96
Mallard Ct. TS10—1A 42
Mallard La. TS20—4B 32
Mallard Rd. DL1—2F 117

Malleable Way. TS18—4E 49
Malling Rd. TS20—2C 48
Malling Wlk. TS3—1E 75
Mallory Clo. TS1—3E 51
Mallory Ct. DL1—5F 113
Mallory Rd. TS20—5B 32
Mallowdale. TS7—3A 92
Malltreath Sands. TS5—2B 88
Malta Rd. TS16—3A 84
Maltby Ct. TS14—2D 97
Maltby Pl. TS17—4D 71
Maltby Rd. TS8—5B 88
Maltby St. TS3—4D 53
Maltings, The. TS25—1F 11
Maltkiln La. DL5—5F 109
Malton Clo. TS17—4E 71
Malton Dri. TS19—3B 46
Malton Ter. TS21—4C 118
Malvern Av. TS10—2B 42
Malvern Av. TS12—5D 63
Malvern Clo. TS9—4D 119
Malvern Cres. DL3—4A 110
Malvern Dri. TS5—2D 89
Malvern Dri. TS9—4D 119
Malvern Rd. TS18—1A 70
Malvern Rd. TS23—2E 33
Malvern Way. DL5—5A 106
Mandale Ind. Est. TS17—2D 71
Mandale Rd. TS5—4B 72
Mandale Rd. TS17
  —2C 70 to 2E 71
Manfield Av. TS5—2C 72
Manfield St. TS18—1A 70
Manitoba Gdns. TS4—5B 52
Manless Ter. TS12—2C 80
Manners St. TS24—3D 9
Manning Clo. TS1—1E 87
Manning Way. TS17—1E 87
Mannion Ct. TS6—2C 54
Manor Clo. TS9—3E 119
Manor Clo. TS22—3D 19
Manor Ct. DL17—2C 100
Manor Ct. TS22—3D 19
Manor Farm Way. TS8—3B 90
Manor Garth Dri. TS26—4C 6
Manor Ga. TS21—5B 68
Manor Grn. TS6—1D 77
Manor Pl. TS19—4C 46
Manor Rd. DL3—3E 115
Manor Rd. TS26—4B 6
Manorside. TS9—3E 119
Manor St. TS1—4E 51
Manor View. DL17—2D 101
  (off Broom Rd.)
Manor Wood. TS8—3A 90
Mansepool Clo. TS24—1F 7
Mansfield Av. TS17—2E 71
Mansfield Rd. TS6—2F 77
Mansforth Dri. TS5—1E 89
Manton Av. TS5—3C 72
Manton Gro. TS25—5E 11
Maple Av. DL4—3D 105
Maple Av. TS4—2A 74
Maple Av. TS17—5D 71
Maple Clo. TS21—4B 64
Maple Gro. TS21—4B 118
Maple Rd. DL1—1B 112
Maple Rd. TS19—3A 48
Maple Sq. TS10—4E 29
Maple St. TS1—4A 52
Maple St. TS3—3E 53
Mapleton Clo. TS10—4D 43
Mapleton Cres. TS10—4C 42
Mapleton Dri. TS8—3E 89
  (in two parts)
Mapleton Dri. TS20—5A 32

Mapleton Rd. TS24—3F 7
Maplin View. TS19—4C 46
Mardale Av. TS10—1E 15
Mardale Wlk. TS10—3D 43
Marfleet Av. TS3—5E 53
Margaret St. TS3—4C 52
Margaret Ter. DL14—5F 103
Margill Clo. TS7—2F 91
Margrove Rd. TS12—5C 80
Margrove Wlk. TS12—2E 75
Margrove Way. TS12—3B 64
Marham Clo. TS3—3A 76
Maria Dri. TS19—4B 46
Maria St. TS3—4D 53
Marigold Ct. DL1—2C 116
Marina Av. TS10—4A 28
Marina Rd. DL3—1B 112
Marine Ct. TS12—1D 63
Marine Cres. TS24—2D 9
Marine Dri. TS24—1B 8
Marine Pde. TS12—1D 63
Marine Ter. TS13—1B 66
Marion Av. TS5—3D 73
Marion Av. TS16—5C 84
Maritime Av. TS24—4B 8
Maritime Clo. TS18—4C 48
Maritime Clo. TS24—4B 8
Maritime Rd. TS20 & TS18
  —4C 48
Mark Av. TS20—4B 32
Markby Grn. TS3—3B 76
Market Pl. DL1—2A 116
Market Pl. DL4—2D 105
Market Pl. DL14—1D 103
Market Pl. DL17—2C 100
Market Pl. TS3—4C 52
Market Pl. TS9—3E 119
Market Pl. TS13—4D 67
Market Pl. TS14—2E 97
Market Pl. TS24—5F 7
Market Pl. DL17—2C 100
Market St. TS6—2B 54
Markham Pl. DL5—5F 107
Markham Sq. TS19—4C 46
Marlborough Av. TS11—3D 45
Marlborough Clo. TS23—5E 33
Marlborough Dri. DL1—3F 115
Marlborough Gdns. TS2—2F 51
Marlborough Ho. TS2—2F 51
  (off Stockton St.)
Marlborough Rd. TS7—3D 91
Marlborough Rd. TS12—5D 63
Marlborough Rd. TS18—2A 70
Marlborough St. TS25—2E 11
Marley Clo. TS19—4D 47
Marley Rd. DL5—1D 109
Marley Wlk. TS27—4B 4
Marlowe Rd. TS25—3B 10
Marlsford Gro. TS5—4D 73
Marmaduke Pl. TS20—4B 32
Marmaduke St. DL16—2D 99
Marmion Clo. TS25—3F 11
Marquand Rd. TS6—3C 54
Marquis Gro. TS20—4A 32
Marquis St. TS24—3D 9
Marrick Av. DL3—4A 110
Marrick Clo. DL5—5C 106
Marrick Rd. TS3—3E 75
Marrick Rd. TS18—3C 68
Marsden Clo. TS4—3B 74
Marsden Clo. TS17—5D 87
Marsden Wlk. DL3—2A 112
Marshall Av. TS7—5F 53
Marshall Clo. TS12—1B 62
Marshall Clo. TS24—4C 4
Marshall Ct. TS3—4A 54

Marshall Dri. TS12—3A 64
Marshall Gro. TS18—4F 47
Marshall Rd. DL5—5D 107
Marshall St. DL3—5F 111
Marsh Ho. Av. TS23
　　　　　　—2F 19 to 2A 34
Marsh Ho. La. TS25—5D 15
Marsh La. TS23—4D 21
Marsh Rd. TS1—3E & 2F 51
Marsh Rd. TS3—3C 52
Marsh St. TS1—3E 51
Marske By-Pass. TS11
　　　　　　—4F 43 to 1E 61
Marske La. TS12—4A 62
Marske La. TS19—2B 46
Marske Mill La. TS12
　　　　　　—2C 62 to 3D 63
Marske Mill Ter. TS12—2C 62
Marske Pde. TS19—3B 46
Marske Rd. TS12—1F 61
Marske Rd. TS17—4E 71
Marske St. TS25—1F 11
Marston Gdns. TS24—3F 7
Marston Moor Rd. DL1—4E 117
Marston Rd. TS12—5D 65
Marston Rd. TS18—4F 49
Martham Clo. TS19—3D 47
Martindale. TS5—2C 88
Martindale Gro. TS16—1D 95
Martindale Pl. TS6—4F 55
Martindale Rd. DL1—3C 112
Martindale Rd. TS6—5F 55
Martindale Way. TS10—4D 43
Martinet Ct. TS17—1D 87
Martinet Rd. TS17—1D 87
Martin Gro. TS25—2D 11
Marton Av. TS4—4E 75
Marton Burn Rd. TS4—2A 74
Marton Cres. TS6—2F 77
Marton Dri. TS22—1C 32
Marton Gill. TS12—1B 62
Marton Gro. TS12—3B 64
Marton Gro. Rd. TS4—1A 74
Marton Ho. TS1—4B 52
Marton Moor Rd. TS7—3C 92
Marton Rd. TS1 & TS4
　　　　　　—3A 52 to 5D 75
Martonside Way. TS4—3B 74
Marton St. TS24—3E 7
Marton Way. TS4—3C 74
Marway Rd. TS12—3B 64
Marwood Cres. DL3—4E 111
Marwood Dri. TS9—4A 120
Marwood Dri. TS12—3B 64
Marwood Sq. TS19—4C 46
Mary Ann St. TS5—1F 73
Mary Ct. DL3—5C 110
Mary Jacques Ct. TS4—1B 74
Marykirk Rd. TS17—3E 87
Maryport Clo. TS18—4D 49
Mary St. TS17—2E 71
　(off Anderson Rd.)
Mary St. TS18—1A 70
Mary St. TS26—4E 7
Mary Ter. DL14—5F 103
Masefield Rd. TS25—3B 10
Masham Gro. TS19—1C 68
Masham Moor Way. DL1
　　　　　　—5E 117
Mason Ho. TS2—2A 52
　(off East St.)
Mason St. TS6—2E 77
Mason Ter. DL14—3B 102
Mason Wlk. TS24—3F 7
Master Rd. TS17—1D 87
Masterton Dri. TS18—2D 69

Matfen Av. TS7—2B 92
Matfen Ct. TS21—3B 118
Matford Av. TS3—5F 53
Matlock Av. TS7—4E 91
Matlock Gdns. TS22—5D 19
Matthew Clo. DL5—4F 107
Mattison Av. TS5—1C 72
Maude St. DL3—1F 115
Maughan St. DL4—3B 104
Maxton Rd. TS6—3B 54
Maxwell Clo. DL1—3D 117
Maxwell Pl. TS10—1F 41
Maxwell Rd. TS3—4F 53
Maxwell Rd. TS25—1B 14
Mayberry Gro. TS5—3F 73
Mayes Wlk. TS15—5C 94
Mayfair Av. TS4—1B 74
Mayfair Av. TS6—4D 77
Mayfair Rd. DL1—1B 112
Mayfair St. TS26—4E 7
Mayfield. DL3—2F 115
Mayfield Clo. TS16—5B 84
Mayfield Cres. TS16—5B 84
Mayfield Rd. TS7—2B 92
Mayfields. DL16—1C 98
Maygate. TS6—1B 78
Maynard St. TS13—2A 66
May St. DL14—2C 102
May St. TS24—2F 7
Mead Cres. TS14—4F 71
Meadfoot Rd. TS5—2D 89
Meadowbank Rd. TS7—5C 76
Meadow Clo. TS7—5B 76
Meadow Clo. TS14—2D 97
Meadowcroft Rd. TS6—2C 76
Meadowdale Clo. TS22—4F 35
Meadow Dale Ct. TS12—5F 81
Meadow Dri. TS7—5C 76
Meadow Dri. TS6—5B 6
Meadow End. TS16—4C 84
Meadowfield. TS9—2F 119
Meadowfield Av. DL16—1F 99
Meadowfield Av. TS4—2A 74
Meadowfield Ct. TS25—1C 16
Meadowfield Dri. TS16—4C 84
Meadowfield Rd. DL3—4C 110
Meadowfield Way. DL5
　　　　　　—4B 106
Meadowgate. TS6—1B 78
Meadowings, The. TS15—4C 94
Meadowlands Clo. TS13—2F 67
Meadow Rise. DL3—2C 114
Meadow Rd. TS11—5E 45
Meadow Rd. TS19—5D 47
Meadows, The. TS8—4D 91
Meadows, The. TS21—5B 118
Meadow, The. TS25—3E 11
Mead, The. DL1—2D 117
Meadway. TS10—4C 42
Measham Clo. TS20—5A 32
Meath St. TS1—5D 51
Meath Way. TS14—4D 97
Meatlesburn Clo. DL5—3A 108
Mechanic's Yd. DL3—2A 116
Medbourne Clo. TS6—1A 78
Medbourne Gdns. TS5—2E 89
Medina Clo. TS19—4C 46
Medina Gdns. TS5—2F 89
Medway Clo. TS12—4D 63
Medwin Clo. TS12—4B 64
Meet, The. DL5—4A 106
Megarth Rd. TS5—1E 73
Meggitts Av. TS10—2F 41
Meggitts La. TS10—3F 41
Melbourne Clo. TS7—3F 91

Melbourne St. TS1—4D 51
Melbourne St. TS18—5B 48
Melbreak Gro. TS5—5D 73
Meldon Clo. DL1—4D 113
Meldreth Ho. TS12—2D 63
Meldrum Sq. TS19—4C 46
Meldyke La. TS8—5D 89
Meldyke Pl. TS8—5D 89
Melgrove Way. TS21—5B 118
Melksham Sq. TS19—4C 46
Mellanby Cres. DL5—5F 107
Melland St. DL1—2B 116
Mellor Ct. DL3—4A 112
Mellor St. TS19—4A 48
Melrose Av. DL3—1B 112
Melrose Av. TS5—3D 73
Melrose Av. TS23—5F 19
Melrose Cres. TS14—3F 97
Melrose Ho. TS1—3A 52
Melrose St. TS1—4A 52
Melrose St. TS25—2E 11
Melsonby Av. TS3—3F 75
Melsonby Ct. TS23—3B 20
Melsonby Cres. DL1—3D 117
Melsonby Gro. TS18—2B 68
Melton Rd. TS19—4C 46
Melton Wlk. TS8—3E 89
Melville St. TS20—3D 49
Melville St. DL1—5A 112
Mendip Av. TS12—5D 63
Mendip Dri. TS10—2B 42
Mendip Gro. DL1—3D 113
Mendip Rd. TS23—2E 33
Menom Rd. DL5—5D 109
Menville Clo. DL5—2A 108
Mercia Ct. DL3—1F 115
Meredith Av. TS6—3D 77
Mereston Clo. TS26—3B 6
Merion Dri. TS11—2F 59
Merlay Clo. TS15—5B 94
Merlin Clo. TS14—3A 96
Merlin Rd. TS3—4A 53
Merlin Rd. TS19—4C 46
Merriman Grn. TS24—4C 4
Merring Clo. TS18—1B 68
Merrington Av. TS5—1C 88
Merrington La. Ind. Est. DL16
　　　　　　—4E 99
Merrington Rd. DL17—3A 100
Merrington View. DL16—3C 98
Merry Weather's Yd. TS14
　　　　　　—2E 97
Mersehead Sands. TS5—2C 88
Mersey Rd. TS10—5C 28
Merton Clo. DL1—3C 112
Merville Av. TS19—1D 69
Meryl Gdns. TS25—1E 15
Merz Rd. DL5—1D 109
Metcalfe Clo. TS15—5C 94
Metcalfe Rd. TS6—3A 54
Metz Bri. Rd. TS2—2E 51
Mewburn Ct. DL3—2F 111
Mewburn Rd. DL3—1F 111
Mews, The. TS7—4B 76
Mexborough Clo. TS19—3E 47
Meynell Av. TS14—4B 96
Meynell Ho. TS17—1E 87
Meynell Rd. DL3—4A 112
Meynell Wlk. TS15—4C 94
Mickleby Clo. TS7—4A 92
Mickledales Dri. TS11—5D 45
Micklemire La. TS25—4D 15
Mickleton Rd TS2—1D 51
Micklow Clo TS10—3D 43
Micklow La. TS13—4D 67
Micklow Ter. TS13—4E 67

Midbourne Rd. TS19—3B 48
Middle Av. TS23—5E 33
Middle Bank Rd. TS7—5C 76
Middlefield Rd. TS11—4B 44
Middlefield Rd. TS19—2D 47
Middlegate. TS24—2D 9
Middleham Rd. DL1—2B 112
Middleham Rd. TS19—1D 69
Middleham Wlk. DL16
—1C 98 & 1D 99
Middleham Way. DL5—3F 107
Middleham Way. TS10—2F 43
Middlehaven Development.
TS2—2B 52
Middlehope Gro. DL14—4A 102
Middle Rd. TS17—5C 86
Middlesbrough By-Pass. TS16,
TS4 & TS3—2F 51
Middlesbrough Rd. TS6—3A 54
Middlesbrough Rd. TS7 & TS4
—2E 93
Middlesbrough Rd. TS17
—2E 71
Middlesbrough Rd. E. TS6
—2B & 2C 54
Middlesbrough Wharf Trading
Est. TS2—1F 51
Middle St. TS18—5B 48
Middleton Av. TS5—3C 72
Middleton Av. TS17—2D 87
Middleton Av. TS22—5C 18
Middleton Dri. TS14—4E 97
Middleton Grange La. TS24
(in two parts)   —5F 7
Middleton Grange Shopping
Centre. TS24—5F 7
Middleton Rd. DL4—4C 104
Middleton Rd. TS24
—4F 7 to 3B 8
Middleton St. DL1—2B 116
Middleton Wlk. TS18—1A 70
Middleway. TS17—2D 71
Middlewood Clo. TS27—4A 4
Middridge Drift Ind. Est. DL4
—2F 105
Middridge Gro. TS23—3A 20
Middridge La. DL4—2D 105
Middridge La. DL5—3A 106
Middridge Rd. DL5 & DL17
—2C 106
Midfields. DL5—3A 108
Midfield View. TS19—1C 46
Midhurst Rd. TS3—1B 76
Midlothian Rd. TS25—5A 10
Midville Wlk. TS3—2B 76
Miers Av. TS24—5D 5
Milbank Ct. DL3—1D 115
Milbank Ct. TS18—5B 48
Milbank Cres. DL3—1E 115
Milbank Rd. DL3—1D 115
Milbank Rd. TS24—2F 7
Milbank Ter. TS10—4D 29
Milbourne Ct. TS21—3B 118
Milburn Cres. TS20—2B 48
Mildenhall Clo. TS25—2C 14
Mildred St. DL3—5A 112
Mildred St. TS6—4E 7
Miles St. TS6—2B 54
Milfoil Clo. TS7—2C 90
Milford Ho. TS3—4E 53
(off Northfleet Av.)
Milford Ter. DL17—2D 101
Milkwood Ct. DL3—4E 111
Millbank. TS13—3A 66
Millbank La. TS17—1D 87
Millbank Ter. DL14—1C 104

Millbeck. TS20—5C 32
Millbeck Way. TS7—4C 76
Millbrook Av. TS3—4A & 5A 54
Mill Ct. TS23—5E 33
Miller Clo. TS15—4F 95
Miller Cres. TS24—4B 4
Millfield Clo. TS16—1C 94
Millfield Clo. TS17—3F 71
Millfield Ho. TS17—3F 71
Millfield Rd. TS3—5D 53
Millfields. DL5—4F 109
Millford Rd. TS20—2B 48
Millholme Clo. TS12—5B 64
Millholme Dri. TS12—5B 64
Millholme Ter. TS12—5B 64
Millington Clo. TS23—2A 20
Mill La. DL1—4F 113
Mill La. DL14—4E 103
Mill La. TS13—3A 66
Mill La. TS20—4C 32
Mill La. TS21—5A 68
Mill La. TS23—4F 33
Millpool Clo. TS24—1A 8
Millrace Clo. DL1—3F 113
Mill Riggs. TS9—3F 119
Mills Clo. DL5—1C 108
Millston Clo. TS26—3A 6
Mill St. DL4—4C 104
Mill St. TS1—4D 51
Mill St. TS14—3E 97
Mill St. TS20—5C 32
Mill St. E. TS18—5C 48
Mill St. W. TS18—5B 48
Mill Ter. TS9—4A 120
Mill Ter. TS25—4C 14
Mill View. TS13—5C 66
Mill Wynd. TS15—2D 95
Milner Gro. TS24—4F 7
Milner Rd. DL1—3A 116
Milner Rd. TS20—4B 32
Milne Wlk. TS25—5A 10
(in two parts)
Milton Av. DL14—3C 102
Milton Clo. TS12—3B 64
Milton Ct. TS1—3E 51
Milton Rd. TS26—5E 7
Milton St. DL1—3D 117
Milton St. TS12—1D 63
Minch Rd. TS25—1B 14
Minniott Wlk. TS8—3E 89
Minors Cres. DL3—3B 110
Minsterley Dri. TS5—4B 72
Missenden Gro. TS3—3A 76
Mistral Dri. DL1—1C 112
Mitchell Av. TS17—5F 71
Mitchell St. TS26—5E 7
Mitford Clo. TS7—4C 76
Mitford Ct. TS21—3B 118
Mitford Cres. TS19—3B 46
Mitzpah Cotts. TS10—4D 29
Moat, The. TS23—2B 34
Model Pl. DL1—2B 116
Moffat Clo. DL1—2E 113
Moffat Rd. TS25—1A 14
Monarch Grn. DL1—2C 112
Monarch Gro. TS7—2F 91
Monarch Rd. TS25—1B 14
Mond Cres. TS23—5F 33
Mond Ho. TS3—2E 75
Monkland Clo. TS1—3F 51
Monkseaton Dri. TS22—5D 19
Monks End. DL5—5F 109
Monkton Rd. TS25—1A 14
Monmouth Dri. TS16—5D 85
Monmouth Gro. TS26—2C 6
Monmouth Rd. TS6—4E 55

Monreith Av. TS16—5D 85
Montague St. TS1—3B 52
Montague St. TS24—1D 9
Montagu's Harrier. TS14
—3A 96
Montgomery Gro. TS26—2C 6
Montreal Pl. TS4—1B 74
Montrose Clo. TS7—3D 91
Montrose St. DL1—1B 116
Montrose St. TS1—3A 52
Montrose St. TS12—2D 63
Moorbeck Way. TS7—4C 76
Moorcock Clo. TS6—2F 77
Moorcock Row. TS12—5E 81
Moore La. DL4—1F 109
Moore St. TS10—4E 29
Moore St. TS24—3E 7
Moor Farm Est. DL16—5B 98
Moorgate. TS6—1B 78
Moor Grn. TS7—4B 92
Moorhead Way. DL5—3F 109
Moor Ho. TS2—2A 52
(off South St.)
Moorlands Rd. DL3—5D 111
Moor La. DL4 & DL5—1A 106
Moor Pde. TS24—2D 9
Moor Pk. TS7—4B 92
Moor Pk. TS16—5D 85
Moor Rd. TS3—3C 52
Moorsholm Way. TS10—2D 43
Moorside. DL16—5A 98
Moorston Clo. TS26—4A 6
Moor Ter. TS24—2E 9
Moortown Rd. TS4—4B 74
Moortown Rd. TS11—2A 60
Moray Rd. TS20—1A 48
Mordales Dri. TS11—5F 45
Moreland Av. TS23—1F 33
Moreland Clo. TS22—3D 19
Moreland St. TS24—1A 12
Moresby Clo. TS4—3C 74
Morgan Dri. TS14—3D 97
Morland St. DL14—4C 102
Mornington La. DL3—4E 111
Morpeth Av. DL1—3D 113
Morpeth Av. TS4—1C 90
Morpeth Clo. DL16—3D 99
Morpeth Clo. DL17—2E 101
Morpeth Gro. DL14—4B 102
Morrison Clo. DL5—3D 107
Morrison Gdns. TS24—2D 9
Morrison Rd. TS14—1E 97
Morris Rd. TS6—2F 77
Mortain Clo. TS15—4F 95
Mortimer Dri. TS20—5A 32
Morton Carr La. TS7—3D 93
Morton Clo. TS14—4B 96
Morton St. TS26—4E 7
Morton Wlk. DL5—5E 107
Morven View. TS19—4C 46
Morville Ct. TS17—5C 86
Mosbrough Clo. TS19—4E 47
Mosedale Rd. TS6—5F 55
Moses St. TS3—4C 52
Mosman Ter. TS3—4D 53
Mossbank Gro. DL1—3D 113
Mossdale Gro. TS14—4A 96
Mossmere. DL16—1B 98
Mosston Rd. TS19—4D 47
Moss Wlk. TS6—3E 89
Moss Way. TS18—5F 69
Mosswood Cres. TS5—5C 72
Motherwell Rd. TS25—1B 14
Moule Clo. DL5—2D 109
Moulton Gro. TS19—5B 46
Moulton Way. DL1—3D 117

Mountbatten Clo. TS24—1A 8
Mount Gro. TS20—4C 32
Mt. Leven Rd. TS15—3F 95
Mt. Pleasant. TS13—2A 66
(off Front St.)
Mt. Pleasant Av. TS11—5E 45
Mt. Pleasant Clo. DL16—2E 99
Mt. Pleasant Ct. DL16—2E 99
Mt. Pleasant Rd. TS20—2C 48
Mt. Pleasant View. DL16—2E 99
Mountston Clo. TS26—3B 6
Mount, The. TS6—3D 77
Mowbray Dri. TS8—3E 89
Mowbray Gro. TS19—2B 46
Mowbray Rd. TS20—2C 48
Mowbray Rd. TS25—1B 14
Mowden Clo. TS19—3E 47
Mowden Hall Dri. DL3—5C 110
Mowden St. DL3—5A 112
Mowden Ter. DL3—5A 112
Mowden Wlk. DL3—5B 110
Muirfield. TS7—4B 92
Muirfield Clo. TS11—2B 60
Muirfield Clo. TS27—4A 4
Muirfield Rd. TS16—5D 85
Muirfield Way. TS4—4B 74
Muir Gro. TS25—1B 14
(in two parts)
Muker Gro. TS19—1B 68
Mulgrave Ct. DL5—3E 107
Mulgrave Rd. TS14—1E 97
Mulgrave Rd. TS5—2F 73
Mulgrave Rd. TS20—2B 48
Mulgrave Rd. TS26—5D 7
Mulgrave Wlk. TS6—5A 56
(off Birchington Av.)
Mulgrave Wlk. TS10—2C 42
Mulheim Clo. DL3—3D 111
Mullroy Rd. TS25—5A 10
Munro Gro. TS25—1B 14
Murdock Rd. TS4—4A 54
Muriel St. TS1—5A 52
Muriel St. TS10—4E 29
Muriel St. TS13—5F 65
Murphy Cres. DL14—4B 102
Murray Av. DL14—4B 102
Murrayfield Way. DL1—5F 113
Murray St. TS26—4E 7
Murray Wlk. DL3—1B 114
Murton Clo. DL5—5F 109
Murton Ct. TS17—2C 86
Murton Gro. TS22—1C 32
Murton Scalp Rd. TS12—5C 80
Museum Rd. TS24—4F 7
Musgrave St. TS24—5B 8
Musgrave Ter. TS22—3D 19
Musgrave Wlk. TS24—5A 8
Muston Clo. TS5—5F 73
Myrddin-Baker Rd. TS6—5F 55
Myrtle St. TS17—3D 71
Myrtle Gdns. DL1—1B 112
Myrtle Gro. TS17—3D 71
Myrtle Rd. TS16—2D 85
Myrtle Rd. TS19—3A 48
Myrtle St. TS1—4A 52
Myton Wlk. TS8—3E 89
(in two parts)

Nab Clo. TS6—2F 77
Nairn Clo. DL1—2F 113
Nairnhead Clo. TS8—4E 89
Nantwich Clo. TS8—4E 89
Napier St. DL3—2F 115
Napier St. TS5—5F 51
Napier St. TS20—2C 48

Naseby Ct. TS12—5D 65
Naseby St. TS23—4B 20
Nash Gro. TS25—3C 10
Navenby Gro. TS25—2B 14
Navigation Ho. TS24—4B 8
(off Warrior Quay)
Naylor Rd. TS21—5C 118
Neale St. DL17—3B 100
Neasham Av. TS7—3E 91
Neasham Av. TS23—3A 20
Neasham Clo. TS18—5C 48
Neasham Dri. DL1—5C 116
Neasham La. TS9—2E & 3E 119
Neasham Rd. DL1 & DL2
—3C 116
Nebraska Clo. DL1—3C 112
Nederdale Clo. TS15—5C 94
Needles Clo. TS10—4C 42
Neile Rd. DL5—4F 107
Nelson Ct. TS2—2D 51
Nelson Ct. TS6—2B 54
Nelson Sq. TS20—5C 32
Nelson St. DL14—2C 102
Nelson St. DL17—4F 101
Nelson St. TS6—2A 54
Nelson St. TS24—1B 12
Nelson St. Ind. Est. TS6—2B 54
Nelson Ter. DL1—3B 116
Nelson Ter. TS10—4C 28
Nelson Ter. TS18—5B 48
Nesbyt Rd. TS24—4D 5
Nesham Av. TS5—1C 72
Nesham Rd. TS1—4D 51
Nesham Rd. TS24—2D 9
Nestfield St. DL1—5C 112
(in two parts)
Netherby Clo. TS15—3F 95
Netherby Ga. TS26—3C 6
Netherby Grn. TS3—3F 75
Netherby Rise. DL3—2D 115
Netherfield Ho. TS3—2B 76
Netherfields Grn. TS3—2B 76
Netley Gro. TS3—3A 76
Nevada Gdns. DL1—3C 112
Neville Clo. DL16—2E 99
Neville Gro. TS14—4C 96
Neville Pde. DL5—1E 109
Neville Rd. DL3—2D 115
Neville Rd. TS18—3B 50
Neville's Ct. TS5—3E 73
Newark St. TS25—2B 14
Newark Wlk. TS20—2D 49
Newbank Clo. TS7—5C 76
Newbiggin Rd. TS23—3F 19
Newbridge Ct. TS5—4F 73
Newbrook. TS12—2C 80
Newburgh Ct. DL16—1B 98
Newburn Bri. Ind. Est. TS25
—1B 12
Newburn Ct. DL5—5D 107
Newbury Av. TS5—2C 72
Newbury Rd. TS12—5C 64
Newbury Way. TS23—4A 20
Newby Clo. TS5—4F 73
Newby Ct. TS17—4E 71
Newby Ho. TS4—2B 74
Newcomen Ct. TS10—3C 28
Newcomen Grn. TS4—1B 74
Newcomen Gro. TS10—4D 29
Newcomen Rd. TS6—4A 54
Newcomen St. DL17—2B 100
Newcomen Ter. TS10—3C 28
Newcomen Ter. TS13—4C 66
New Company Row. TS13
—1B 66
Newfield Cres. TS5—1C 88

Newfoundland St. DL3—5F 111
Newgate. TS6—1A 78
Newgate Centre. DL14—1D 103
Newgate St. DL14—2D 103
New Gro. Ter. TS13—1B 66
Newham Av. TS5—4E 73
Newham Cres. TS7—3E 91
Newham Grange Av. TS19
—4F 47
Newham Way. TS8—3A 90
Newhaven Clo. TS8—4E 89
Newhaven Ct. TS24—5A 8
Newholme Ct. TS14—2D 97
Newholm Way. TS10—2C 42
(in two parts)
Newick Av. TS3—1E 75
Newington Rd. TS4—3B 74
Newlands Av. DL4—4C 104
Newlands Av. DL14—3C 102
Newlands Av. TS20—1C 48
Newlands Av. TS26—1D 11
Newlands Gro. TS10—1C 42
(in three parts)
Newlands Rd. DL3—5D 111
Newlands Rd. TS1—4B 52
Newlands Rd. TS12—3B 80
Newlands Rd. TS16—1C 94
New La. DL5—4A 108
Newley Ct. TS3—2B 76
Newlyn Grn. TS3—3F 75
Newmarket Rd. TS10—2E 43
Newport Ct. DL1—4F 113
Newport Cres. TS1—3F 51
Newport Ind. Est. TS1—4E 51
Newport Rd. TS1—4D to 3F 51
Newport Rd. TS5—4C 50
Newport Way. TS1—3D 51
Newquay Clo. TS8—4E 89
Newquay Clo. TS26—3C 6
New Rd. TS14—3E 97
New Rd. TS23—5E 33
New Row. DL14—1D 105
New Row. TS14—5E 59
Newsam Cres. TS16—5C 84
Newsam Rd. TS16—5C 84
Newstead Av. TS19—3E 47
Newstead Farm La. TS14
—3C 96
Newstead Rd. TS4—5B 52
New St. TS17—2D 71
Newton Av. TS19—4A 48
Newton Cap Bank. DL14
—1C 102
Newton Clo. TS6—2A 78
Newtondale. TS14—4A 96
Newton Dri. TS17—2D 87
Newton Gro. TS22—5C 18
Newton Gro. TS25—5E 11
Newton La. DL2 & DL3
—1A to 5C 110
Newton Mall. TS1—3F 51
(off Cleveland Centre)
Newton Rd. TS9—3B 120
Newton Rd. TS10—2C 42
Newton St. DL17—2B 100
Nicholas Ho. TS2—2F 51
(off Suffield St.)
Nicholson Way. TS24—4C 4
Nicklaus Dri. TS16—4D 85
Nickstream La. DL3—4C 110
Nightingale Av. DL1—3D 113
Nightingale Rd. TS6—5E 55
Nightingale Wlk. TS20—4B 32
Nile St. TS2—2F 51
Nimbus Clo. TS7—1D 91
Ninefields. DL14—2C 102

Nolan Ho. TS18—4B 48
Nolan Pl. TS18—4B 48
Nookston Clo. TS26—3B 6
Norbury Rd. TS20—1A 48
Norcliffe St. TS3—4D 53
Norfolk Clo. TS10—1C 42
Norfolk Clo. TS12—1B 80
Norfolk Clo. TS25—2F 11
Norfolk Cres. TS3—3A 76
Norfolk Pl. DL14—4D 103
Norfolk Pl. TS3—1D 75
Norfolk St. TS18—1A 70
Norfolk Ter. TS23—2A 34
Norham Wlk. TS7—4B 76
Normanby Ct. TS7—3D 91
Normanby Hall Pk. TS6—2D 77
Normanby Rd. TS6
—1B 54 to 2E 77
Normanby Rd. TS7—3B 76
Norman Ter. TS6—2A 54
N. Albert Rd. TS20—4B 32
Northallerton Rd. TS17—4E 71
Northampton Ho. TS6—4F 55
Northampton Wlk. TS25—1F 11
North Av. TS12—1C 62
N. Bank Cres. TS7—5C 76
N. Bondgate. DL14—1D 103
Northbourne Rd. TS19—3B 48
Northbrook Ct. TS26—1C 10
Northcliffe. DL14—5F 103
N. Close Rd. DL16—5B 98
Northcote St. TS18—2A 70
Northcote Ter. DL3—5F 111
North Cotts. DL5—3A 108
North Dri. DL16—5A 96
North Dri. TS7—4B 76
North Dri. TS26—4C 6
N. Eastern Ter. DL1—2B 116
N. End. TS21—4B 118
N. End Gdns. DL14—4E 103
Northern Rd. TS5—1C 72
Northern Route. TS5 & TS1
—1C 72 to 3E 51
Northfen. TS10—1C 42
Northfield Clo. TS9—3E 119
Northfield Dri. TS9—3E 119
Northfield Rd. TS11—4B 44
Northfield Rd. TS22—1D 33
Northfield Way. DL5—2C 108
Northfleet Av. TS3—5F 53
Northgate. DL1—2A & 1A 116
Northgate. TS14—2E 97
Northgate. TS24—1C 8
Northgate Rd. TS5—3E 73
North Grn. TS18—2B 70
Northiam Clo. TS8—3E 89
Northland Av. TS26—1D 11
Northleach Dri. TS8—4E 89
N. Liverton Ind. Est. TS13
—5B 66
N. Lodge Ter. DL3—1A 116
N. Ormesby By-Pass. TS3
—3C 52
N. Ormesby Rd. TS4—3B 52
Northpark. TS23—3F 19
N. Park Rd. TS21—4B 118
Northport Rd. TS18—4D 49
N. Rise. DL3—3B 112
North Rd. DL1—4A to 1B 112
North Rd. DL16—1E 99
North Rd. TS2—2E 51
North Rd. TS9—4D 119
North Rd. TS13—4D 67
North Rd. TS25—4C 12
North Row. DL5—5F 109
North Row. TS6—4D 57

N. Skelton Rd. TS12—1E 81
N. Slip Rd. TS6—3E 55
North St. DL16—3C 98
North St. DL17—2C 100
North St. TS2—1A 52
North St. TS6—2B 54
North St. TS18—5B 48
(off Bishopton La.)
N. Tees Ind. Est. TS18—3B 50
North Ter. DL4—2C 104
North Ter. DL5—5F 109
North Ter. TS10—4D 29
North Ter. TS12—1B 80
North Ter. TS13—3D 67
Northumberland Av. DL14
—3C 102
Northumberland Gro. TS20
—4A 32
Northumberland Gro. TS25
—2F 11
Northumberland Rd. TS17
—4D 71
Northumberland St. DL3
—2F 115
Northumberland Wlk. TS25
—2F 11
N. View. TS6—1A 78
Northwold Clo. TS25—2C 14
N. Wood. TS5—4E 73
Norton Av. TS20—1A 48
Norton Ct. TS20—3C 48
Norton Dri. TS19—3B 46
Norton Rd. TS18 & TS20
—5C to 1C 48
Norton Rd. TS20—5D 33
Norwich Av. TS19—3D 47
Norwich Gro. DL1—3F 113
Norwich Rd. TS5—1F 73
Norwich Rd. TS10—2A 44
Norwood Clo. TS19—4C 46
Norwood Rd. TS3—1B 76
Nottingham Dri. TS10—1F 43
Nottingham Wlk. TS25—1F 11
Nuffield Ct. DL1—3C 112
Nuffield Rd. TS23—1B 34
Nugent Av. TS1—4D 51
Nuneaton Dri. TS8—4E 89
Nunnery Clo. DL3—1C 114
Nunnery La. DL3
—2A 114 to 1D 115
Nunnington Clo. TS17—5C 86
Nuns Clo. DL14—5E 103
Nuns St. TS24—2D 9
Nunthorpe By-Pass. TS7
—5C 92
Nursery Gdns. TS15—5E 95
Nursery La. TS5—1D 73
Nursery La. TS18—1F 69
Nutfield Clo. TS8—4E 89
Nut La. TS4—5B 52
Nutley Rd. TS23—1A 34

Oak Av. TS7—2F 91
Oakdale. TS7—3C 76
Oakdale Rd. TS11—2A 60
Oakdene Av. DL3—3F 115
Oakdene Av. TS18—3F 69
Oakdene Clo. TS6—2E 77
Oakenshaw Dri. TS5—1D 89
Oakesway. TS24—1E 7
Oakfield. DL5—1C 108
Oakfield Av. TS16—4C 84
Oakfield Clo. TS16—4C 84
Oakfield Rd. TS3—5C 52
Oak Gro. TS24—2D 7

Oakham Grn. TS20—2D 49
Oak Hill. TS8—3D 91
Oakhurst Clo. TS17—5D 87
Oakhurst Rd. DL3—1E 115
Oakland Av. TS25—3E 11
Oakland Gdns. DL1—1B 112
Oaklands. TS9—3A 120
Oaklands Av. TS20—1C 48
Oaklands Rd. TS6—3E 77
Oaklands Ter. DL3—1F 115
Oak Lea. DL4—3E 105
Oaklea Clo. TS20—5B 32
Oaklea Ct. DL1—3F 115
Oaklea Ter. DL14—3D 103
Oakley Clo. TS8—3E 89
Oakley Clo. TS14—5E 97
Oakley Gdns. TS24—3E 7
Oakley Wlk. TS6—2F 55
Oakridge. TS7—3C 76
Oak Rise. TS7—3C 76
Oak Rd. TS10—5F 29
Oak Rd. TS12—3B 64
Oak Rd. TS14—2D 97
Oak Rd. TS16—1E 85
Oaksham Dri. TS23—3F 19
Oaks, The. DL3—1D 115
Oaks, The. DL5—2E 107
Oaks, The. TS8—3E 89
Oak St. TS3—3E 53
Oak St. TS6—2B 54
Oak Ter. DL14—3D 103
Oak Ter. DL16—3B 98
Oak Tree Cres. TS21—3B 118
Oaktree Gro. TS18—3C 68
Oak Wlk. TS13—3C 66
Oakwell Gdns. TS20—5B 32
Oakwell Rd. TS20—5B 32
Oakwood Ct. TS7—3A 92
Oakworth Grn. TS4—3B 74
Oatfields Ct. TS6—2F 77
Oatlands Gro. TS13—2F 67
Oban Av. TS25—2E 11
Oban Ct. DL1—2E 113
Oban Rd. TS3—1E 75
Oberhausen Mall. TS1—3F 51
Occupation Rd. TS6—2A 78
Ocean Rd. TS24—3A 4
Ochil Ter. TS23—2F 33
Offerton Dri. TS8—3F 89
Office Row. DL14—1D 105
O'Hanlan St. DL16—2C 98
Okehampton Dri. TS7—2C 92
Oldbury Gro. TS8—3F 89
Old Cemetery Rd. TS24—1A 8
Old Convent Gdns. TS4—1B 74
Oldford Cres. TS5—5D 73
Oldgate. TS6—1B 78
Oldham Clo. TS12—4C 80
Oldham St. TS12—4C 80
Old Middlesbrough Rd. TS6
—3A 54
Old Middlesbrough Rd. TS14
—2A 96
Old Rd. TS23—5E 33
Old Row. TS6—1A 78
Old Station Rd. TS6—1A 54
Oldstead Ct. TS8—3E 89
Old Stokesley Rd. TS7—5C 92
Oliver St. TS5—1E 73
Oliver St. TS6—3B 54
Oliver St. TS10—5E 29
Olive St. TS24—2D 9
Olney Wlk. TS3—3E 75
Olympic St. DL3—5E 111
Ontario Cres. TS10—1D 43
Orchard Clo. TS9—2B 120

Orchard Clo. TS14—3E 97
Orchard Clo. TS21—4C 118
Orchard Gro. TS6—1E 77
Orchard Rd. DL3—5E 111
Orchard Rd. TS5—2E 73
Orchard Rd. TS10—5D 29
Orchard Rd. TS17—5C 70
Orchard Rd. TS19—5C 46
Orchard, The. TS21—4C 118
(in two parts)
Orchard Way. DL4—3D 105
Orchard Way. TS7—4B 76
Ordsall Grn. TS3—3F 75
Oriel Clo. TS5—3E 73
Oriel Ct. DL1—3C 112
Orkney Wlk. DL1—2E 113
Orkney Wlk. TS14—4C 96
Orlands, The. DL5—5F 109
Orleans Gro. TS7—2F 91
Ormesby Bank. TS7—5B 76
Ormesby Rd. TS3
—5D 53 to 4F 75
Ormesby Rd. TS6—2D 77
Ormesby Rd. TS25—5E 11
Ormonde Rd. TS20—2B 48
Ormston Av. TS3—3F 75
Oronsay Wlk. DL1—2E 113
Orpington Rd. TS3—3F 75
Orton Gro. TS22—1C 32
Orwell Clo. TS12—5D 63
Orwell Gdns. TS19—1C 68
Orwell St. TS1—4D 51
Orwell Wlk. TS25—3C 10
Osbert Pl. DL5—3D 107
Osborne Clo. DL3—1D 115
Osborne Rd. DL16—4B 98
Osborne Rd. TS5—1E 73
Osborne Rd. TS18—2A 70
Osborne Rd. TS26—5E 7
Osborne St. DL4—3B 104
Osborne Ter. DL17—3E 101
Osbourne Clo. TS8—3E 89
Osprey Clo. TS14—3A 96
Osprey Clo. TS20—3C 32
Osric Pl. DL5—4D 107
Ostler Clo. TS17—4C 86
Oswald Pl. DL17—2C 100
Oswestry Grn. TS4—1C 90
Otley Av. TS3—3F 75
Otley St. DL4—4C 104
Otley Ter. DL3—4A 112
Ottawa Rd. TS4—1B 74
Otterburn Clo. DL1—3D 113
Otterburn Gdns. TS5—2E 89
Otterburn Way. TS23—4A 20
Otterhill Ct. TS8—3E 89
Otterpool Clo. TS24—1F 7
Otter Way. TS17—4D 87
Oughton Clo. TS15—4F 95
Oulston Rd. TS18—1E 69
Ouseport Rd. TS18—4D 49
Ouston St. TS24—5F 7
Outhwaite St. TS5—5D 51
Outram St. DL3—1F 115
Outram St. TS1—4E 51
Outram St. TS18—1B 70
Oval Grange. TS26—4C 6
Oval, The. DL4—2C 104
Oval, The. TS5—2D 89
Oval, The. TS26—5D 7
Overbrook. TS9—4A 120
Overdale. TS14—4A 96
Overdale Clo. TS10—4D 43
Overdale Rd. TS3—2D 75
Overmans Cotts. TS13—2B 66
Owens Rd. TS6—3A 54

Owen St. DL17—3B 100
Owington Gro. TS23—3B 20
Owton Clo. TS25—5D 11
Owton Manor La. TS25
—5B 10 to 5E 11
Oxbridge Av. TS18
—1E 69 & 5E 47
Oxbridge La. TS18—1E 69
Oxbridge Ind. Est. TS18—5A 48
Oxbridge La. TS19 & TS18
—1D 69 to 1A 70
Ox Clo. Cotts. TS12—1B 62
Ox Clo. Cres. DL16—2C 98
Oxclose La. DL3—4B 110
Oxfield. TS8—3C 90
Oxford Rd. DL16—3C 98
Oxford Rd. TS5—2C 72
Oxford Rd. TS17—3D 71
Oxford Rd. TS25—2C 10 to 2F 11
Oxford St. DL1—1A 116
Oxford St. DL4—4C 104
Oxford St. TS1—5E 51
Oxford St. TS12—4C 80
(Boosbeck)
Oxford St. TS12—2D 63
(Saltburn)
Oxford St. TS25—2F 11 & 2A 12
Oxford Ter. DL14—2D 103
Oxgang Clo. TS10—4D 43
Oxley St. TS10—4E 29

Paddock, The. DL5—2E 107
Paddock, The. TS8—5C 92
Paddock, The. TS16—3D 85
Paddock Wood. TS8—3B 90
Padstow Clo. TS26—3B 6
Page Gro. DL16—4A 98
Paignton Clo. TS8—1C 90
Paignton Dri. TS25—1D 15
Palladium Bldgs. TS4—2A 74
Pallister Av. TS3—5F 53
Pallister Ct. TS3—4A 54
Palmer Rd. DL5—1F 109
Palmerston Ct. TS17—3D 71
Palmerston Rd. TS18—5B 48
Palmer St. TS1—4F 51
Palmer Wlk. TS16—4E 85
Palm Gro. TS19—5C 46
Palm St. TS1—4A 52
Palm Ter. TS2—5F 35
Panmore Wlk. TS16—4D 85
Pannal Clo. TS11—2A 60
Pannal Wlk. TS16—4D 85
Pannel Clo. TS27—4A 4
Pannell Av. TS5—3C 72
Pannell Pl. TS27—4A 4
Parade, The. TS26—5C 6
Paris Pl. TS7—1D 91
Park Av. TS6—5C 54
Park Av. TS10—4E 29
Park Av. TS17—3E 71
Park Av. TS26—4C 6
Park Av. N. TS3—3A 76
Park Av. S. TS3—3B 76
Park Ct. TS10—1F 41
Park Cres. DL1—4B 116
Parkdale Way. TS5—4F 73
Park Dri. TS19—2E 47
Park Dri. TS26—5B 6
Parker Ter. DL17—3C 100
Parkfield Av. TS5—4E 73
Parkfield Rd. TS18—2B 70
Parkfield Way. TS18—2B 70
Parkgate. DL1—2B 116
Parkgate. TS6—1B 78

Parkinson Ho. TS1—3A 52
(off Albert M.)
Parkin St. TS18—5B 48
Parkland Dri. DL3—1B 114
Parkland Gro. DL3—1B 114
Parklands. TS3—1E 75
Parklands Av. TS23—4E 33
Parklands Clo. TS3—1E 75
Parklands, The. TS10—3D 43
(in three parts)
Parklands Way. TS26—5A 6
Park La. DL1—3B & 4B 116
Park La. TS1—5F 51
Park La. TS13—2F 67
Park La. TS14—3C 96
Park M. TS26—5C 6
Park Pde. DL16—2C 98
Park Pl. DL1—3B 116
Park Rise. TS9—4B 120
Park Rd. TS5—5F 51
Park Rd. TS12—5B 64
Park Rd. TS17—5D 71
Park Rd. TS18—2A 70
Park Rd. TS26 & TS24—5D 7
Park Rd. N. TS1—5F 51
(in two parts)
Park Rd. S. TS5 & TS4—1F 73
Parkside. DL1—4F 115 to 4C 116
Parkside. DL16—2B 98
Park Side. TS3—3F 75
Parkside. TS14—2D 97
Parkside. TS21—5A 68
Park Sq. TS9—4B 120
Park Sq. TS26—4D 7
Parkstone Clo. TS11—2B 60
Parkstone Gro. TS24—4B 4
Parkstone Pl. TS16—5D 85
Park St. DL14—1D 103
Park St. TS1—3F 51
Park Ter. TS12—5B 64
Park Ter. TS13—4C 66
(in two parts)
Park Ter. TS17—3D 71
Park Ter. TS18—1C 70
Park, The. TS22—3D 19
Park Vale Rd. TS4—5A 52
Park View. TS15—5C 94
Park View. TS18—2A 70
Park View. TS21—5B 118
Park View Ind. Est. TS25—5F 11
Parkview Rd. E. TS25—5A 12
Parkview Rd. W. TS25—4F 11
Park View Ter. TS14—3D 97
Parkway Dri. TS6—3E 77
Parkway Gro. TS3—1E 75
Parkway Shopping Centre, The.
TS8—4C 90
Parkway, The. TS12—1B 62
Parkway, The. TS17, TS8, TS7 &
TS6—3B 88 to 1B 78
Parkwood Dri. TS18—3E 69
Parkwood Precinct. DL16
—3C 98
Parliament Clo. TS18—2B 70
Parliament Rd. TS1—4D 51
Parliament St. TS18—2B 70
Parliament Wlk. TS18—2B 70
Parrington Pl. TS6—4D 92
Parsons Ct. DL17—3B 100
Parton St. TS24—3E 7
Partridge Av. TS5—1D 89
Partridge Clo. TS17—5C 86
Passfield Cres. TS6—2C 54
Pasture Clo. TS11—4B 44
Pasture La. TS6—2C 56 to 4D 57
Pasture Rows. DL14—1D 105

Pastures, The. TS8—5D 91
Pateley Clo. DL5—5C 106
Pateley Moor Cres. DL1
—5D 117
Patten La. TS14—2E 97
Patten St. TS6—2E 77
Patterdale Av. TS5—4D 73
Patterdale Av. TS19—4F 47
Patterdale St. TS25—2F 11
Pattison St. DL1—3C 116
Paulinus Rd. DL5—1D 109
Pauntley Dri. TS5—2D 89
Paxton Clo. TS18—4C 48
Paxton St. DL17—3A 100
Peabody St. DL3—3B 112
Peace Haven. DL17—3E 101
Peakston Clo. TS26—3B 6
Pearl Rd. TS17—4E 71
Pearl St. DL4—3B 104
Pearl St. TS1—4F 51
Pearl St. TS12—1D 63
Pearson Clo. TS18—2B 70
Pearson St. DL16—3F 99
Pearson St. TS1—3D 51
Pearson Ville Pl. TS9—3B 120
Pearson Vile. TS18—2B 70
(off Pearson Clo.)
Pear's Ter. DL4—4D 105
Peartree Ct. TS11—1B 60
Pease St. TS12—5F 81
Pease Way. DL5—1C 108
Peaton St. TS3—4D 53
Peebles Av. TS25—2E 11
Peebles Ct. DL1—2F 113
Peel Clo. DL1—2C 116
(in two parts)
Peel Clo. TS14—2D 103
Peel St. TS1—4F 51
Peel St. TS17—3D 71
Pegman Clo. TS14—1F 97
Peirson Ct. TS10—4C 28
Peirson St. TS10—4C 28
Pelham St. TS1—4F 51
Pelham St. TS24—3E 7
Pelton Clo. TS23—3E 19
Pemberton Cres. TS4—3B 74
Pemberton Rd. DL5—2E 107
Pembroke Ct. DL1—2B 116
Pembroke Gro. TS26—2C 6
Pembroke Rd. TS20—2B 48
Pembroke Way. TS10—1F 43
Penarth Wlk. TS26—2B 6
Pendle Cres. TS23—1F 33
Pendleton. DL1—4B 112
Pendleton Rd. DL1—3B 112
Pendock Clo. TS5—2E 89
Pendower St. DL3—5A 112
Penhill Clo. TS3—1D 75
Penhill Rd. TS18—2C 68
Penistone Rd. TS3—3F 75
Penllyn Way. TS8—3F 89
Pennard Grn. TS3—1F 75
Penney Yd. DL1—2A 116
Pennine Av. TS18—3A 50
Pennine Clo. DL3—1D 115
Pennine Cres. TS10—1C 42
Pennine Wlk. DL5—5B 106
Pennine Way. TS12—5D 63
Pennington Clo. TS23—4F 19
Penny La. TS18—2B 70
Pennyman Clo. TS6—2D 77
Pennyman Ct. TS3—3A 76
Pennyman St. TS3—3C 52
Pennyman Wlk. TS11—4E 45
Pennyman Way. TS8—4D 89

Pennypot La. TS16—1E 85
Penrhyn St. TS26—1F 11
Penrith Clo. TS10—2D 43
Penrith Rd. TS3—1E 75
Penrith St. TS24—1B 8
Penrose Ho. TS3—4F 53
(off Purfleet Av.)
Penryn Clo. TS12—5E 63
Pensbury St. DL1—3B 116
Pensby Av. TS4—1C 90
Penshaw Clo. TS17—5D 87
Penshaw Ct. TS23—3F 19
Penshurst Pl. TS23—5A 20
Pentilly St. TS24—2D 9
Pentland Av. TS10—3B 42
Pentland Av. TS12—5D 63
Pentland Av. TS23—2E 33
Pentland Gro. DL3—3B 114
Penton Ct. TS23—4F 19
Penwick Clo. TS15—5C 94
Percy Rd. DL3—2F 111
Percy St. DL14—4C 102
Percy St. TS1—4F 51
Percy St. TS18—2B 70
Percy St. TS26—3D 7
Perry Av. TS17—4E 87
Perth Cres. TS7—3E 91
Perth Gro. DL1—2B 113
Perth Gro. TS18—2E 69
Perth Gro. TS24—3E 7
Pert Rd. TS24—4C 4
Petch Clo. TS1—4E 51
Petch St. TS18—5B 48
Peterhouse Clo. DL1—4B 112
Petrel Cres. TS20—3B 32
Pevensey Clo. TS4—4B 74
Peverell Rd. DL14—4E 103
Peveril Rd. TS23—5E 19
Pheasant Clo. TS17—5C 86
Phillida Ter. TS5—1A 74
(in two parts)
Phillips Av. TS5—2F 73
Philpotts Wlk. DL5—4E 107
Phoenix Clo. TS25—1C 14
Phoenix Gdns. TS18—1E 69
Phoenix Pk. TS8—3F 89
Phoenix Pl. DL5—3D 107
Phoenix Sidings. TS19—5B 48
Phoenix Ter. DL4—2C 104
Phoenix Wlk. TS18—1E 69
Pickering Clo. TS25—5F 11
Pickering Rd. TS17—4F 71
Pickering St. TS23—4E 35
Picton Av. TS22—5C 18
Picton Cres. TS17—2C 86
Picton Pl. TS20—1C 48
Piercebridge Clo. TS19—3D 47
Pierremont Cres. DL3—1E 115
Pierremont Dri. DL3—1E 115
Pierremont Gdns. DL3—1E 115
Pierremont Rd. DL3—5E 111
Pikeston Clo. TS26—3B 6
Pilgrim St. TS24—1A 12
Pilkington St. TS3—4D 53
Pilmoor Grn. DL1—4D 117
Pilot Ho. TS24—4B 8
(off Warrior Quay)
Pilton Av. TS5—3C 72
Pineda Clo. TS5—3E 89
Pine Gro. DL3—3D 115
Pine Gro. TS20—2D 7
Pine Hill. TS8—4D 91
Pinehurst Way. TS11—2F 59
Pine Ridge Av. TS21—3B 118
Pine Rd. TS7—4C 76
Pine Rd. TS14—2D 97

Pinero Gro. TS25—3B 10
Pines, The. TS15—4D 95
Pine St. TS1—3A 52
Pine St. TS3—3E 53
Pine St. TS20—1C 48
Pine Tree Cres. DL4—3D 105
Pine Wlk. TS13—3C 66
Pinewood Av. TS4—3A 74
(in two parts)
Pinewood Clo. TS13—1F 67
Pinewood Clo. TS27—4A 4
Pinewood Rd. TS7—2A 92
Pinewood Rd. TS16—2D 85
Pinewood Wlk. TS9—2F 119
Piper Knowle Rd. TS19—1C 46
Pipit Clo. TS17—5C 86
Pippins, The. TS22—2D 19
Pirbright Gro. TS8—3F 89
Pirnmill View. TS19—4C 46
Planetree Ct. TS7—2F 91
Plantation Rd. TS10
(in two parts) —5B & 5C 42
Player Ct. TS16—4D 85
Playlin Clo. TS15—4F 95
Pleasant View. DL3—2A 112
Plumer Dri. TS20—5B 32
Plymouth Gro. TS26—2C 6
Plymouth Wlk. TS26—2C 6
Pochin Rd. TS6—2E 55
Polam La. DL1—3F 115 & 3A 116
Polam Rd. DL1—3F 115
Poldon Ter. TS23—2F 33
Pollard's Dri. DL14—3B 102
Pondfield Clo. DL3—3C 114
Pontac Rd. TS11—1B 60
Pope Clo. TS25—2B 10
Poplar Gro. TS6—4C 54
Poplar Gro. TS10—5F 29
Poplar Gro. TS12—4B 64
Poplar Gro. TS18—2A 70
Poplar Pl. TS14—2C 96
Poplar Rd. TS16—1C 94
Poplar Rd. TS17—3D 71
Poplars Rd. TS5—2F 73
Poplars, The. TS5—1E 73
Poplars, The. TS6—5C 88
Poplars, The. TS22—2D 19
Poplar Ter. TS2—5F 35
Porlock Rd. TS23—1D 33
Porrett Clo. TS24—4C 4
Port Clarence Rd. TS2—4E 35
Porter Clo. DL5—4F 107
Portland Clo. TS7—3D 91
Portland Clo. TS10—4C 42
Portland Clo. TS16—1D 95
Portland Gro. TS24—4B 4
Portland Pl. DL3—2F 111
Portmadoc Wlk. TS26—2B 6
Portman Rise. TS4—5E 97
Portman Rd. TS20—2B 48
Portman St. TS1—4F 51
Portrack Back La. TS20—2E 49
Portrack Grange Clo. TS18
—4A 50
Portrack Grange Rd. TS18
—4F 49
Portrack Ind. Est. TS18
—5E 49 & 4A 50
Portrack La. TS18
—4C 48 to 3F 49
Portrush Clo. DL1—3E 113
Portrush Clo. TS4—4A 74
Portrush Clo. TS11—2A 60
Portsmouth Pl. DL1—4F 113
Portsmouth Rd. TS16—4A 84
Post Horn. DL5—4A 106

Post Ho. Wynd. DL3—2A 116
Potter Wlk. TS24—3F 7
Pottery St. TS17—3C 70
Potto Clo. TS15—3F 95
Pounder Pl. TS24—1D 7
Powburn Clo. TS19—3B 46
Powell St. TS26—1E 11
Powlett Rd. TS24—2E 7
(in two parts)
Powlett St. DL3—2F 115
Prebend Row. DL1—2A 116
Preen Dri. TS5—4C 72
Premier Pde. TS19—1B 68
Premier Rd. TS3—1E 75
Premier Rd. TS7—5B 76
Premier Rd. TS19—5D 47
Prescot Rd. TS3—3A 76
Prescott St. DL1—5C 112
Preston Farm Business Pk.
                    TS18—4A 70
Preston Farm Ind. Est. TS18
                    —5F 69
Preston La. TS18
          —5E 69 & 1A 85
Preston Rd. DL5—3C 108
Preston Rd. TS18—1D 69
Preston St. TS26—4E 7
Prestwick Clo. TS4—4B 74
Prestwick Ct. TS16—5D 85
Preswick Clo. TS11—3A 60
Price Av. DL14—5B 102
Price Av. TS5—3C 72
Price Rd. TS10—2F 41
Priestcrofts. TS11—4F 45
Priestfield Av. TS3—4F 75
Priestgate. DL1—2A 116
Priestman Rd. DL5—5C 106
Primitive St. DL4—3C 104
Primrose Clo. TS14—3B 96
Primrose Cotts. TS12—2D 63
Primrose Hill. DL14—3A 102
Primrose Hill. TS13—2B 66
Primrose St. DL3—2F 115
Primrose St. TS19—4A 48
Prince Pl. TS10—4D 29
Princeport Rd. TS18—4D 49
Prince Regent St. TS18—1B 70
Princes Rd. TS1—4E 51
Princes Rd. TS12—2D 63
Princess Av. TS18—4C & 5C 48
Princess Ct. DL16—3B 98
Princes Sq. TS17—3E 87
Princess Rd. DL3—1A 112
Princess St. DL1—3B 116
Princess St. DL4—3B 104
Princess St. DL16—3B 98
Princess St. TS2—2F 51
Princess St. TS17—2D 71
Princess St. TS24—2E 9
Prince's St. DL14—2C 102
Prior Ct. TS23—4B 20
Prior Dene. DL3—5D 111
Priors Path. DL17—2D 101
Prior St. DL3—5D 111
Priory Clo. TS14—2E 97
Priory Ct. TS20—5C 32
Priory Dri. TS8—5D 89
Priory Gdns. TS20—5C 32
Priory Gro. DL14—4F 103
Priory Gro. TS10—4B 28
Priory Pl. TS1—3F 51
Priory Rd. TS5—3B 72
Priory St. TS1—3F 51
Prissick Farm Cotts. TS4
                    —5D 75
Prissick St. TS24—3D 9

Pritchett Rd. TS3—3A 76
Proctors Ct. TS25—5C 12
Progress Way. DL1—5A 112
Promenade. TS24—3E 9
Prospect Pl. DL3—3F 111
Prospect Pl. TS12—5F 81
(Lingdale)
Prospect Pl. TS12—2B 80
(Skelton)
Prospect Pl. TS14—3D 97
Prospect Pl. TS20—2C 48
Prospect Ter. TS6—1A 78
Propoot Tor. TS11—4D 45
Prospect Ter. TS12—5F 81
Prospect, The. TS5—3F 73
Prospect Way. TS25—5F 11
Protear Gro. TS20—3D 33
Proudfoot Dri. DL14—5C 102
*Pudsey Ho. TS24—2D 9
(off Union St.)*
Pudsey Wlk. DL5—2F 109
Pulford Rd. TS20—1A 48
*Punch Bowl Yd. DL3—2A 116
(off Skinnergate)*
Punch St. TS1—4D 51
Purfleet Av. TS3—4F 53
Pursglove Ter. TS14—2E 97
Purves Pl. TS24—5E 5
Pym St. TS6—3B 54
Pytchley Rd. TS14—4E 97

Quaker La. DL1—3A 116
Quantock Clo. DL1—3C 112
Quarry Bank Rd. TS11
                    —4D 61
Quarry Clo. DL17—3E 101
Quarry Dri. TS8—5D 89
Quarry La. TS11—2E 61
Quarry Rd. TS16—2E 85
Quarry St. DL4—3C 104
Quebec Gro. TS4—1B 74
Quebec Gro. TS23—4F 19
Quebec Rd. TS18—3E 69
Quebec St. DL1—2A 116
Queen Anne Ter. TS18—2E 69
Queens Av. TS17—2D 71
Queensbury Av. TS26—1D 11
Queensbury Clo. TS16—4B 42
Queens Dri. TS9—3F 119
Queens Dri. TS21—5A 18
Queens Dri. TS22—5D 19
Queensland Av. TS10—5E 29
Queensland Gro. TS18—2E 69
Queensland Rd. TS25—5E 11
Queensport Clo. TS18—4E 49
Queen's Rd. DL14—2E 103
Queens Rd. TS5—1E 73
Queens Rd. TS13—4B 66
Queens Sq. TS2—2A 52
Queen's Ter. TS2—2A 52
(Middlesbrough)
Queen's Ter. TS2—5A 36
(Port Clarence)
Queen St. DL3—2A 116
Queen St. DL4—2C 104
Queen St. TS6—4D 57
(Lazenby)
Queen St. TS6—3B 54
(South Bank)
Queen St. TS10—4C 28
Queen St. TS12—4C 80
(in two parts)
Queen St. TS13—2A 66
Queen St. TS18—5C 48

Queen St. TS24—2E 9
(Croft on Heugh)
Queen St. TS24—1A 12
(Hartlepool)
Queen St. TS24—3B 8
(Middleton)
Queen St. TS25—4C 12
Queen's Wlk. TS18—5C 48
Queensway. DL4—3E 105
Queensway. TS3—4F 53
Queensway. TS12—2B 62
Queensway. TS23—1E 33
(in two parts)
Queensway. TS25—4C 14
Queen Ter. TS25—5C 12
Quenby Rd. TS23—5F 19
Quorn Clo. TS14—4E 97

Raby Dri. DL5—3E 107
Raby Gdns. DL4—3C 104
Raby Gdns. DL14—3D 103
Raby Gdns. TS24—3D to 2E 7
Raby Rd. DL17—2D 101
Raby Rd. TS10—1F 43
Raby Rd. TS18—1E 69
Raby Rd. TS24—2E to 5F 7
Raby Sq. TS3—3E 7
Raby St. DL3—2F 115
Raby St. TS24—3D 9
Raby Ter. DL3—2A 116
Raby Way. DL16—3D 99
Race Ter. TS9—4A 120
Radcliffe Av. TS19—1F 47
Radcliffe Ter. TS24—2E 9
Radford Clo. TS19—5E 31
Radlett Av. TS19—2D 101
Radnor Clo. TS19—1F 47
Radnor Grn. TS3—3F 75
Radnor Gro. TS26—2B 5
Radstock Av. TS19—1F 47
Radyr Clo. TS19—5D 31
Raeburn St. TS26—4D 7
Rafton Dri. TS27—8B 4
Raglan Clo. TS19—5D 31
Raglan Ter. TS23—1F 33
Ragpath La. TS19—5E 31
Ragworth Pl. TS20—5B 32
Ragworth Rd. TS20—5B 32
Railway Cotts. DL17—4E 101
Railway Cotts. TS7—3C 92
Railway Cotts. TS12—4D 63
Railway Cotts. TS13—5F 65
(Carlin How)
Railway Cotts. TS13—5E 67
(Loftus)
Railway Cotts. TS13—2B 66
(Skinningrove)
Railway Cotts. TS16—1C 94
Railway Pl. TS6—3E 55
Railway St. DL14—2D 103
Railway St. TS16—4C 48
Railway Ter. DL4—4C 104
Railway Ter. DL14—3D 103
Railway Ter. TS10—4D 29
(in two parts)
Railway Ter. TS12—5C 64
(Brotton)
Railway Ter. TS12—1A 82
(Skelton)
Railway Ter. TS13—5E 67
(East Loftus)
Railway Ter. TS13—4C 66
(Loftus)
Railway Ter. TS16—3D 85
Railway Ter. TS17—2D 71

Raine St. DL14—1C 102
Raine Wlk. DL5—1E 109
Rainford Av. TS19—1F 47
Rainham Clo. TS3—5B 54
Rainsford Cres. TS3—5B 54
Rainton Av. TS5—5D 73
Rainton Dri. TS17—2D 87
Rainton Gro. TS18—2B 68
Raisbeck Clo. TS11—4D 45
Raisby Clo. TS5—1C 88
Raisdale Clo. TS17—5E 71
Raisegill Clo. TS3—1C 74
Raithwaite Clo. TS14—2D 97
Raithwaite Ho. TS14—2D 97
Rake Av. TS19—5E 31
Raleigh Clo. TS11—5F 45
Raleigh Ct. TS2—2D 51
Raleigh Rd. TS20—2B 48
Raleigh Wlk. TS20—2B 48
Ralfland Way. TS7—4B 92
Rampside Av. TS19—5E 31
Ramsay Wlk. DL1—4D 113
Ramsbury Av. TS19—5E 31
Ramsey Cres. DL14—5A 102
Ramsey Cres. TS15—5C 94
Ramsey Dri. DL17—3A 100
Ramsey Pl. DL5—5F 107
Ramsey Rd. TS10—1A 42
Ramsey View. TS20—1D 49
Ramsey Wlk. TS14—4D 97
  (off Hutton La.)
Ramsgate. TS18—1B 70
Ramsgill. DL1—4C 116
Randolph St. TS12—2D 63
Ranulf Ct. DL5—4A 106
Raskelf Av. TS19—1E 47
Rathnew Av. TS19—5D 31
Ratten La. TS6—4C 56
Raunds Av. TS19—1E 47
Raven Clo. TS14—3A 96
Ravendale Rd. TS3—2A 76
Raven La. TS20—4B 32
Ravenscar Cres. TS19—2A 48
Ravenscroft Av. TS5—3F 73
Ravensdale. TS5—2C 88
Ravensdale Rd. DL3—4E 115
Ravensdale Wlk. DL3—4E 115
Ravensworth Av. DL14—4C 102
Ravensworth Av. TS6—1D 77
Ravensworth Cres. TS24—3B 4
Ravensworth Gro. TS18—2B 68
Ravensworth Rd. DL17—2E 101
Ravensworth Rd. TS23—1F 33
Ravenwood Clo. TS27—4A 4
Rawcliffe Av. TS5—2D 89
Rawley Dri. TS10—3B 42
Rawlinson Av. TS23—4F 33
Rawlinson St. TS13—2A 66
Raylton Av. TS7—3E 91
Reading Rd. TS20—2B 48
Rear W. La. DL14—5B 102
Rectory Av. TS14—3D 97
Rectory Clo. TS14—3D 97
Rectory La. TS14—3D 97
Rectory La. Ind. Est. TS14
—4D 97
Rectory Row. TS21—5B 118
Red Barnes Way. DL1—5E 113
Redbrook Av. TS19—5F 31
Redcar Av. TS11—4C 44
Redcar Av. TS19—1F 47
Redcar Clo. TS25—1E 11
Redcar La. TS10—4E 29 to 4E 43
Redcar Rd. TS6—2B 54
Redcar Rd. TS10 & TS11
—4F 43 to 4D 45

Redcar Rd. TS14—5D 59
  (Dunsdale)
Redcar Rd. TS14—2E 97
  (Guisborough)
Redcar Rd. TS17—4D & 4E 71
Redcar Rd. E. TS6—2C 54
Redcar St. TS2—2A 52
Redditch Av. TS19—1F 47
Rede Ho. TS1—3A 52
Redesdale Ct. TS2—5E 35
Red Hall Dri. DL1—5E 113
Redhill Rd. TS19—1E 47
Redland Clo . TS18—1B 68
Red Lion St. TS10—4D 29
Redmayne Clo. TS23—4F 19
Redmire Rd. TS18—1F 69
Redruth Av. TS19—1F 47
Redwing La. TS20—4C 32
Redwing Rising. TS14—3B 96
Redwood Clo. TS27—3A 4
Redwood Dri. TS12—2B 62
Redworth Gro. DL14—2F 103
Redworth Rd. DL3—4C 110
Redworth Rd. DL4—4C 104
Redworth Rd. TS23—1A 34
Redworth St. TS24—1A 12
Redworth Wlk. TS24—5A 8
Redworth Way. DL5—3D 109
Reed Clo. TS20—1D 49
Reedston Rd. TS26—3A 6
Reed St. TS17—2D 71
Reed St. TS24—5A 8
Reepham Clo. TS19—1D 47
Reethmoor Clo. DL1—3E 117
Reeth Pl. DL5—4C 106
Reeth Rd. TS5—3D 73
Reeth Rd. TS18—3D 69
Regal Ct. TS25—1D 17
Regal Dri. DL1—2C 112
Regency Av. TS6—3E 77
Regency Dri. TS25—4F 11
Regent Rd. TS4—3D 9
Regent Sq. TS24—3D 9
Regent St. DL4—3B 104
Regent St. DL14—1D 103
Regent St. TS10—4D 29
Regent St. TS18—5B 48
Regent St. TS24—3D 9
Reid St. DL3—5F 111
Reid Ter. TS14—2E 97
Reigate Av. TS5—3F 73
Reigate Clo. TS19—5E 31
Rembrandt Way. DL5—4E 109
Renfrew Rd. TS20—5C 32
Rennie Clo. DL1—2C 116
Rennie Rd. TS6—4A 54
Rennie St. DL17—3B 100
Rennie Wlk. DL1—2C 116
Renown Wlk. TS6—4C 54
Renvyle Av. TS19—5D 31
Repton Av. TS19—1E 47
Repton Rd. TS3—5B 54
Resolution, The. TS7—3B 92
Resource Clo. TS6—3C 54
Retford Clo. TS19—1F 47
Retford Gro. TS25—1C 14
Rettendon Clo. TS19—5F 31
Revesby Rd. TS3—2A 76
Reynoldston Av. TS19—5E 31
Rhondda Rd. TS19—1F 47
Rhoosegate. TS17—5F 71
Rhyl Clo. TS19—5E 31
Ribble Clo. TS22—4B 18
Ribble Dri. DL1—5A 116
Ribbleton Clo. TS7—3A 92

Ribchester Clo. TS19—5E 31
Riccall Ct. TS10—2C 42
  (off Hambleton Av.)
Riccarton Clo. TS19—5D 31
Richard Ct. DL1—4B 112
Richard Ct. TS26—5E 7
Richard Hind Wlk. TS18—3A 70
Richardson Av. DL14—5B 102
Richardson Rd. TS17—5C 70
Richardson Rd. TS18—2A 70
Richardson St. TS6—4E 7
Richardson Wlk. DL5—4F 107
Richards St. TS12—1F 81
Richard Ter. DL14—5F 103
Richmond Av. DL14—3B 102
Richmond Clo. DL3—3C 110
Richmond Clo. DL17—3A 101
Richmond Clo. TS6—1E 77
Richmond Cres. TS23—1F 33
Richmond Fields. DL16—3E 99
Richmond Rd. TS10—1F 43
Richmond Rd. TS18—2F 69
Richmond St. TS2—2F 51
Richmond St. TS18—4C 48
Richmond St. TS25—2F 11
Ricknall Av. DL5—3F 109
Ricknall Clo. TS26—2C 88
Ricknall La. DL5—1F 109
Ridge, The. TS12—3D 63
Ridgeway. DL3—2A 112
Ridgeway. DL5—2C 108
Ridgeway. TS8—4B 90
Ridley Av. TS5—3D 73
Ridley Ct. TS20—5B 32
Ridley Dri. TS20—5A 32
Ridley St. TS10—4D 29
Ridley's Yd. TS5—5C 32
Ridley Ter. TS13—1B 66
Ridley Ter. TS26—4E 7
Ridlington Way. TS24—4C 4
Ridsdale Av. TS19—1E 47
Ridsdale St. DL1—3C 116
Rievaulx Av. TS23—5D 19
Rievaulx Clo. TS19—5E 31
Rievaulx Ct. DL16—1B 98
Rievaulx Dri. TS5—4F 73
Rievaulx Rd. TS12—1E 81
Rievaulx Wlk. TS6—1E 77
Rievaulx Way. TS14—3F 97
Rifts Av. TS12—1C 62
Riftswood Dri. TS11—5C 44
Rigden Ho. TS2—2F 51
  (off Silver St.)
Riggston Pl. TS26—3B 6
Rigg, The. TS15—5D 95
Riley St. TS18—1A 70
Rillington Clo. TS19—5D 31
Rillston Clo. TS26—4B 6
Rimdale Dri. TS19—4B 46
Rimswell Pde. TS19—4C 46
Rimswell Rd. TS19—3B 46
Ring Rd., The. TS19 & TS20
—3F 47
Ringway. TS17—5F 71
Ringwood Cres. TS19—1F 47
Ringwood Rd. TS3—1B 76
Ripley Ct. TS3—5B 54
Ripley Rd. TS20—4A 32
Ripon Clo. TS19—1E 47
Ripon Dri. DL1—4C 116
Ripon Rd. TS7—2C 92
Ripon Rd. TS10—1A 44
Ripon Rd. TS12—4D 65
Ripon Way. TS6—5F 55
Rise, The. DL3—3E 115
Rise, The. TS7—3B 92

Rishton Clo. TS19—1E 47
Rissington Wlk. TS17—1F 87
Ritson Rd. DL5—1D 109
Rium Ter. TS24—4F 7
Riverbank Trading Est. DL1
—5B 112
Riverdale Ct. TS5—2C 72
Rivergarth. DL1—3F 113
Riverhead Av. TS19—1E 47
Rivermead Av. DL1—3F 113
Riversdene. TS9—4D 119
Riverside. TS18—1C 70
Riverside Dri. DL1—3F 113
Riverside M. TS15—2C 94
Riverside Pk. Ind. Est. TS2
—1E & 2D 51
Riverside Pk. Rd. TS2—2D 51
Riverside Rd. TS2—3F 37
Riverside Way. DL1—4D 113
Riverslea. TS9—4D 119
Riverston Clo. TS26—3A 6
Riversway. TS7—2F 91
Robert Av. TS6—3E 55
Roberts St. TS6—3E 55
Robert St. DL16—4B 98
Robert St. TS17—2D 71
Roberts Wlk. DL1—2C 116
Robin Clo. TS17—4C 86
Robinson Ct. TS13—4E 67
Robinson St. TS12—5C 62
Robinson St. TS13—5E 67
Robinson Ter. TS13—4D 67
Robson Av. TS17—4E 87
Robson St. DL4—2C 104
Robson St. TS23—3E 35
Rochdale Av. TS19—1F 47
Rochdale Clo. TS3—2E 75
Rochester Clo. DL14—3A 102
Rochester Dri. TS10—2F 43
Rochester St. TS5—2F 73
Rochester Rd. TS19—5F 31
Rochester St. TS23—5F 19
Rochester Way. DL1—4F 113
Roche Wlk. DL3—4A 110
Rockall Av. TS19—5D 31
Rockcliffe Ct. TS13—1E 67
Rockcliffe Ter. TS13—2A 66
Rockcliffe View. TS13—2A 66
Rocket St. DL1—2C 116
Rocket Ter. TS10—4B 28
Rockferry Clo. TS19—5D 31
Rockingham Dri. DL14—3A 102
Rockingham St. DL1—3A 116
Rockliffe Rd. TS5—2D 73
Rockpool Clo. TS24—1F 7
Rockport Ct. TS18—4D 49
Rock Rd. DL16—4B 98
Rockwell Av. DL1—3E 113
Rockwood Clo. TS14—4F 97
Rodmell Clo. TS3—2B 76
Rodney Clo. TS23—5E 33
Rodney St. TS26—4E 7
Roebuck Clo. TS17—4D 87
Roecliffe Gro. TS19—5C 30
Roedean Dri. TS16—5D 85
Rogeri Pl. TS24—4D 5
Rokeby Av. TS4—3B 74
Rokeby St. TS18—2A 70
Rokeby St. TS24—1A 8
Roker Clo. DL1—5E 113
Roker St. TS24—5F 7
Roker Ter. TS18—2A 70
Rolleston Av. TS19—5E 31
Romaine Pk. TS24—1A 8
Romaldkirk Wlk. DL1—4D 117
Romanby Av. TS19—1F 47

Romanby Clo. TS24—1A 8
Romanby Gdns. TS5—2F 89
Roman Rd. TS5—1E 73
Romany Rd. TS9—3B 120
Romford Rd. TS19—5E 31
Romney St. TS1—4F 51
Romsey Rd. TS19—1F 47
Ronaldshay Ter. TS11—4E 45
Rookery Dale. TS12—4C 80
Rookhope Gro. DL14—4A 102
Rook La. TS20—3C 32
Rookwood Hunt. DL5—4A 106
Rookwood Rd. TS7—3C 92
Ropery St. TS18—5B 48
Ropner Av. TS18—2F 69
Rosa St. DL16—3B 98
Roscoe Rd. TS23—5F 33
Roscoe St. TS1—4B 52
Rose Av. TS11—4B 44
Rosebank. TS26—1D 11
Rosebay Ct. TS14—4B 96
Roseberry Av. TS9—3C 120
(Great Ayton)
Roseberry Av. TS9—3F 119
(Stokesley)
Roseberry Cres. TS6—5B 56
Roseberry Cres. TS9
—2B to 3B 120
Roseberry Cres. TS20—4C 32
Roseberry Dri. TS8—5D 89
Roseberry Dri. TS9—2B 120
Roseberry Rd. TS4—5B 52
Roseberry Rd. TS9—3B 120
Roseberry Rd. TS10—2B 42
Roseberry Rd. TS20—4C 32
Roseberry Rd. TS23—1D 33
Roseberry Sq. TS10—2C 42
Roseberry Ter. DL4—2D 105
Roseberry View. TS17—3D 71
Rosebery Rd. TS26—4D 7
Rosebery St. DL3—5F 111
Rosecroft Av. TS4—2A 74
Rosecroft St. TS13—5C 66
Rosecroft La. TS13—5C 66
Rosedale. DL16—2B 98
Rosedale Av. TS4—1A 74
Rosedale Av. TS26—5D 7
Rosedale Clo. TS21—3B 118
Rosedale Cres. DL3—4B 110
Rosedale Cres. DL4—3E 105
Rosedale Cres. TS13—3C 66
Rosedale Cres. TS14—4A 96
Rosedale Gdns. TS12—5F 81
Rosedale Gdns. TS19—5E 31
Rosedale Gdns. TS23—4E 19
Rosedale Gro. TS10—1A 42
Rosedale Rd. TS7—3C 92
Rosehill. TS9—4B 120
Rose Hill Dri. TS9—4E 119
Rose Hill Way. TS9—4E 119
Roseland Cres. TS7—1F 91
Roseland Dri. TS7—1F 91
Rose La. DL1—4E 113
Rosemary Cotts. TS11—5E 45
Rosemoor Clo. TS7—3D 91
Rosemount Rd. DL14—4F 103
Rosemount Rd. TS11—3A 60
Roseneath Av. TS19—4E 31
Rose Wlk. TS12—2D 63
Roseway, The. TS12—2D 63
Rosewood Ct. TS7—2F 91
Rosgill. TS10—1C 42
Rosiere Gro. TS10—5D 29
Roslyn Av. TS3—2E 75
Roslyn St. DL1—3A 116
Rossall St. TS25—2E 11

Rossendale Clo. TS11—5D 45
Rossett Wlk. TS3—2D 75
Ross Gro. TS25—5F 11
Rosslare Rd. TS19—5D 31
Rossmere. DL16—1B 98
Rossmere Way. TS25—5D 11
Ross Rd. TS18—4E 49
Ross St. TS1—4E 51
Ross Ter. DL17—3D 101
Ross Wlk. DL5—5F 107
Ross Way. DL1—2F 113
Rosthwaite. TS5—2C 88
Rosthwaite Av. TS19—5F 31
Rostock Ho. TS2—2A 52
(off Gosford St.)
Rostrevor Av. TS19—5E 31
Rothbury Av. TS19—5E 31
Rothbury Dri. DL3—3B 110
Rothbury Rd. TS3—2D 75
Rothbury St. TS23—1E 33
Rotherham Av. TS19—1E 47
Rothesay Dri. TS10—2F 43
Rothesay Gro. TS7—1C 92
Rothwell Cres. TS19—1E 47
Rothwell M. TS6—1A 78
Rottingdean Clo. TS19—1E 47
Roundhay Dri. TS16—5D 85
Roundway. TS7—2F 91
Rounton Grn. TS3—2D 75
(in two parts)
Rounton Gro. TS19—1C 68
Rowan Av. DL4—3D 105
Rowan Av. TS14—4B 96
Rowan Ct. DL3—2D 115
Rowan Dri. TS9—3B 120
Rowan Oval. TS21—4B 118
Rowan Pl. DL5—1B 108
Rowan Rd. TS16—5C 84
Rowan Rd. TS19—3B 48
Rowanton Pl. TS26—4B 6
Rowanwood Ct. TS5—2F 89
Rowan Yd. TS20—1C 48
Rowell St. TS24—3E 9
Rowland Keld. TS14—4B 96
Rowlands Gro. TS23—3B 20
Rowlandson Ter. DL17—3E 101
Roworth Rd. TS3—2A 76
Roxburgh Clo. TS6—5C 54
Roxby Av. TS3—4F 75
Roxby Av. TS14—5C 96
Roxby Clo. TS10—2D 43
Roxby Clo. TS19—2A 48
Roxby Clo. TS25—1B 16
Roxby Moor Av. DL1—4E 117
Royal Oak Yd. DL3—2A 116
(off Bondgate)
Royce Av. TS23—5C 20
Royce Ct. TS23—5C 20
Royd, The. TS15—4C 94
Royston Clo. TS3—4F 75
Royston Clo. TS19—1A 48
Royston Gro. TS25—2B 14
Ruberry Av. TS19—5D 31
Ruby Rd. TS17—4E 71
Ruby St. DL3—3B 112
Ruby St. DL4—3B 104
Ruby St. TS1—4F 51
Ruby St. TS12—1D 63
Rudby Clo. TS15—4F 95
Ruddock Av. DL14—4C 102
Rudds Hill. DL17—4F 101
Rudds Hill Cotts. DL17—3F 101
Rudds Pl. TS5—1F 73
Rudland Wlk. TS6—5A 56
Rudston Av. TS22—5C 18
Rudston Clo. TS17—2C 86

Rudyard Av TS19—5D 31
Rufford Clo. TS7—3A 92
Rufford Clo. TS14—5E 97
Rufford Clo. TS17—5D 87
Ruff Tail. TS14—3B 96
Rufus Grn. N. DL5—4F 107
Rufus Grn. S. DL5—4F 107
Rugby Rd. TS18—1A 70
Rugby St. TS25—2E 11
Rugby Ter. TS2—4F 35
Rugeley Clo TS19—1E 47
Ruislip Clo. TS19—1E 47
Runciman Rd. TS24—1D 7
Runcorn Av. TS19—1E 47
Runfold Clo. TS19—5E 31
Runnemede Clo. TS19—5E 31
Runnymead Grn. TS3—4F 75
Runnymede. TS7—4B 92
Runnymede Ct. DL14—2D 103
Runswick Av. TS5—2D 89
Runswick Av. TS10—1B 42
Runswick Av. TS19—1E 47
Runswick Rd. TS6—5A 56
Rupert St. TS18—4D 49
Rushleigh Av. TS5—4C 72
Rushmere Heath. TS16—5D 85
Rush Pk. DL14—3A 102
Rushpool Clo. TS10—2C 42
Rushyford Av. TS19—1E 47
Rushyford Ct. DL5—3E 107
Rushyford Grange. DL5
—1C 106
Ruskin Av. DL4—4C 104
Ruskin Av. TS5—4C 72
Ruskin Av. TS12—1C 62
Ruskin Gro. TS25—2D 11
Ruskin Rd. DL1—5B 116
Russell Ct. DL5—4B 106
Russell St. DL1—1B 116
Russell St. DL14—1C 102
Russell St. TS1—3A 52
(in two parts)
Russell St. TS18—5B 48
Russell St. TS25—1F 11
(in two parts)
Russell Wlk. TS17—3D 71
Rustington Clo. TS19—5E 31
Rustland Dri. DL3—3E 115
Ruswarp Av. TS19—1E 47
Ruswarp Gro. TS25—1C 16
Ruswarp Rd. TS6—1A 78
Ruth Av. TS3—1F 75
Rutherford Ter. DL17—3D 101
Rutherglen Wlk. TS16—5D 85
Ruthin Clo. TS19—1F 47
Rutland Av. DL14—4C 102
Rutland Av. TS7—3D 91
Rutland Clo. TS10—2C 42
Rutland Clo. TS19—1F 47
Rutland Ct. TS1—3A 52
Rutland St. TS1—4A 52
Ryan Av. TS18—4C 48
Ryans Row. TS11—4C 44
Ryan Wlk. TS18—4C 48
Rydal Av. TS5—4D 73
Rydal Av. TS6—4A 56
Rydal Av. TS10—5C 28
Rydal Av. TS23—5F 33
Rydal Rd. DL1—3C 116
Rydal Rd. DL17—3C 100
Rydal Rd. TS12—5B 62
Rydal Rd. TS18—5F 47
Rydal St. TS26—1E 11
Ryder Clo. TS11—2A 60
Ryde Rd. TS19—1F 47
Ryder Pk. DL5—1D 107

Rye Clo. TS16—1C 94
Ryedale. TS14—4A 96
Ryedale Clo. TS15—5C 94
Ryedale St. TS3—4D 53
Ryefields Ho. TS6—3F 77
Rye Hill. DL3—4E 111
Ryehill Clo. TS7—4B 92
Ryehill Gdns. TS26—3C 6
Ryehills Dri. TS11—4E 45
Ryelands Pk. TS13—1F 67
Ryhill Wlk. TS7—4B 76
Ryhope Av. TS19—5E 31
Rylstone Clo. DL5—4C 106
Rylstone Ct. TS4—3B 74
Ryton Clo. TS17—2C 86

Sacriston Clo. TS23—5D 19
Sadberge Gro. TS19—5B 46
Sadberge Rd. TS18—3B 70
Sadberge St. TS3—4D 53
Saddler Clo. TS17—4C 86
Saddler St. DL14—1D 103
Saddler St. DL17—2B 100
Saddlery, The. DL5—4A 106
Saddleston Clo. TS26—3B 6
Sadler Forester Way. TS17
—4E 87
Saffron Wlk. TS25—4C 12
St Abb's Wlk. TS24—5A 8
St Aidan's Cres. TS22—2D 33
St Aidan's Dri. TS1—3F 51
St Aidan's St. TS1—4F 51
St Aidan's St. TS25—2F 11
St Aidan's Wlk. DL5—4F 107
St Aidan's Wlk. DL14—4D 103
St Alban's Grn. DL1—4F 113
St Andrew's Clo. DL1—4E 113
St Andrew's Clo. DL5—5F 109
St Andrew's Clo. TS16—5D 85
St Andrew's Crest. DL14
—3D 103
St Andrew's Gro. TS27—4B 4
St Andrew's La. DL16—2D 99
St Andrew's Rd. DL14
—4D & 4E 103
St Andrew's Rd. DL16—2D 99
(in three parts)
St Andrew's Rd. TS7—3E 91
St Andrew's Rd. TS11—2A 60
St Andrew's Rd. E. TS6—3F 55
St Andrew's Rd. W. TS6—3F 55
St Andrews St. DL1—4B 112
St Andrew's Ter. DL14—3D 103
St Andrews Way. DL5—5D 109
St Anne's Rd. TS11—2A 60
St Ann's Ct. TS24—5B 8
St Ann's Ter. TS18—4D 49
St Augustine's Way. DL3
—1A 116
St Austell Clo. TS8—4D 89
St Barbara's Wlk. DL5—4F 107
St Barnabas Rd. TS5—1E 73
St Bees Wlk. TS24—5A 8
(off Lamb St.)
St Bernard Rd. TS18—1B 70
St Catherine's Ct. TS24—5A 8
St Chad's Clo. DL14—4E 103
St Charles Rd. DL16—1D 99
St Columba's Av. TS22—2D 33
St Cuthbert Ct. TS17—3D 71
(off Gilmour St.)
St Cuthbert's Av. TS23—2D 33
St Cuthberts Pl. DL3—2E 115
St Cuthbert's Rd. TS18—2B 70
St Cuthbert's Ter DL17—2B 100

St Cuthbert St. TS24—1C 8
St Cuthbert's Wlk. DL14
—4D 103
St Cuthbert's Wlk. TS13—5B 66
St Cuthbert's Way. DL1—2B 116
St Cuthbert's Way. DL5—2E 109
St David's Clo. DL16—1E 99
(in two parts)
St David's Clo. TS23—2D 33
St David's Grn. DL1—4F 113
St David's Rd. TS6—3F 55
St David's Wlk. TS26—3B 6
St Edmunds Grn. TS21—4C 118
(in two parts)
St Edmund's Ter. TS21—4C 118
St Elizabeth's Clo. DL5—2E 107
St George's Bungalows. TS6
—3F 55
St George's Cres. TS11—2B 60
St George's Rd. E. TS6—3F 55
St George's Rd. W. TS6—3F 55
St George's Ter. TS13—5B 66
(off Liverton Ter.)
St Germain's Gro. TS11—4D 45
St Germain's La. TS11—4E 45
St Giles Clo. DL3—2B 114
St Godrics Rd. DL5—1D 109
St Helen's Clo. TS6—1E 77
St Helen's St. TS24—1C 8
St Helen's Wlk. TS13—5B 66
St Hilda's Chare. TS24—3D 9
St Hilda's Cres. TS24—2D 9
St Hilda's Flats. DL1—2B 116
St Hilda's Pl. TS13—4D 67
St Hilda's Ter. TS13—3B 66
St Hilda St. TS24—3E 9
St Hild Clo. DL3—2C 114
St Ives Clo. TS8—2C 90
St James' Gdns. TS2—2A 52
St James Ho. TS18—4D 49
St James' Pl. TS24—5A 8
St Joan's Gro. TS25—3F 11
St John's Cres. DL1—2C 116
St John's Gro. TS10—5E 29
St John's Pl. DL1—2B 116
St John's Rd. DL4—4C 104
St Joseph's Ct. TS26—5E 7
St Leonard's Clo. TS13—5B 66
St Leonard's Rd. TS14—4B 96
St Luke's Av. TS17—3E 71
St Luke's Cotts. TS4—2C 74
St Luke's Ct. TS26—3D 7
St Margaret's Gro. TS5—3E 73
St Margaret's Gro. TS6—4C 54
St Margaret's Gro. TS10—1E 43
St Margaret's Gro. TS17—5E 71
St Margaret's Gro. TS25—3F 11
St Margaret's Way. TS12
—4C 64
St Mark's Clo. TS11—4D 45
St Martin's Clo. TS13—5A 66
St Marys Clo. DL14—5C 102
St Mary's Clo. TS18—4C 48
St Mary St. TS24—2D 9
St Mary's Wlk. TS5—4E 73
St Mawes Clo. TS26—3B 6
St Michael's Clo. TS13—5B 66
St Michael's Ct. TS20—2C 48
St Michael's Gro. TS20—2C 48
St Nicholas Gdns. TS15—4F 95
St Ninian's Clo. DL3—2B 114
St Oswald's Clo. DL14—4E 103
St Oswald's Ct. DL5—4F 107
St Oswald's Cres. TS23—2D 33
St Oswalds St. TS24—3E 7
St Oswald St. TS24—3E 7

St Oswald's Wlk. DL5—4F 107
St Patrick's Clo. TS6—3F 55
St Patrick's Rd. TS6—3F 55
St Paul's Clo. DL16—3B 98
St Paul's Ct. TS19—4A 48
St Paul's Gdns. DL16—3B 98
St Paul's Pl. DL1—4B 112
St Paul's Rd. TS1—4E 51
St Paul's Rd. TS17—3D 71
St Paul's Rd. TS19—4A 48
St Paul's Rd. TS26—5E 7
St Paul's St. DL16—3B 98
St Paul's St. TS19—5A 48
St Paul's Ter. DL1—4B 112
St Paul's Ter. DL4—2D 105
St Paul's Ter. TS19—4A 48
St Peter's Gro. TS10—5E 29
St Peter's Rd. TS18—2A 70
St Peter's Sq. TS17—1E 87
St Thomas Gro. TS10—4C 28
St Vincent Ter. TS10—4C 28
St Wilfrid's Wlk. DL14—4F 103
  (in two parts)
Salcombe Clo. TS8—1C 90
Salcombe Rd. TS25—1E 15
Salisbury Gro. TS10—1A 44
Salisbury Pl. DL14—2E 103
Salisbury Pl. TS26—2C 6
Salisbury St. TS17—3E 71
Salisbury Ter. DL3—5F 111
  (in two parts)
Salisbury Ter. DL4—3B 104
Salisbury Ter. TS6—2A 54
Salisbury Ter. TS20—2C 48
Saltaire Ter. TS25—5D 15
Saltburn Bank. TS12—1E 63
Saltburn La. TS12—5D to 1E 63
Saltburn Rd. TS12
  —1E 63 to 4C 64
Saltburn Rd. TS17—4E 71
Saltcote. TS7—1F 91
Salters Av. DL1—4D 113
Salters Clo. DL1—1C 112
Saltersgate Rd. DL1—1C 112
Saltersgill Av. TS4
  —3A 74 to 1C 90
Saltersgill Clo. TS4—3A 74
Salters La. DL1—4F 117
  (Firth Moor)
Salter's La. DL1—1C 112
  (Harrowgate Village)
Salter's La. TS21—3B to 1C 118
Salter's La. N. DL1—1B 112
Salters La. S. DL1—3D 113
Salter Wlk. TS24—1C 8
Saltholme Clo. TS2—4F 35
Saltney Rd. TS20—1A 48
Salton Clo. TS5—2C 72
Saltram Clo. TS17—5C 86
Saltram Gro. TS7—1D 91
Saltscar. TS10—2F 43
Saltview Ter. TS2—5B 36
Saltwells Cres. TS4—5C 52
Saltwells Ind. Est. TS4—4B 52
Saltwells Rd. TS4—4B 52
Salt Yd. DL3—2A 116
Salutation Rd. DL3
  —3B & 3C 114
Salvin St. DL16—2E 99
Samaria Gdns. TS5—2E 89
Sambrook Gdns. TS5—2E 89
Samphire St. TS2—5A 36
Sampson Pl. DL5—4D 107
Samuelson Ho. TS3—2E 75
Samuel St. TS19—4A 48
Sandalwood Ct. TS5—2F 89

Sandbanks Dri. TS24—4B 4
Sanderson Clo. DL5—4E 107
Sand Flatts La. TS5—2F 89
Sandford Clo. TS4—3B 74
Sandgate Ind. Est. TS25—2B 12
Sandhall Clo. TS23—2A 20
Sandling Ct. TS7—2F 91
Sandmartin La. TS20—3C 32
Sandmoor Clo. TS6—2F 77
Sandmoor Rd. TS11—2A 60
Sandown Dri. DL5—2E 107
Sandown Pk. TS10—2E 43
Sandown Rd. TS23—5E 19
Sandpiper Clo. TS10—3F 43
Sandpiper Wlk. TS2—4F 35
Sandport Wlk. TS18—4D 49
  (off Ainport Rd.)
Sandriggs. DL3—4C 110
Sandringham Rd. TS3—3E 75
Sandringham Rd. TS10—4D 29
Sandringham Rd. TS17—3E 71
Sandringham Rd. TS18—1A 70
Sandringham Rd. TS26—4E 7
Sandsend Cres. TS24—3F 7
Sandsend Rd. TS6—5A 56
Sandsend Rd. TS10—1B 42
Sandwell Av. TS3—3A 76
Sandwell Chare. TS24—3D 9
Sandwich Gro. TS27—4B 4
Sandwood Pk. TS14—5A 96
Sandy Flatts Ct. TS5—2F 89
Sandy La. TS11—5E 59 to 4A 60
Sandy La. TS22—1C 32 & 2D 33
  (off Whitehouse Rd., in two
    parts)
Sandy La. TS22—4A 18
  (off Wynyard Rd.)
Sapley Clo. TS17—2E 87
Sarah St. TS25—2A 12
Sark Wlk. TS14—4A 96
  (off Hutton La.)
Satley Rd. TS23—3A 20
Saunton Rd. TS23—1A 34
Sawley Clo. DL3—4A 110
Sawley Gro. TS18—2B 68
Sawtry Rd. TS3—2A 76
Saxby Rd. TS20—2C 48
Saxon Ct. DL14—2C 102
Saxonfield. TS8—3C 90
Scalby Gro. TS10—2F 43
Scalby Gro. TS19—5B 46
Scalby Rd. TS3—1C 74
Scalby Sq. TS17—4E 71
Scaling Ct. TS14—2D 97
Scampton Clo. TS17—2C 86
Scanbeck Dri. TS11—4E 45
Scarborough St. TS6—3B 54
Scarborough St. TS13—4B 66
Scarborough St. TS17—3D 71
Scarborough St. TS24—5A 8
Scargill. DL1—4C 116
Scargill Ct. DL1—4D 117
Scargill Dri. DL16—1C 98
Scarteen Clo. TS14—4D 97
Scarth St. DL3—2F 115
Scarth Wlk. TS18—5B 48
Scarthwood Clo. TS17—5D 87
Scawfell Gro. TS25—3F 11
Scawton Ct. TS10—2C 42
Scholars Path. DL5—5A 106
School Av. TS5—2C 72
School Aycliffe La. DL5
  —3A 108
School Clo. TS11—4E 45
School Clo. TS18—2B 70
School Croft. TS1—2A 52

School La. TS13—5B 66
School St. DL3—4C 110
School Wlk. TS18—2B 70
  (off School Clo.)
Scira Ct. DL1—3C 112
Scotforth Clo. TS7—3A 92
Scotney Rd. TS23—5E 19
Scott Dri. TS20—5A 32
Scott Gro. TS25—3B 10
Scotton Clo. TS18—3C 68
Scotton Ct. TS3—2B 76
Scott Pl. DL5—4C 106
Scott Rd. DL14—5C 102
Scott Rd. TS6—2C 76
Scott's Rd. TS2 & TS3—2B 52
Scotts Ter. DL3—2B 112
Scott St. DL4—4C 104
Scott St. TS10—4D 29
Scrafton Pl. TS11—5D 45
Scruton Clo. TS18—2C 68
Scugdale Clo. TS15—5C 94
Scurfield Rd. TS19—1B 46
Seaham Clo. TS20—5F 31
Seaham St. TS20—4C 48
Sealand Clo. TS17—3E 87
Sealey St. TS1—3B 52
Seal Sands European Chemical
  Pk. TS2—5B 24
Seal Sands Link Rd. TS23
  —2E 19 to 2B 36
Seal Sands Rd. TS2
  —2C 36 to 4C 24
Seamer Clo. TS5—4F 73
Seamer Gro. TS18—2E 69
Seamer Rd. TS8—5C 88
Seathwaite. TS5—2C 88
Seaton Carew Rd. TS2 & TS25
  —5B 36 to 3C 22
Seaton Clo. TS10—3A 44
Seaton Clo. TS19—5B 46
Seaton La. TS25—5F 11
Seatonport Ct. TS18—4D 49
Seaton St. TS1—4A 52
Sea View Ter. TS6—1E 55
Sea View Ter. TS24—1C 8
Secker Pl. DL5—5F 107
Sedgebrook Gdns. TS3—3B 76
Sedgefield Ind. Est. TS21
  —3C 118
Sedgefield Rd. TS5—2D 89
Sedgemoor Rd. TS6—3F 77
Sedgemoor Way. TS23—4B 20
Sedgwick St. DL3—5F 111
Sefton Rd. TS3—1B 76
Sefton Way. TS15—5B 94
Selbourne St. TS1—4E 51
Selbourne Ter. DL3—1F 115
Selby Cres. DL3—4B 110
Selby Gro. TS25—4E 11
Selby Rd. TS7—3C 92
Selkirk Clo. TS4—4A 74
  (in two parts)
Selset Av. TS3—4F 75
Selset Clo. DL1—4D 117
Selwood Clo. TS17—2E 87
Selwyn Dri. TS19—2C 46
Semmerwater Gro. TS10
  —1D 43
Serpentine Gdns. TS26—4C 6
Serpentine Rd. TS26—4C 6
Seton Wlk. DL5—2F 109
Severn Dri. TS14—4C 96
Severn Gro. TS12—5D 63
Severn Gro. TS22—5B 18
Severn Rd. TS10—5B 28
Severn St. TS4—4B 52

Severn Way. DL1—5A 116
Severn Way. TS10—5B 28
Severs Dri. TS8—4D 89
Severs St. TS6—2A 54
Seymour Av. TS16—1C 94
Seymour Clo. TS11—5F 45
Seymour Cres. TS16—1B 94
Seymour Dri. TS16—1B 94
Seymour Gro. TS16—1B 94
Seymour Hill Ter. TS13—4D 67
 (off North Rd.)
Seymour St. DL14—4D 103
Shackleton Clo. TS17—1E 87
Shadforth Dri. TS23—3A 20
Shadwell Clo. TS6—4D 77
Shaftesbury Rd. TS6—5D 55
Shaftesbury St. TS18—1B 70
Shafto St. DL16—3B 98
Shafto Way. DL5
 —5E 107 to 1E 109
Shakespeare Av. TS6—4A 56
Shakespeare Av. TS25—2E 11
Shakespeare Rd. DL1—4B 116
Shannon Cres. TS19—4B 46
Shannon Way. DL1—5A 116
Sharp Cres. TS24—1E 7
Sharp Rd. DL5—1E 109
Sharrock Clo. TS3—4C 52
Shawbrow View. DL14—5D 103
Shaw Cres. TS6—4F 55
Shawcross Av. TS6—3E 55
Shaw Gro. TS25—3B 10
Shaw St. DL16—3C 98
Shearwater Av. DL1—2E 117
Shearwater La. TS20—3B 32
Sheepfoote Hill. TS15—4C 94
Sheerness Gro. TS24—5A 8
Shelley Clo. TS23—2E 19
Shelley Cres. TS6—5D 55
Shelley Gro. TS25—2D 11
Shelley Rd. DL1—1C 116
Shelley Rd. TS4—3A 74
Shelton Ct. TS3—2A 76
Shepherd Clo. TS17—5C 70
Shepherd Ct. TS12—4C 80
Sheppards Croft. DL5—2A 108
Shepton Clo. TS17—5F 71
Sheraton Clo. DL5—1E 109
Sheraton Pk. TS19—2F 47
Sheraton Rd. DL5—1E 109
Sheraton St. DL3—4A 112
Sheraton St. TS18—1A 70
Sherborne Clo. DL3—4A 110
Sherburn Av. TS23—4F 19
Sherburn Clo. TS5—1D 89
Sheridan Gro. TS25—2D 11
Sheriff St. TS26—4E 7
Sherwood Clo. TS7—1C 92
Sherwood Dri. TS11—5C 44
Sherwood Pl. TS24—5E 5
Sherwood Rd. TS17—2D 87
Shetland Clo. TS5—3E 89
Shetland Dri. DL1—2E 113
Shevington Gro. TS7—3F 91
Shibden Rd. TS3—5D 53
Shields Ter. TS24—1A 8
Shield Wlk. DL5—5E 107
Shildon By-Pass. DL4—4A 104
Shildon Clo. TS23—4E 19
Shildon Ct. DL4—4C 104
Shildon St. DL1—4B 112
Shincliffe Rd. TS23—3A 20
Shinwell Cres. TS6—3B 54
Shipley Gro. DL14—5A 102
Shirley Av. TS5—2C 72
Shoreswood Wlk. TS5—2E 89

Short St. DL14—4C 102
Short St. TS3—3C 52
Shotley Clo. TS23—4E 19
Shotton Ct. TS23—5A 20
Shrewsbury Rd. TS3—1A 76
Shrewsbury St. TS25—2E 11
Shropshire Wlk. TS25—2F 11
Sid Chaplin Dri. DL5—4C 106
Sidcup Av. TS3—4F 75
Siddington Wlk. TS3
 —2E & 1F 75
Sideling Tails. TS15—4D 95
Sidlaw Av. TS12—5D 63
Sidlaw Rd. TS23—5D 19
Sidmouth Clo. TS8—1C 90
Sidney Ter. DL14—1D 103
Siemens St. DL17—2B 100
Silkin Way. DL5—5C 106
Silton Gro. TS18—2E 69
Silverdale. TS7—3A 92
Silverdale Pl. DL5—5B 106
Silver St. DL1—2B 116
Silver St. DL16—3C 98
Silver St. TS2—2F 51
Silver St. TS15—2C 94
Silver St. TS18—5C 48
Silver St. TS24—5F 7
Silverton Rd. TS14—5E 97
Silverwood Clo. TS27—3A 4
Silverwood Ct. TS17—3D 71
Simonside Wlk. TS7—3B 76
Simpasture Ga. DL5—2D 109
Simpasture Ga. DL5—1D 109
Simpson Clo. TS6—3C 54
Simpson Grn. TS6—3B 54
Simpson St. TS5—1F 73
Sinclair Rd. TS25—4B 10
Sinderby Clo. TS23—4F 19
Singapore Sq. TS16—3B 84
Sinnington Clo. TS14—4E 97
Sinnington Rd. TS17—2D 87
Sir Hugh Bell Ct. TS10—4F 27
Siskin Clo. TS20—3B 32
Sitwell Wlk. TS25—3B 10
Skeeby Clo. TS18—2C 68
Skeeby Rd. DL1—4C 116
Skelton Ct. TS14—1E 97
Skelton Dri. TS10—1F 43
Skelton Dri. TS11—4F 45
Skelton Ind. Est. TS12—5F 63
Skelton Rd. TS12—1A 82
Skelton Rd. TS17—4E 71
Skelton St. TS24—5D 5
Skelwith Rd. TS3—2D 75
Skerne Rd. DL5—3E 109
Skerne Rd. TS20—1B 48
Skerne Rd. TS24—1E 7
Skerries Cres. TS10—4C 42
Skerries Wlk. DL1—2E 113
Skiddaw Clo. TS16—4C 84
Skiddaw Dri. TS7—3A 92
Skinnergate. DL3—2A 116
Skinner St. TS18—1B 70
Skinningrove Bank Rd. TS13
 —1B 66
Skinningrove Rd. TS13—3A 66
Skipper's La. TS6
 —3A 54 to 2D 77
Skipper's La. Ind. Est. TS6
 (in three parts) —3A & 4B 54
Skipton Clo. DL5—5C 106
Skipton Clo. DL17—3E 101
Skipton Gro. DL14—4C 102
Skipton Moor Clo. DL1—5D 117
Skipton Rd. TS23—5F 19
Skirbeck Av. TS3—2B 76

Skirlaw Rd. DL5—5E 107
Skirlaw Rd. TS15—4C 94
Skottowe Cres. TS9—3A 120
Skottowe Dri. TS9—3A 120
Skripka Dri. TS22—5B 18
Skye Wlk. DL1—2E 113
Skye Wlk. TS14—4C 96
Slake Ter. TS24—3B 8
Slater Clo. TS6—4A 56
Slater St. TS26—4E 7
Slater Wlk. TS6—4A 56
Slayde The. TS15—5D 95
Sledmere Clo. TS23—2A 20
Sledmere Dri. TS5—4F 73
Sledwick Rd. TS23—1A 34
Sleights Ct. TS14—2E 97
Sleights Cres. TS6—5A 56
Slingsby Clo. TS5—5F 73
Smeaton St. TS3—4C 52
Smithfield Rd. DL1—4B 116
Smith's Dock Pk. Rd. TS6
 —2D 77
Smith's Dock Rd. TS6—1B 54
Smith St. TS18—5B 48
Smith Wlk. DL5—5E 107
Smyth Pl. TS24—5E 5
Smythsons Clo. DL5—3A 108
Snipe La. DL2—5E 115 to 5C 116
Snipe St. TS10—4F 27
Snowden St. TS6—5E 55
Snowdon Cres. TS10—2C 42
Snowdon Gro. TS24—4B 4
Snowdon Rd. TS2—2F 51
Soho St. DL4—4C 104
Somerby Clo. TS24—1A 8
Somerby Ter. TS3—1E 75
Somersby Clo. TS24—1A 8
Somerset Cres. TS12—1B 80
Somerset Gro. DL1—5C 112
Somerset Rd. TS6—4F 55
Somerset Rd. TS14—4D 97
Somerset Rd. TS20—1B 48
Somerset St. TS1—4B 52
Somerset Ter. TS23—2A 34
Somerville Av. TS3—3A 76
Somerville Dri. TS8—3B 112
Somerville Ho. TS3—4F 53
 (off Purfleet Av.)
Soppett St. TS10—4D 29
Sorrel Clo. TS19—3C 46
Sorrel Ct. TS7—1D 91
Sorrell Gro. TS14—4B 96
Sorrell Wynd. DL5—2E 107
Sotherby Rd. TS3 & TS6
 —4E 53
Southampton St. DL1—5A 112
Southampton St. TS10—5E 29
S. Arden St. DL1—2A 116
South Av. TS10—2F 41
South Av. TS23—5E 33
S. Bank By-Pass. TS3 & TS6
 —3E 53
Southbank By-Pass. TS6
 —2B 54
S. Bank Rd. TS3—3D 53
Southbrooke Av. TS25—3D 11
Southburn Ter. TS25—1F 11
S. Church Rd. DL14—2D 103
Southcliffe. DL14—5F 103
South Cotts. DL5—3A 108
South Ct. TS6—3B 54
South Cres. TS24—3E 9
Southdean Clo. TS8—3F 89
Southdean Dri. TS8—3F 89
South Dri. TS7—1E 91
(Marton)

South Dri. TS7—4B 76
(Ormesby)
South Dri. TS26—4C 6
Southend. TS4—1B 74
S. End. TS25—1C 16
Southend Av. DL3—3F 115
Southend Pl. DL3—3F 115
Southfield Cres. TS20—2D 49
Southfield La. TS1
    —4F 51 & 4A 52
Southfield Rd. TS1
    —4F 51 to 4A 52
Southfield Rd. TS11—5E 45
Southfield Rd. TS20—2C 48
Southfield Ter. TS9—3B 120
S. Gare Rd. TS10—2C 26
Southgate. TS6—1B 78
Southgate. TS24—2C 8
Southgate St. DL14—2D 103
South Grn. TS18—2B 70
South Gro. DL5—5F 109
S. Lackenby. TS6—5B 56
Southland Av. TS26—1D 11
Southland Gdns. DL4—2B 104
Southlands Dri. TS7—1C 92
Southmead Av. TS3—4F 75
South Pde. TS25—1F 11
S. Park Av. TS6—3E 77
Southport Clo. TS18—4E 49
South Rd. TS20—1C 48
South Rd. TS26—5E 7
South Row. DL5—5F 109
South Row. DL14—1D 105
S. Side DL17—3C 100
S. Slip Rd. TS6—3E 55
South St. DL3—4A 112
South St. DL4—4C 104
South St. DL16—3C 98
South St. TS6—2A 78
South St. TS14—3D 97
South Ter. DL1—3A 116
South Ter. DL4—5A 104
South Ter. DL14—2D 103
South Ter. DL16—2D 99
South Ter. TS6—3B 54
South Ter. TS10—4E 29
South Ter. TS12—1B 80
(in two parts)
S. Town La. TS13—5D 67
S. View. DL4—2D 105
S. View. DL14—2D 103
S. View. DL16—5A 98
S. View. DL17—2D 101
S. View. TS16—1C 94
S. View. TS21—4B 118
S. View. TS23—4E 33
S. View Ter. TS3—4D 53
Southwark Clo. TS6—4D 77
South Way. TS20—1D 49
Southwell Grn. DL1—4F 113
Southwell Rd. TS5—2A 74
Southwell Sq. TS5—2A 74
Southwick Av. TS4—1C 90
Sowerby Cres. TS9—3D 119
Sowerby Way. TS16—3C 84
Spain Hill. TS11—4D 45
Spalding Rd. TS25—2B 14
Spalding Wlk. TS20—1D 49
Sparrow Hall Dri. DL1—2D 113
Spearman Wlk. TS27—4B 4
Speeding Dri. TS24—4B 4
Speedwell Clo. DL1—2C 116
Speeton Av. TS5—5F 73
Speeton Clo. TS23—2F 19
Spenborough Rd. TS19—3E 47
Spencely St. DL4—2C 104

Spencerbeck Ho. TS7—3C 76
Spencer Clo. TS11—4D 45
Spencerfield Cres. TS3—5B 54
Spencer Gro. DL1—4D 117
Spencer Hall. TS18—1C 70
Spencer Rd. TS6—5E 55
Spennithorne Rd. TS18—1F 69
Spenser Gro. TS25—2D 11
Spilsby Clo. TS25—2C 14
Spinnaker Ho. TS24—4B 8
(off Warrior Quay)
Spinney, The. DL3—5E 115
Spinney, The. DL5—2E 107
Spinney, The. DL16—2F 99
Spinney, The. TS26—1A 10
Spitalfields. TS15
    —4C 94 & 4D 95
Spital Ga. TS15—4D 95
Spital, The. TS15—4D 95
Spitfire Clo. TS11—4C 44
Spout La. DL4—4E 105
Springbank Rd. TS7—5C 76
Spring Clo. TS17—3D 71
Spring Ct. DL3—4D 111
Springfield. TS9—3E 119
Springfield Av. TS12—5B 64
Springfield Av. TS18—3F 69
Springfield Clo. TS16—5C 84
Springfield Rd. DL1—3C 112
Springfield Rd. TS5—1C 72
Springfields. DL5—3A 108
Spring Garden Clo. TS7—1C 92
Spring Garden La. TS7—1B 92
Spring Garden Rd. TS25—2F 11
Springhead Ter. TS13—4D 67
(in two parts)
Spring Hill. DL3—3A 112
Springholme Yd. TS18—2A 70
Spring La. TS21—5B 118
Springlea. TS7—4C 76
Springmead. TS7—4C 76
Spring Rise. TS6—4D 77
Spring Rd. DL5—5D 109
Springston Rd. TS26—3B 6
Spring St. TS2—2A 52
Spring St. TS18—2A 70
Springvale Ter. TS5—2C 72
Spring Way. TS18—3F 69
Springwell. TS7—4C 76
Springwell Clo. TS23—2A 20
Springwell Flatlets. TS26—2C 6
Springwell Ter. DL1—4D 113
Spruce Ct. DL4—4D 105
Spruce Gro. DL3—2D 115
Spruce Rd. TS19—2F 47
Spurn Wlk. TS24—5A 8
Spurrey Clo. TS17—4C 86
Square, The. TS6—1A 78
Square, The. TS13—1B 66
Square, The. TS18—5C 48
(in two parts)
Square, The. TS21—4B 118
Stadium Ct. TS6—4B 54
Stafford Clo. TS17—3C 70
Stafford Rd. TS6—4F 55
Stafford Rd. TS14—4D 97
Stag La. DL5—2E 107
Staincliffe Rd. TS25—4C 12
Staindale. TS14—4A 96
Staindale Clo. TS15—3F 95
Staindale Gdns. TS19—4F 47
Staindale Pl. TS25—3D 11
Staindale Rd. TS17—5E 71
Staindrop Cres. DL3—5C 110
Staindrop Dri. TS5—1D 89
Staindrop Rd. DL3—5A 110

Staindrop St. TS24—5A 8
Stainforth Clo. DL5—5C 106
Stainforth Ct. TS3—4E 75
Stainforth Gdns. TS17—5D 87
Stainmore Clo. TS19—5A 48
Stainmore Cres. DL5—4B 106
Stainmore Wlk. DL5—5B 106
Stainsby Ga. TS17—4A 72
Stainsby Rd. TS5—3B 72
Stainsby St. TS17—3D 71
Staintondale. DL5—4A 106
Staintondale Av. TS10—2A 42
Stainton Gro. TS20—2B 48
Stainton Rd. TS22—5C 18
Stainton St. TS3—5D 53
Stainton Way. TS8 & TS7
    —4D 89 to 3A 92
Staithes Ct. TS24—5B 8
Staithes Rd. TS10—1A 42
Stakesby Clo. TS14—1D 97
Stamford Ct. TS23—4A 20
Stamford St. TS1—4B 52
Stamford Wlk. TS25—1D 15
Stamp St. TS18—5B 48
Stanfield Rd. DL5—5F 107
Stanghow Rd. TS12
    —1D to 5F 81
Stanhope Av. TS26—5E 7
Stanhope Clo. DL16—1D 99
Stanhope Clo. DL17—3E 101
Stanhope Gdns. TS4—2C 74
Stanhope Gro. TS5—3E 73
Stanhope Rd. TS18—4F 47
Stanhope Rd. TS23—1A 34
Stanhope Rd. N. DL3—1F 115
Stanhope Rd. S. DL3—2F 115
Stanhope St. TS12—1D 63
Stanley Clo. TS17—3D 71
Stanley Gro. TS10—4E & 5E 29
Stanley Rd. TS25—3F 11
Stanley St. DL1—2C 116
Stanley St. TS20—5B 32
Stanley Wlk. TS18—5B 48
Stanmore Av. TS4—4B 74
Stanmore Gro. TS25—5B 12
Stannage Gro. TS17—4D 71
Stanstead Way. TS17—1F 87
Stapleford Rd. TS3—3B 76
Stapleton Bank. DL2—5C 114
Stapleton St. TS20—4B 32
Stapylton Ct. TS6—2E 55
Stapylton St. TS6—2E 55
Starbeck Clo. TS11—2A 60
Starbeck Wlk. TS17—3F 87
Starbeck Way. TS7—3C 76
Stargate Clo. DL5—2E 107
Starmer Cres. DL1—4C 116
Startforth Rd. TS2—1D 51
Statham Pl. DL3—1A 112
Station App. DL14—2D 103
Station App. TS24—4A 8
Station Av. TS25—4C 14
Station Clo. TS11—5D 45
Station Cres. TS23—3E 33
Station La. TS25—5B 12
Station Pde. TS23—2D 33
Station Rd. DL3—5A 112
Station Rd. DL5—5C 108
Station Rd. TS6—2F 77
(Eston)
Station Rd. TS6—5E 39
(Grangetown)
Station Rd. TS9—4C 120
(Great Ayton)
Station Rd. TS9—4F 119
(Stokesley)

Station Rd. TS10—3D 29
Station Rd. TS12—5D 63
Station Rd. TS13—5C 66
Station Rd. TS16—3D 85
Station Rd. TS20—3B 32
Station Rd. TS21—5A 118
Station Rd. TS23—2D to 4E 33
Station Rd. TS25—4C 14
Station Sq. TS12—1D 63
Station Sq. Shopping Centre.
                 TS12—1D 63
Station St. DL4—4C 104
Station St. TS1—2F 51
Station St. TS12—1D 63
Station St. TS20—4C 48
Station Ter. DL5—5F 109
Station Vs. TS11—5D 45
Staveley Ct. TS3—1D 75
Staveley Gro. TS19—2F 47
Staveley Wlk. TS7—4B 76
Stavordale Rd. TS19—4A 48
Stead Clo. DL5—5C 106
Steavenson St. TS13—2A 66
Steele Cres. TS6—2C 54
Steeplejack Way. DL1—2B 116
Stephen Ct. DL1—4B 112
Stephenson Ind. Est. TS5
                 —4C 16
Stephenson St. DL3—5A 112
Stephenson St. DL17—3B 100
Stephenson St. TS1—4A 52
Stephenson St. TS17—2D 71
Stephenson Way. DL5—5C 106
Stephenson Way. TS18—1C 70
Stephens Rd. TS6—2C 54
Stephen St. TS26—4D 7
Stevenage Clo. TS17—4F 71
Stevenson Clo. TS15—3F 95
Stewart Ct. TS20—3C 48
Stewart Rd. TS20—3C 48
Stewart St. DL3—5F 111
Stileston Clo. TS26—3B 6
Stirling Clo. DL14—3A 102
Stirling Rd. TS10—1F 43
Stirling St. TS25—2F 11
Stirling Way. TS17—2E 87
Stirrup, The. DL5—4A 106
Stockdale Av. TS10—1A 42
Stockley Clo. DL3—2A 112
Stocks Grn. DL5—5A 106
Stocksmoor Clo. DL1—4D 117
Stockton Almshouses. TS18
                 —1B 70
Stockton Rd. DL1—4F & 3F 113
Stockton Rd. TS15—1A 72
Stockton Rd. TS21—5C 118
Stockton Rd. TS22—2E 19
Stockton Rd. TS25 & TS22
           —1F 11 to 4A 14
Stockton St. TS2—2F 51
Stockton St. TS23—4E 33
Stockton St. TS24—5F 7
Stockton-Thornaby By-Pass.
TS21, TS16, TS18, TS17 & TS5
          —3B 68 to 2F 71
Stockwell Av. TS17—4E 87
Stockwith Clo. TS3—3B 76
Stokesley Cres. TS23—3E 33
Stokesley Rd. TS7—1D 91
(Marton)
Stokesley Rd. TS7
(Nunthorpe) —4C 92 to 5D 93
Stokesley Rd. TS8—4B 90
Stokesley Rd. TS9—4A 120
Stokesley Rd. TS14—3A 96
Stokesley Rd. TS25—5C 12

Stoneacre Av. TS17—5C 86
Stonebridge. DL1—2A 116
Stonechat Clo. TS17—5B 86
Stonecliffe Dri. DL3—3D 115
Stonecrop Clo. TS18—2E 69
Stonedale Cres. DL3—1E 115
Stonedale Wlk. TS5—2D 89
Stone Hall Clo. TS9—3E 119
Stonehaven Way. DL1—2F 113
Stonehouse Clo. TS15—5F 95
Stonehouse St. TS5—1F 73
Stonehurst Dri. DL3—3D 115
Stoneleigh Av. TS5—4C 72
Stoneleigh Ct. DL5—3F 107
Stone Row. TS13—1B 66
Stone St. TS4—3B 52
Stoneyhurst Av. TS5—3B 72
Stonor Wlk. TS3—4F 75
Stooperdale Av. DL3—4C 110
Stotfold St. TS26—5E 7
Stotford Wlk. TS5—2B 88
Stoupe Gro. TS10—2A 44
Stourport Clo. TS18—4D 49
Stowe St. TS1—4F 51
Stowmarket Clo. TS25—2D 15
Strait La. TS8—4C 88
Straker St. TS26—4E 7
Strand St. DL4—4C 104
Strand, The. TS10—2A 44
Stranton. TS24—1F 11
Stranton Ho. TS24—5F 7
Stranton St. DL14—1D 103
Stranton St. TS17—3D 71
Stratford Cres. TS5—1C 72
Stratford Gdns. DL17—2D 101
Stratford Rd. TS25—2E 11
Strathaven Dri. TS16—5D 85
Stratton St. DL16—3C 98
Strauss Rd. TS6—2C 54
Strawberry La. DL17—1C 100
Stray, The. DL1—2D 117
Stray, The. TS21—5A 68
Streatlam Rd. DL1—4C 116
Streatlam Rd. TS23—5B 20
Strensall Clo. TS11—2B 60
Strome Clo. TS17—5D 87
Strona Wlk. TS14—4C 96
Stuart St. TS24—3F 7
Studland Dri. TS24—3B 4
Studley Rd. TS5—2D 73
Studley Rd. TS17—5E 71
Studley Rd. TS19—4A 48
Studley Rd. TS25—1F 11
Stump Cross. TS14—3D 97
Sturt Dri. TS20—5A 32
Sudbury Rd. TS20—5D 33
Suffield St. TS2—2F 51
Suffolk Clo. TS12—2B 80
Suffolk Clo. TS25—2F 11
Suffolk Pl. DL14—4D 103
Suffolk Rd. TS5—2A 74
Suffolk St. TS18—1A 70
Suggitt St. TS26—4D 7
Sulby Av. TS3—1E 75
Summerhouse Sq. TS20—5C 32
Sundell Ct. TS18—1A 70
Sunderland Rd. TS22—2D 19
Sundial M. TS22—3D 19
Sunley Av. TS4—2B 74
Sunningdale. DL5—2E 107
Sunningdale Ct. TS6—2F 77
Sunningdale Dri. TS16—5D 85
Sunningdale Grn. DL1—3E 113
Sunningdale Gro. TS27—4B 4
Sunningdale Ho. TS6—2F 77
Sunningdale Rd. TS4—4A 74

Sunningdale Rd. TS11—2B 60
Sunningdale Wlk. TS16—5D 85
(in two parts)
Sunniside. TS24—2D 9
Sunnybank Rd. TS7—5C 76
Sunnybrow Av. TS23—4E 33
Sunnydale. DL4—2D 105
Sunnyfield. TS7—4B 76
Sunnyfield. TS9—4A 120
Sunnygate. TS6—1B 78
Sunnyside. TS8—3A & 3B 90
Sunnyside Av. DL4—3D 105
Sunnyside Av. TS4—3A 74
Sunnyside Gro. TS18—3D 69
Sunstar Gro. TS7—1D 91
Sun St. DL3—1A 116
Sun St. DL14—3D 103
Sun St. TS17—3C 70
Sun St. TS18—2A 70
Surbiton Rd. TS19 & TS18
              —5A 46
Surrey Pl. DL14—5D 103
Surrey Rd. TS20—1D 49
Surrey St. TS1—5E 51
Surrey Ter. TS23—3F 33
Surtees Av. DL4—3C 104
Surtees St. DL3—5F 111
Surtees St. DL14—1C 102
Surtees St. TS18—1D 70
Surtees St. TS24—5A 8
Surtees Ter. DL17—5F 101
Surtees Wlk. DL5—1E 109
Sussex St. TS2—2F 51
(in two parts)
Sussex St. TS25—2F 11
Sussex Wlk. TS20—2D 49
Sussex Way. DL1—5D 113
Sutcliffe Ct. DL3—2A 112
Sutherland Gro. TS20—4B 32
Sutton Clo. DL3—2B 114
Sutton Ct. TS10—2C 42
Sutton Pl. TS23—5A 20
Sutton Way. TS4—4A 76
Swainby Clo. TS5—4F 73
Swainby Rd. TS20—3C 48
Swainby Rd. TS25—1C 16
Swainson Pl. TS24—5F 7
Swainson St. TS24—5F 7
Swainston Clo. TS5—1C 88
Swale Av. TS17—5E 71
Swalebrooke Av. TS25—3C 10
Swale Clo. TS16—1C 94
Swaledale Av. DL3—1C 114
Swaledale Cres. TS23—3E 33
Swale Rd. TS20—1B 48
Swallow Clo. TS14—3A 96
Swallowfields. TS8—5B 90
Swallow La. TS20—4B 32
Swanage Gro. TS24—4B 4
Swan St. DL1—2B 116
Swan Wlk. DL5—1F 109
Swift Gro. TS25—3C 10
Swilly La. TS12—1C 80
Swinburne Ho. TS25—3C 10
Swinburne Rd. DL3—2F 115
Swinburne Rd. TS16—3D 85
Swinburne Rd. TS25—3C 10
Swinburn Rd. TS20—3B 48
Swinton Rd. TS18—2C 68
Swyfte Clo. TS21—5C 118
Sycamore Av. TS12—2B 62
Sycamore Av. TS17—5D 71
Sycamore Cres. TS6—5D 55
Sycamore Dri. TS12—4B 64
Sycamore Rd. TS5—2F 73
Sycamore Rd. TS7—5C 76

Sycamore Rd. TS10—5F 29
Sycamore Rd. TS16—2E 85
Sycamore Rd. TS19—2F 47
Sycamore Sq. DL4—3D 105
Sycamores, The. DL3—1D 115
Sycamores. TS25—3D 11
Sycamore Ter. TS2—5F 35
Sycamore Wlk. TS13—4C 66
Sydenham Rd. TS18—2A 70
Sydenham Rd. TS25
—2F 11 & 2A 12
Sydney Rd. TS7—2E 91
Sydney St. TS18—5B 48
Sylvan Gro. DL3—3A 115
Sylvan Wlk. TS3—3F 75
Symington Wlk. DL1—2C 116
Symons Clo. TS18—1B 68
Syon Gdns. TS20—4F 31

Tailrigg Clo. TS19—4A 48
Talbot Ho. TS24—2D 9
Talbot St. TS1—4B 52
Talbot St. TS20—3C 48
Talbot Yd. DL3—2A 116
(off Post Ho. Wynd)
Talgarth Rd. TS20—4C 32
Tamarisk Clo. TS17—4C 86
Tame Rd. TS3—4D 53
Tameside. TS9—2E 119
Tame St. TS23—3E 35
Tamworth Rd. TS23—5F 19
Tanfield Pl. DL5—3D 107
Tanfield Rd. TS25—3E 11
Tangmere. DL16—1B 98
Tanhill Wlk. TS3—2E 75
Tankersley Rd. TS11—2A 60
Tankerville St. TS26—4E 7
Tanner Clo. TS17—4C 86
Tansley Av. TS3—1F 75
Tansley Gdns. DL1—3E 117
Tanton Gro. TS22—5C 18
Tanton Rd. TS9—2E 119
Tanwell Clo. TS19—4C 46
Tanya Gdns. TS5—2F 89
Tanya Gdns. TS19—5D 47
Taransay Wlk. DL1—2E 113
Tarnside Path. DL5—5B 106
Tarnston Rd. TS26—3B 6
Tarran St. TS5—5D 51
Tarring St. TS18—1B 70
Task Rd. TS18—4D 49
Tasman Dri. TS18—2C 68
Tasmania Sq. TS7—3F 91
Tatham St. TS7—4B 92
Tattersall Clo. DL5—2E 107
Taunton Clo. TS8—1C 90
Taunton Gro. TS26—3B 6
Taunton Vale. TS14—5E 97
Tavistock Rd. TS5—1E 73
Tavistock St. TS5—1E 73
Tawney Clo. TS6—4E 55
Tawney Rd. TS6—4E 55
Taybrooke Av. TS25—3D 11
Taylor Rd. DL14—4D 103
Taylor Sq. DL14—5B 102
Taylor Wlk. DL5—4E 107
Tay Side. DL1—2F 113
Teak St. TS1—4A 52
Tealby Wlk. TS3—2B 76
Teal Rd. DL1—2E 117
Teare Clo. TS1—4E 51
Tebay Clo. TS7—3B 76
Tedder Av. TS17—1E 97
Ted Fletcher Ct. DL1—4E 113
Tedworth Clo. TS14—5D 97

Tees Bank Av. TS16—3E 85
Tees Bay Business Pk. TS25
—4B 16
Tees Bay Retail Pk. TS25
—4A 12
Teesbrooke Av. TS25—3D 11
Tees Ct. TS6—4A 54
Tees Cres. DL16—2C 98
Teesdale Av. DL3—3B 114
Teesdale Av. TS23—3E 33
Teesdale Av. TS26—5D 7
Teesdale Pk. TS17—1D 71
Teesdale Ter. TS17—3E 71
Teesdale Wlk. DL4—3E 105
Teesdale Wlk. DL14—5A 102
(in two parts)
Tees Dock Rd. TS6
—2D 39 & 2F 55
Tees Dri. DL1—5A 116
Teesgate. TS17—4F 71
Tees Grange Av. DL3—2B 114
Teeside Ho. TS1—4A 52
Teeside Ind. Est. TS17—4F 87
Tees (Newport) Bri. App. Rd.
TS18 & TS23—3B 50
Tees Rd. TS10—1C 42
Tees Rd. TS14—4C 96
Tees Rd. TS25—3C 22
Teesside Retail Pk. TS17
—2A 72
Tees St. TS6—1B 54
Tees St. TS13—5E 67
Tees St. TS23—3E 35
Tees St. TS24—4F 7
Tees St. Ind. Est. TS23—3E 35
Teesway. TS18—3A 50
Telford Dri. DL1—2C 116
Telford Rd. TS3—3F 53
Temperance Av. DL4—2C 104
Temperance Pl. DL3—1A 116
Temperance Ter. TS24—1D 9
Tempest Ct. DL1—2C 112
Tempest Rd. TS24—4C 4
Templar St. TS18—2A 70
Temple Ct. TS20—4C 48
Tenby Clo. TS6—5F 55
Tenby Wlk. TS26—2C 6
Tenby Way. TS16—1D 95
Tennant St. TS18—5B 48
Tennyson Av. TS6—3F 55
Tennyson Av. TS25—2D 11
Tennyson Clo. TS6—4F 55
Tennyson Gdns. DL1—5B 116
Tennyson Rd. TS23—2E 19
Tennyson St. TS1—5F 51
Tenters St. DL14—1D 103
Ternbeck Way. TS17—3F 87
Tern Gro. TS10—3F 43
Tetcott Clo. TS14—5D 97
Tewkesbury Av. TS7—4F 91
Thackeray Gro. TS5—3F 73
Thackeray Rd. TS25—2B 10
Thames Av. TS14—4C 96
Thames Av. TS17—5E 71
Thames Av. TS24—1E 7
Thames Centre. DL5—5D 107
Thames Rd. TS10—1B 42
Thames Rd. TS12—5D 63
Thames Rd. TS22—4B 18
Thames Way. DL1—5A 116
Thatch La. TS17—4D 87
Theakston Gro. TS18—2B 68
Thetford Av. TS3—2A 76
Thetford Rd. TS25—2C 14
Thickley Ter. DL4—5D 105
Thinford Gdns. TS5—2E 89

Thirlby Clo. TS3—2D 75
Thirlmere. DL16—1B 98
Thirlmere Av. TS5—4D 73
Thirlmere Ct. TS23—5F 33
Thirlmere Cres. TS6—2E 77
Thirlmere Dri. TS12—1C 80
Thirlmere Rd. DL1—3C 116
Thirlmere Rd. DL17—3C 100
Thirlmere Rd. TS10—1C 42
Thirlmere St. TS26—1E 11
Thirsk Gro. TS25—4F 11
Thirsk Rd. TS9—5D 119
Thirsk Rd. TS15—4D 95
Thistle Grn. TS18—5C 48
Thistle Rise. TS8—3A 90
Thistle Rd. TS19—1F 47
Thistle St. TS1—4A 52
Thomas Ct. DL1—3C 116
Thomas St. DL1—3C 116
Thomas St. DL4—5D 105
Thomas St. DL16—2C 98
Thomas St. TS3—4D 53
Thomas St. TS12—1E 81
Thomas St. TS18—5C 48
Thomlinson Rd. TS25—2A 12
Thompson Gro. TS24—1E 7
Thompson Rd. DL14—3D 103
Thompsons Clo. TS22—3D 19
Thompson's Rd. TS12—2B 80
Thompson St. DL16—2C 98
Thompson St. TS18—5B 48
Thompson St. TS24—1F 11
Thompson St. E. DL1—2B 112
Thompson St. W. DL3—2A 112
Thomson Av. TS5—1C 72
Thomson St. TS14—3D 97
Thorgill Clo. TS4—3A 74
Thorington Gdns. TS17—5D 87
Thornaby Pl. TS17—2D 71
Thornaby Rd. TS17
—2D 71 to 5E 87
Thornberry Clo. TS5—2D 73
Thornbrough Clo. TS18—3C 68
Thornbury Rise. DL3—1D 115
Thorncliffe. DL14—5F 103
Thorn Clo. DL16—5A 98
Thorn Clo. TS17—4C 86
Thorndike Rd. TS6—5F 55
Thorndyke Av. TS4—5D 75
Thornfield Clo. TS16—4B 84
Thornfield Gro. TS5—3D 73
Thornfield Rd. DL3—1D 115
Thornfield Rd. TS5—2D 73
Thornhill Gdns. DL4—2B 104
Thornhill Gdns. TS26—3C 6
Thornhill Pl. TS26—3C 6
Thornley Av. TS23—3F 19
Thorn Rd. TS19—1F 47
Thorn Side. TS17—4C 86
Thorn St. TS1—3F 51
Thornthwaite. TS5—2C 88
Thornton Clo. DL5—4D 107
Thornton Clo. TS8—5C 88
Thornton Cotts. TS8—5C 88
Thornton Cres. TS22—1C 32
Thornton Gro. TS20—2B 48
Thornton Rd. TS8—5C 88
Thornton St. DL3—1A 116
Thornton St. TS3—4D 53
Thornton St. TS26—5E 7
Thornton Vale. TS8—5C 88
Thorntree Av. TS3—4F & 5F 53
Thorntree Ct. TS17—4E 71
Thorntree Ho. TS3—1A 76
Thorn Tree La. TS25—5D 15
Thorntree Rd. TS17—4D 71

Thornville Rd. TS26—4E 7
Thornwood Av. TS17—4C 86
Thorpe St. TS24—1B 8
Thorphill Way. TS23—4F 19
Throckley Av. TS5—1D 89
Thropton Clo. TS23—4E 19
Throstlenest Av. DL1—5D 113
Throston Clo. TS26—1D 7
Throston Grange Ct. TS26
    —2C 6
Throston Grange La. TS26
(in two parts)   —2B 6
Throston St. TS24—2D 9
Thrush Rd. TS10—5D 29
Thrushwood Cres. TS11—5F 45
Thruxton Way. TS20—5A 32
Thurlow Grange. TS21—5C 118
Thurlow Gro. DL5—4D 107
Thurlow Rd. TS21—5C 118
Thurnham Gro. TS7—3F 91
Thursby Clo. DL5
    —2A 108
Thursby Dri. TS7—3B 76
Thursby Gro. TS25—2B 14
Thwaites La. TS10—5E 29
Thweng Way. TS14—4B 96
Tibbersley Av. TS23—4F 33
Tibthorpe. TS7—3A 92
Tidkin La. TS14—4B 96
Tilbury Rd. TS6—2A 54
Tilery Ct. TS20—3D 49
Tilery Rd. TS20—3C 48
(in two parts)
Timothy Ter. DL16—4C 98
Tindale. TS14—4A 96
Tindale Clo. TS15—5C 94
Tindale Grn. DL5—5A 106
Tindale Wlk. TS5—2D 89
Tintern Av. DL3—3A 110
Tintern Av. TS33—1E 33
Tintern Rd. TS12—1E 81
Tipton Clo. TS17—5F 71
Tiree Gdns. DL1—2E 113
Tirril Way. TS7—4A 92
Tithe Barn Rd. TS19—1B 46
Tiverton Gro. TS26—2C 6
Tivoli Pl. DL14—3C 102
Toddington Dri. TS20—5F 31
Todd St. DL16—3B 98
Tod Point Rd. TS10—4E 27
Tofts Clo. TS11—4F 45
Tofts Farm E. Ind. Est. TS25
    —2B 16
Tofts Farm W. Ind. Est. TS25
    —3A 16
Tofts Rd. E. TS25—2B 16
Tofts Rd. W. TS25—3A 16
Tollerton Clo. TS19—4E 47
Tollesby Bri. TS8—2C 90
Tollesby La. TS7—1C 90 & 3D 91
Tollesby Rd. TS5—3F 73
Tollgate Garth. DL1—3F 113
Tomlin St. DL4—5C 104
Tom Raine Ct. DL1—2B 116
Topcliffe Dri. TS5—2D 89
Topcliffe Rd. TS17—1F 87
Topcliffe St. TS26—4D 7
Topcroft Clo. TS4—4F 75
Topham Grn. TS3—1D 75
Topping Clo. TS24—1B 8
Torbay Clo. TS8—1C 90
Torbay Gro. TS26—2C 6
Torbay Wlk. TS26—2C 6
Toronto Cres. TS4—1B 74
Torquay Av. TS25—1D 15
Torrance Dri. DL1—2F 113

Torrington Ho. TS3—4F 53
(off Purfleet Av.)
Torver Mt. TS7—3A 92
Torwell Dri. TS19—4C 46
Tothill Av. TS3—2B 76
Tovil Clo. TS19—2B 46
Tower Flats. TS24—5A 8
(off Tower St.)
Tower Grn. TS2—1A 52
Tower Rd. DL3—1E 115
Tower St. TS18—1C 70
Tower St. TS24—5A 8
Town Sq. TS8—4C 90
Town Sq. TS23—1E 33
Town Wall. TS24—2C 8
Towthorpe. TS7—3A 92
Trafalgar Ct. TS6—2B 54
Trafalgar St. DL17—4F 101
Trafalgar Ter. DL3—5F 111
Trafalgar Ter. TS10—4C 28
Trafford Clo. DL1—5F 113
Tranmere Av. TS3—1F 75
Tranter Rd. TS4—3A 74
Travellers Ga. TS25—4F 11
Travellers Grn. DL5—2F 109
Tredegar Wlk. TS26—2B 6
Treelands. DL3—2C 114
Trefoil Clo. TS14—4B 96
Trefoil Wood. TS7—1D 91
Tregarth Clo. TS4—3A 74
Trenchard Av. TS17—2E 87
Trenholme Rd. TS4—5C 52
Trent Av. TS17—5E 71
Trentbrooke Av. TS25—3D 11
Trentham Av. TS3—2A 76
Trent Pl. DL1—5A 116
Trent Rd. TS10—1B 42
Trent St. TS4—3B 52
Trent St. TS20—2C 48
Tresco Wlk. TS14—4C 96
Trevino Ct. TS16—4E 85
Trevithick Clo. DL1—2C 116
Trevor Grn. N. DL5—4F 107
Trevor Wlk. DL5—4F 107
Trigo Clo. TS7—2D 91
Trimdon Av. TS5—1C 88
Trimmer Ho. TS2—1F 51
(off West St.)
Trinity Ct. TS14—2D 97
Trinity Cres. TS3—4C 52
Trinity Rd. DL3—2E 115
Trinity St. TS18—1B 70
Trinity St. TS24—2D 9
Tristram Av. TS25—2D 11
Tristram Clo. TS6—2D 77
Troon Av. DL1—3E 113
Troon Clo. TS4—4A 74
Troon Clo. TS22—5B 18
Troutbeck Clo. DL16—1B 98
Troutbeck Rd. TS10—1C 42
Trout Hall La. TS12—2C 80
Troutpool Clo. TS24—1A 8
Troutsdale Clo. TS15—5C 94
True Lovers' Wlk. TS15—2C 94
Trueman Gro. DL3—1A 112
Trunk Rd. TS6 & TS10
    —4A 54 to 5B 28
Truro Clo. DL1—4F 113
Truro Dri. TS25—1D 15
Tubwell Row. DL1—2A 116
Tudhoe Moor. DL16—2F 99
Tudor Ct. TS3—1B 76
Tunstall Av. TS23—3F 19
Tunstall Av. TS26—4D 7
Tunstall Ct. TS26—4C 6
Tunstall Gro. DL14—5A 102

Tunstall Gro. TS26—4C 8
Tunstall Hall La. TS26—5B 6
Tunstall Rd. DL5—1C 108
Tunstall Rd. TS18—3C 68
Tunstall St. TS3—4D 53
Tunstall Ter. DL1—4C 116
Turford Av. TS3—5F 53
Turnberry Av. TS16—5D 85
Turnberry Dri. TS11—3A 60
Turnberry Gro. TS27—4A 4
Turnbull St. TS24—3F 7
Turner St. TS10—3C 28
Turner Ter. TS6—4D 57
Turner Wlk. TS25—3B 10
Turnpike Clo. DL1—3F 113
Turton Rd. TS15—4C 94
Tuson Wlk. TS24—3F 7
Tweed Av. TS17—5E 71
Tweed Ho. TS18—4D 49
(off Portrack La.)
Tweed Pl. DL1—5B 116
Tweedport Rd. TS18—4D 49
Tweed Rd. DL16—1E 99
Tweed Rd. TS10—1B 42
Tweed St. TS12—1D 63
Tweed St. TS13—4E 67
Tweed Wlk. TS24—3E 7
Twickenham Rise. DL1—5F 113
Twizziegill View. TS13—2F 67
Tynebrooke Av. TS25—3D 11
Tyne Ct. TS6—4A 54
Tyne Cres. DL1—5A 116
Tyne Cres. DL16—2C 98
Tynedale St. TS18—1A 70
Tynedale Wlk. DL4—4E 105
Tyneport Grn. TS18—4D 49
(off Eastport Rd.)
Tyne Rd. TS10—1B 42
Tyne St. TS6—2B 54
Tyne St. TS13—4E 67
Tyrone Rd. TS19—4B 46

Uldale Dri. TS16—1D 95
Ulla St. TS1—5F & 4F 51
Ullswater Av. TS5—4D 73
Ullswater Clo. TS6—4A 56
Ullswater Dri. TS12—5C 62
Ullswater Gro. TS10—5C 28
Ullswater Rd. DL17—3C 100
Ullswater Rd. TS18—5F 47
Ullswater Rd. TS23—5F 33
Ullswater Rd. TS25—2A 12
Union Pl. DL1—2B 116
Union Rd. TS24—1A 8
Union Sq. TS18—5B 48
Union St. DL3—1A 116
Union St. DL14—2D 103
Union St. TS1—4E 51
Union St. TS14—2E 97
Union St. TS24—2D 9
Union St. E. TS18—4D 49
Uplands Rd. DL3—2F 115
Upleatham Gro. TS19—1C 68
Upleatham St. TS12—1D 63
Up. Archer St. DL3—1A 116
Up. Beveridge Way. DL5
    —5E 107
Up. Branch St. TS6—2B 54
(in two parts)
Up. Church St. DL16—2E 99
Up. Church St. TS24—5F 7
Up. Garth Gdns. TS14—2D 97
Up. Graham St. TS6—2B 54
(in two parts)
Up. Green La. TS17—5D 71

Up. Jackson St. TS6—2B 54
Up. Napier St. TS6—2B 54
Up. Oxford St. TS6—2B 54
Up. Princess St. TS6—2B 54
Up. Russell St. DL1—1B 116
Up. Westbrook. DL3—5A 112
Uppingham St. TS25—2E 11
Upsall Dri. DL3—4F 115
Upsall Gro. TS19—1C 68
Upsall Pde. TS19—5C 46
Upsall Rd. TS3—2E 75
Upsall Rd. TS7—2C 92
Upton St. TS1—4A 52
Upton Wlk. TS25—2C 14
Urford Clo. TS15—4F 95
Urlay Gro. TS5—1E 89
Urlay Nook Rd. TS16
—4A 84 to 1C 94
Urra Ct. TS10—2C 42
Usworth Rd. TS25—4F 11
Usworth Rd. Ind. Est. TS25
—4F 11
Uvedale Rd. TS6—3C 54

Vale Dri. TS17—4F 71
Vale, The. TS4—2A 74
Vale, The. TS19—3E 47
Vale, The. TS26—5B 6
Valiant Way. TS17—2D 87
Valley Clo. TS11—4D 45
Valley Clo. TS15—4E 95
Valley Clo. TS26—5A 6
Valley Dri. TS15—3E 95
Valley Dri. TS26—1A 10
Valley Ecology Pk. TS23—3D 33
Valley Gdns. TS11—3E 45
Valley Gdns. TS16—5B 84
Valley Gdns. TS19—3E 47
Valley Rd. TS4—2A 74
Valley St. DL1—1B 116
Valley St. N. DL1—1B 116
Vancouver Gdns. TS4—5B 52
Vancouver Ho. TS1—3A 52
Vancouver St. DL3—5F 111
Vane Ct. TS21—5A 68
Vane Rd. DL5—5F 107
Vane St. TS18—5B 48
Vane St. TS24—1C 8
Vane Ter. DL3—1F 115
Van Mildert Rd. DL5—1F 109
Varo Ter. TS18—1A 70
Vart Rd. DL14—5C 102
Vaughan Ct. TS6—2E 55
Vaughan Shopping Centre. TS3
—2B 76
Vaughan St. DL3—2A 112
Vaughan St. DL4—3A 104
Vaughan St. TS1—3F 51
Vaughan St. TS12—1F 81
Venables Rd. TS14—2D 97
Ventnor Av. TS25—3E 11
Ventnor Rd. TS5—2E 73
Verity Rise. DL3—1A 112
Verner Clo. TS24—3A 4
Verner Rd. TS24—3A 4
Vernon Ct. TS8—5D 89
(in two parts)
Vernon Gdns. DL1—1B 112
Vernons Gdns. DL1—1B 112
Veronica St. TS3—4C 52
Verwood Clo. TS19—2B 46
Veryan Rd. TS23—1A 34
Vicarage Av. TS19—5A 48
Vicarage Ct. TS25—1F 11
Vicarage Dri. TS11—4E 45

Vicarage Gdns. TS25—1F 11
Vicarage Rd. DL1—1C 116
Vicarage Row. TS25—4C 14
Vicarage St. TS19—4A 48
Vickers Clo. TS11—3B 44
Vickers St. DL14—2D 103
Victoria Av. DL14—1D 103
Victoria Av. TS10—1E 43
Victoria Av. TS20—2C 48
Victoria Clo. TS11—2B 60
Victoria Ct. TS6—3B 54
Victoria Embkmt. DL1—3A 116
Victoria Gdns. DL16—4B 98
Victoria Gdns. TS3—3A 76
Victoria Gro. TS19—4D 47
Victoria Homes. TS25—1E 11
Victoria Pl. TS24—2D 9
Victoria Rd. DL1—3A 116
(in two parts)
Victoria Rd. TS1—4F 51
Victoria Rd. TS6—3E 55
Victoria Rd. TS12—3D 63
Victoria Rd. TS16—3D 85
Victoria Rd. TS17—3D 71
Victoria Rd. TS19—5D 47
Victoria Rd. TS26 & TS24—5E 7
Victoria Sq. TS1—3A 52
(off Albert Rd.)
Victoria St. DL1—3B 116
Victoria St. DL4—4D 105
Victoria St. DL14—1D 103
Victoria St. DL16—4B 98
Victoria St. TS1—4D 51
Victoria St. TS6—3B 54
Victoria St. TS18—5B 48
Victoria St. TS23—4D 35
Victoria St. TS24—2D 9
Victoria St. TS25—5C 12
Victoria Ter. TS2—5A 36
Victoria Ter. TS12—2D 63
Victoria Ter. TS13—4D 67
Victoria Ter. TS24—4A 8
Victoria Ter. TS25—5C 12
Victor Way. TS17—2E 87
Victory Sq. TS24—5F 7
Victory Ter. TS10—4C 28
Viewley Centre. TS8—4F 89
Viewley Centre Rd. TS8—3F 89
Viewley Hill Av. TS8—3A 90
Village Clo. DL5—3E 107
Village Paddock. TS18—3E 69
Villa Rd. TS3—5A 54
Villas, The. DL17—3B 100
Villa St. DL16—4B 98
Villiers Clo. DL3—1C 114
Villiers Pl. DL5—4E 107
Villiers St. DL16—2C 98
Villiers St. TS24—5F 7
Vincent Rd. TS5—1A 74
Vincent Rd. TS23—4E 19
Vincent St. TS24—1A 8
Vine Clo. TS14—4E 97
Vine St. DL3—5E 111
Vine St. DL16—2C 98
Vine St. TS2—2F 51
Violet Gro. DL1—2D 117
Virginia Clo. TS19—2E 47
Virginia Gdns. TS5—2E 89
Vollum Rise. TS24—2C 8
Vulcan St. TS2—1F 51
Vulcan Way. TS17—2E 87
Vyners Clo. DL16—5D 99
Vyner St. DL16—3B 98

Waddington St. DL14—3D 103

Wade Av. TS18—4C 48
Waine Cres. DL14—4C 102
Wainfleet Rd. TS25—2B 14
Wainstones Clo. TS9—4A 120
Wainstones Dri. TS9—5A 120
Wainwright Clo. TS25—3C 12
Wainwright Wlk. TS25—4C 12
Wakefield Rd. TS5—1F 73
Wake St. TS3—4D 53
Walcher Rd. DL5—5D 107
Waldon St. TS24—1F 11
Waldridge Gro. TS23—3B 20
Waldridge Rd. TS19—1C 46
Waldron St. DL14—1C 102
Wales St. DL3—4A 112
Walker Dri. DL14—5B 102
Walker La. DL5—1D 109
Walkers Row. TS14—2E 97
Walkers Ter. DL3—2B 112
Walker St. TS10—4D 29
Walker St. TS17—3D 71
Walker Ter. DL17—4F 101
Walkley Av. TS17—4D 71
Walkworth La. DL16—1C 98
Wallas Rd. DL5—1D 109
Wallington Ct. TS23—3F 19
Wallington Dri. TS21—3B 118
Wallington Rd. TS23—3F 19
Wallington Wlk. TS23—3F 19
Wallington Way. TS23—3F 19
Wallis Rd. TS6—4A 54
Walmer Av. DL14—4C 102
Walmer Cres. TS11—2A 60
Walnut Clo. TS17—5D 71
Walnut Gro. TS10—1F 43
Walpole Rd. TS25—3C 10
Walpole St. TS1—4F 51
Walsham Clo. TS19—3D 47
Walter St. DL4—5D 105
Walter St. TS18—2A 70
Waltham Av. TS18—1D 69
Waltham Clo. DL3—4C 110
Walton Av. TS5—3E 73
Walton Ct. TS18—4E 49
Walton Heath. DL1—3E 113
Walton Ho. TS2—2F 51
(off Stockton St.)
Walton St. DL1—3B 116
Walton St. TS18—4E 49
Walton Ter. TS14—3E 97
Walworth Clo. TS10—2F 43
Walworth Cres. DL3—4C 110
Walworth Gro. TS5—5D 73
Walworth Rd. DL5—3E 109
Walworth Rd. DL17—2D 101
Walworth Rd. TS19—1D 47
Wand Hill. TS12—4D 81
Wand Hill Gdns. TS12—4D 81
Wand Hills Av. TS12—5F 63
Wansbeck Clo. DL16—1B 98
Wansbeck Gdns. TS26—1E 11
Wansbeck Way. TS7—4C 76
Wansford Clo. DL3—2A 20
Wanstead Clo. TS11—4D 45
Warbler Clo. TS17—4B 86
Warburton Clo. DL5—5F 107
Warcop Clo. TS7—4A 92
Wardale Av. TS5—2D 89
Ward Clo. TS18—1B 70
Wardell Clo. TS15—5E 95
Warden St. TS19—1D 47
Wardley Clo. TS19—1D 47
Wardman Cres. TS10—1F 43
Warelands Way. TS4—5C 52
Ware St. TS20—3C 48
Warkworth Av. DL14—4B 102

Warkworth Dri. TS26—4B 6
Warkworth Rd. TS23—5D 19
Warkworth Way. DL1—2D 113
Warner Gro. DL3—2A 112
Warrenby Ct. TS10—4F 27
Warren Clo. TS24—1E 7
Warren Ct. TS24—1E 7
Warrenport Rd. TS18—4E 49
Warren Rd. DL5—2D 109
Warren Rd. TS24—1D 7
Warren St. DL3—1F 115
Warren St. TS1—4E 51
Warren St. TS24—2C 8
Warrior Dri. TS25—4B 12
Warrior Quay. TS24—4B 8
Warrior Ter. TS12—1D 63
(off Windsor Rd.)
Warsett Cres. TS12—1F 81
Warsett Rd. TS11—4F 45
Warton St. TS3—4D 53
Warwick Clo. DL16—1D 99
Warwick Clo. TS16—1C 94
Warwick Cres. TS23—2A 34
Warwick Gro. TS20—2D 49
Warwick Gro. TS26—5D 7
Warwick Pl. TS24—5A 8
Warwick Rd. DL14—3B 102
Warwick Rd. TS10—1E 43
Warwick Rd. TS14—4D 97
Warwick Sq. DL3—3C 110
(in two parts)
Warwick St. TS1—5E 51
Warwick St. TS6—3B 54
Wasdale Dri. TS16—1D 95
Wasdale Gro. TS19—2F 47
Washbrook Dri. DL3—1A 112
Washington Cres. DL5—4F 107
Washington Gro. TS20—1A 48
Washington St. TS2—2F 51
Waskerley Clo. TS19—1D 47
Waskerley Gro. DL14—5A 102
Waskerley Wlk. DL5—5A 106
Wass Way. TS16—3C 84
Watchgate. TS7—3B 92
Waterford Rd. TS20—2B 48
Waterford Ter. TS1—5D 51
Water La. TS13—5D 67
Waterloo Rd. TS1—4F 51
Waterloo Ter. DL4—3B 104
Waterside. DL3—5D 111
Watling Clo. TS20—5A 32
Watling Rd. DL14—5C 102
Watness Av. TS12—5E 63
Watson Gro. TS17—3C 70
Watson Rd. DL5—2C 108
Watton Clo. TS25—3C 14
Watton Rd. TS17—4A 72
Watt St. DL17—2B 100
Waveney Gro. TS12—5D 63
Waveney Rd. TS10—1B 42
Waverley St. TS1—4E 51
Waverley St. TS18—2A 70
Waverley Ter. DL1—3B 116
Waverley Ter. DL4—2D 105
Waverley Ter. TS25—3D 11
Wayland Ter. DL3—4E 111
Waymar Clo. TS5—2D 73
Wayside Rd. DL1—2B 112
Wayside Rd. TS3—5B 54
Wear Chare. DL14—1D 103
Wear Ct. TS6—4A 54
Wear Cres. TS16—1C 94
Weardale. TS14—5A 96
Weardale Cres. TS23—3E 33
Weardale Dri. DL14—5A 102
Weardale Gro. TS5—3F 73

Weardale Pl. TS18—4F 47
Weardale St. DL16—2E 99
Weardale Wlk. DL4—3E 105
Wearport Grn. TS18—4D 49
(off Eastport Rd.)
Wear St. DL16—3C 98
Wear St. TS6—2B 54
Wear Ter. DL14—1D 103
Weastell St. TS5—1F 73
Weatherhead Av. TS5—2B 72
Weaver Clo. TS17—4D 87
Weaverham Rd. TS20—1A 48
Weavers Ct. TS9—3E 119
Weavers Way. DL1—1A 116
Weaverthorpe. TS7—3A 92
Webb Clo. DL5—5D 107
Webb Rd. TS6—3A 54
Webster Av. TS5—2A 74
Webster Clo. TS18—1B 70
Webster Rd. TS6—2F 77
Webster St. TS18—1B 70
Weir St. DL1—1A 116
Welbeck Av. DL1—4E 113
Welbeck St. DL1—4B 116
Welburn Av. TS4—2B 74
Welburn Gro. TS7—4B 76
Welbury Clo. TS18—2C 68
Welbury Gro. DL5—5F 107
Welbury Way. DL5—4E 109
Welland Clo. TS5—2D 89
Welland Cres. TS19—3C 46
Welland Rd. TS10—1B 42
Welland Rd. TS25—2C 14
Well Bank. DL5—5F 109
Wellburn Ct. TS19—5C 46
Wellburn Rd. TS19—5C 46
Welldale Cres. TS19—4C 46
Welldeck Gdns. TS26—4D 7
Welldeck Rd. TS26—4D 7
Wellesley Rd. TS4—4B 52
Wellfield Grn. TS19—1C 46
Well Ho. Dri. DL5—3D 107
Well Ho. Ride. DL5—3D 107
Well Ho., The. TS11—5D 61
Wellington Clo. TS2—2F 51
Wellington Clo. TS11—4C 44
Wellington Ct. TS18—5F 69
Wellington Ct. M. DL1—2A 116
(off Grange Rd.)
Wellington St. TS2—2F 51
Wellington St. TS18—5B 48
Wellmead Rd. TS3—5A 54
Wells Av. TS24—1E 7
Wells Clo. DL1—4F 113
Wells Clo. TS6—1F 77
Well's Cotts. TS16—2D 95
Wells Gro. TS10—1A 44
Wellspring Clo. TS5—1C 88
Wells St. TS24—2D 9
Welton Ho. TS3—2B 76
Wembley Ct. TS18—1A 70
Wembley Way. TS6—4D 77
Wembley Way. TS18—1A 70
Wensleydale Rd. DL1—3B 112
Wensleydale Sq. DL14—5A 102
Wensleydale St. TS25—2F 11
Wensley Rd. TS18—1E 69
Wensley Ter. DL17—5F 101
Wentworth St. TS6—2F 77
Wentworth Cres. TS11—2A 60
Wentworth Gro. TS27—4B 4
Wentworth St. TS1—4E 51
Wentworth Way. DL3—3B 110
Wentworth Way. TS16—5D 85
Wescott Wlk. DL5—1E 109

Wesleyan Rd. DL16—3C 98
Wesley Ct. DL1—2C 116
Wesley Cres. DL4—2C 104
Wesley Gro. DL14—2C 102
Wesley Mall. TS1—3F 51
Wesley Pl. TS20—2C 48
Wesley Row. TS1—4E 51
Wesley St. DL1—2C 116
Wesley Ter. TS13—2A 66
W. Auckland Rd. DL2 & DL3
                —1B 110 to 5D 111
W. Auckland Rd. DL4—3A 104
West Av. TS12—1C 62
West Av. TS23—5E 33
Westbank Rd. TS7—5C 76
Westbeck Gdns. TS5—3F 73
W. Beck Way. TS8—3C 90
Westborough Gro. TS18—2B 68
Westbourne Gro. DL3—2E 115
(in two parts)
Westbourne Gro. TS3—4C 52
Westbourne Gro. TS6—5C 54
Westbourne Gro. TS10—4D 29
Westbourne Rd. TS5—2C 72
Westbourne Rd. TS25—2E 11
Westbourne St. TS18—2B 70
Westbrook. DL3—5A 112
Westbrooke Av. TS25—3D 11
Westbrooke Gro. TS25—3E 11
Westbrooke Ter. DL3—5A 112
Westbury St. TS17—2D 71
Westcliffe Ct. DL3—3F 115
West Clo. DL4—3A 104
W. Coatham La. TS10—1E 41
Westcott St. TS18—1B 70
Westcott Ter. DL17—3B 100
West Cres. DL3—1F 115
West Cres. TS5—2C 72
Westcroft. TS3—1D 75
Westcroft Rd. TS6—2E 55
Westdale Rd. TS17—5E 71
W. Dyke Rd. TS10
                —4D 29 to 4B 42
W. End. TS9—4D 119
W. End. TS14—3C 96
W. End. TS21—5B 118
W. End Av. TS14—3C 96
W. End Gdns. TS15—2C 94
Westerby Rd. TS3—4E 53
Westerdale. DL16—2B 98
Westerdale Av. TS10—1A 42
Westerdale Av. TS19—4F 47
Westerdale Ct. DL3—3C 110
Westerdale Gdns. DL4—3E 105
Westerdale Rd. TS3—1D 75
Westerdale Rd. TS25—1B 16
Westerham Gro. TS4—4B 74
Westerhope Ct. DL3—3D 111
Westerleigh Av. TS19—5C 46
Westerton Grn. TS19—2C 46
Westerton Rd. TS23—3F 19
Westfield Av. TS10—5D 29
Westfield Clo. TS6—2C 76
Westfield Ct. TS16—1F 41
Westfield Ct. TS19—3F 47
Westfield Cres. TS19—2F 47
Westfield Dri. DL3—1C 114
Westfield Rd. DL14—3C 102
Westfield Rd. TS6—2D 77
Westfield Rd. TS9—3D 119
Westfield Rd. TS11—4B 44
Westfields. DL5—3A 108
Westfields. DL16—2B 98
Westfield Ter. TS13—4C 66
Westfield Wlk. TS13—4C 66
Westfield Way. TS10—2F 41

Middlesbrough 171

Westfield Way. TS13—4C 66
Westgarth Clo. TS11—4C 44
Westgarth Ter. DL1—5C 112
Westgate. TS14—3D 97
Westgate. TS15—2C 94
Westgate Cres. DL3—3D 111
Westgate M. TS14—3E 97
Westgate Rd. DL3—3D 111
Westgate Rd. DL14—1D 103
Westgate Rd. TS5—3D 73
Westgate Rd. TS14—2E 97
West Grn. TS9—4D 119
W. Hartlepool Rd. TS22—2D 19
Westholme Ct. TS23—5A 20
Westkirk Clo. DL3—2C 110
Westland Av. TS26—1D 11
Westlands. TS9—4D 119
Westlands Av. TS20—2C 48
Westlands Rd. DL13—5D 111
Westlands Rd. TS16—1C 94
West La. DL14—5B 102
West La. TS5—5C 50 & 1C 72
West La. TS6—2E 55
(in two parts)
Westlea Av. DL14—3D 103
Westlowthian St. TS2—5A 36
W. Mill Cotts. DL14—1B 102
Westminster Clo. TS6—1F 77
Westminster Rd. DL1—4D 117
Westminster Rd. TS5—1F 73
Westmoor Clo. DL16—4A 98
W. Moor Clo. TS15—3F 95
W. Moor Rd. DL1—5D 117
Westmoreland Gro. TS20
—4A 32
Westmoreland St. DL3—3A 112
Westmoreland St. TS25—1F 11
Westmoreland Wlk. TS25
—2F 11
Westmorland Clo DL16—1E 99
Westmorland Rd. TS5—1E 73
Westmorland Rd. TS10—1C 42
Westmorland Way. DL5
—5D 107
Weston Av. TS3—4F 53
Weston Cres. TS20—2C 48
Weston Wlk. TS19—1D 47
(off Ingleton Rd.)
West Pk. TS26—5B 6
W. Park Av. TS13—4B 66
Westpark Dri. DL3—3D 111
W. Park La. TS21—5B 118
Westport Clo. TS18—4E 49
W. Powlett St. DL3
—2F 115
W. Precinct. TS23—1E 33
Westray St. TS13—2A 66
West Rd. DL4—3A 104
West Rd. DL14—1C 102
West Rd. TS13—4B 66
West Rd. TS23—4E 33
West Row DL1—2A 116
West Row TS5—2C 72
West Row TS6—1A 78
West Row TS18—1B 70
West Row. TS25—4C 14
W. Scar TS10—2E 43
W. Side. TS7—1D 91
West St. DL3—2F 115
West St. DL17—3C 100
West St. TS2—5A 36
(High Clarence)
West St. TS2—1F 51
(Middlesbrough)
West St. TS6—1A 78
(Eston)

West St. TS6—2E 77
(Normanby)
West St. TS11—3D 45
West St. TS15—2C 94
West Ter. DL5—5F 109
West Ter. DL16—4A 98
West Ter. TS3—4C 52
West Ter. TS9—4A 120
West Ter. TS10—3D 29
West Ter. TS11—2B 60
West Ter. TS12—1B 80
W. View. DL3—2B 114
W. View. DL14—5F 103
W. View. DL17—3D 101
W. View. TS10—5D 29
W. View Clo. TS16—5C 84
W. View Rd. TS27 & TS24
—5A 4 to 1B 8
W. View Ter. DL4—2B 104
W. View Ter. TS16—5C 84
W. View Ter. TS25—5C 12
Westward Clo. TS1—3F 51
Westwick Ter. TS4—1C 90
Westwood Av. TS5—3F 73
Westwood Av. TS7—3C 92
Westwood La. TS17—5D 87
Westwood Way. TS27—4A 4
Westworth Clo. TS15—4F 95
Wetheral Av. TS15—5C 94
Wetherby Grn. TS7—3B 76
Wetherell Clo. TS11—5F 45
Weymouth Av. TS8—1C 90
Weymouth Dri. TS24—4B 4
Weymouth Rd. TS18—1E 69
Whaddon Chase. TS14—4F 97
Wharfdale Av. TS23—3E 33
Wharfe Way. DL1—5A 116
Wharf St. TS18—1C 70
Wharton Clc. TS15—4F 95
Wharton Pl. TS12—4C 80
Wharton St. TS12—2F 81
Wharton St. TS24—4F 7
Wharton Ter. TS24—3E & 3F 7
Wheatacre Clo. TS11—5E 45
Wheatear Dri. TS10—3E 43
Wheatear La. TS17—4C 86
Wheatfields Ho. TS6—3F 77
Wheatlands. TS9—3B 120
Wheatlands Clo. TS14—4F 97
Wheatlands Dri. TS11—5C 44
Wheatlands Dri. TS13—2F 67
Wheatlands Pk. TS10—3E 43
Wheatlands Ter. TS13—4D 67
(off Springfield Av.)
Wheatley Clo. TS5—1E 89
Wheatley Rd. TS19—1C 46
Wheatley Wlk. TS19—1D 47
Wheeldale Av. TS10—1A 42
Wheeldale Clo. DL1—4D 113
Wheeldale Cres. TS17—5E 71
Wheeler Grn. TS4—4E 107
(off Defoe Cres.)
Whernside. TS7—3A 92
Whessoe-Rd. DL3
—1F 111 to 4A 112
Whessoe Rd. TS19—1D 47
Whessoe Wlk. TS19—1D 47
Whickam Rd. TS19—1C 46
Whickham Clo TS3—3C 52
Whinbank Rd. DL5—3D 109
Whinbush Way. DL1—2E 113
Whinchat Clo. TS17—5C 86
Whinchat Tail. TS14—3B 96
Whinfell Av TS16—4C 84
Whinfell Clo. TS7—4A 92
Whinfield Clo TS19—3B 46

Whinfield Dri. DL5—5D 109
Whinfield Rd. DL1—2D 113
Whinflower Dri. TS20—5A 32
Whingroves. TS17—4A 72
Whinlatter Clo. TS19—5A 48
Whinlatter Pl. DL5—1B 108
Whinney Banks Rd. TS5—2C 72
Whinston Clo. TS26—4A 4
Whinstone Dri. TS8—4D 89
Whinstone View. TS9—3B 120
Whin St. TS1—3F 51
Whitburn Rd. TS19—1C 46
Whitburn St. TS24—1F 11
Whitby Av. TS6—5F 55
Whitby Av. TS14—3F 97
Whitby Clo. DL14—4A 102
Whitby Clo. TS12—1E 81
Whitby Cres. TS10—1A 44
Whitby Gro. TS24—5A 8
Whitby Ho. TS2—1F 51
(off Stockton St.)
Whitby Rd. TS7—2C 92
Whitby Rd. TS13—4E & 1E 67
Whitby Rd. TS14—3F 97
Whitby Rd. TS17—4E 71
Whitby St. TS24—5A 8
Whitby St. S. TS24—1A 12
Whitby Wlk. TS24—5A 8
Whitby Way. DL3—4A 110
White Bank Rd. TS6—4F 77
Whitebeam Ct. TS4—3A 74
Whitecliffe Ter. TS13—4C 66
Whitehall. TS16—3B 84
White Hart Cres. DL1—5F 113
Whitehead Wlk. DL5—4F 107
Whitehouse Dri. TS19—4E 47
White Ho. Dri. TS21—4B 118
White Ho. Rd. TS17—1C 86
Whitehouse Rd. TS22—5B 18
Whitehouse Shopping Centre.
TS19—4E 47
Whitehouse St. TS5—5D 51
Whiteley Gro. DL5—4D 107
Whitemeadows. DL3—2C 114
White Stone Clo. TS10—2F 43
White St. TS3—5D 53
Whitfield Av. TS4—5B 52
(off Angle St.)
Whitfield Bldgs. TS14—4B 52
(off Angle St.)
Whitfield Clo. TS16—4C 84
Whitfield Dri. TS25—3F 11
Whitfield Rd. TS20—4A 32
Whithorn Gro. TS8—3F 89
Whitley Rd. TS17—2E 87
Whitrout Rd. TS24—4C 4
Whittle Ho. TS2—1F 51
(off West St.)
Whitton Clo. DL5—3E 107
Whitton Clo. TS5—5C 72
Whitton Rd. TS19—4D 47
Whitwell Clo. TS18—2B 70
Whitwell Rd. DL1—3E 117
Whitwell Ter. TS14—2D 97
Whitworth Av. DL5—4D 109
Whitworth Clo DL16—4A 98
Whitworth Rd. DL16—3A 98
Whitworth Rd. TS6—2E 55
(in two parts)
Whitworth Ter DL16—4B 98
Whorlton Clo TS14—5D 97
Whorlton Ct. TS10—2C 42
Whorlton Moor Cres. DL1
—5E 117
Whorlton Rd TS2—5E 35
Whorlton Rd TS19—1C 46

Whorlton Rd. TS22—1C 32
Wibsey Av. TS3—4F 75
Wickets, The. TS25—1C 16
Wicklow St. TS1—5D 51
Widdington Ct. TS19—3B 46
Widdowfield St. DL3—5F 111
Widecombe Wlk. DL17—3F 101
Widgeon Rd. DL1—2E 117
Wigton Sands. TS5—2C 88
Wilbore Croft. DL5—2A 106
Wilder Gro. TS25—3B 10
Wilfred St. TS18—1A 70
Wilken Cres. TS14—1E 97
Wilkes St. DL3—5A 112
Wilkinson Rd. DL5—1F 89
Wilkinson St. TS12—5E 81
Wilkinson St. TS20—3C 48
Willerby Grn. TS5—3D 73
Willey Flatt La. TS15—5C 94
William Crosthwaite Av TS17
—5E 87
Williamfield Way DL5—1B 108
William Kerr Cres, The DL17
—3A 100
Williams Av TS5—2C 72
Williams St TS12—1F 81
William St. DL3—4A 112
William St. DL17—5F 101
William St. TS2—2F 51
William St. TS6—1A 78
William St. TS10—4E 29
William St. TS12—1E 81
William St. TS18—1B 70
(in two parts)
William Ter. TS20—2C 48
Willington Rd TS19—1C 46
Willow Bank. TS8—5C 90
Willow Chase, The. TS21
—5A 68
Willow Clo TS12—2B 62
Willow Clo. TS17—5D 71
Willowdene Av. TS18—2F 69
Willow Dri. TS6—3D 77
Willow Dri. TS12—5B 64
Willow Gro TS24—2E 7
Willow Rd. DL3—5D 111
Willow Rd. DL16—5A 98
Willow Rd DL17—2D 101
Willow Rd TS14—2D 97
Willow Rd. TS19—3A 48
Willow Rd. E. DL3—5F 111
Willows Rd. TS5—2F 73
Willows, The DL14—1E 103
Willows, The TS7—2F 91
Willows, The TS10—5F 29
Willows, The. TS19—3E 47
Willows, The. TS21—5B 118
Willow Ter TS2—4F 35
Willow Wlk DL4—3E 105
Willow Wlk TS13—4C 66
Willow Wlk TS24—2E 7
Wilmire Rd TS22—1D 33
Wilson St. DL3—5F 111
Wilson St TS1—2F 51
Wilson St. TS12—4C 64
(Brotton)
Wilson St. TS12—5E 81
(Lindale)
Wilson St. TS14—3D 97
Wilson St. TS17—2E 71
Wilson St. TS26—4D 7
Wilson Ter. TS13—1B 66
Wilson Wlk. DL5—2D 109
Wilstrop Grn. TS3—4E 75
Wilton Av TS10—2E 41
Wilton Av TS26—5D 7

Wilton Bank. TS12—2B 62
Wilton Clo DL3—2C 114
Wilton Clo. DL5—5A 106
Wilton Dri. DL3—1C 114
Wilton Grn TS6—4C 56
Wilton La. TS10 & TS14   3F 57
Wilton La. TS14—1D 97
Wilton Rd TS26—5E 7
Wilton St. TS1—5F 51
Wilton St. TS10—4D 29
(in two parts)
Wilton Way. TS6—5A 56
Wiltshire Rd. TS12—1B 80
Wiltshire Wlk. TS20—2D 49
Wiltshire Way TS26—3C 6
Wimbledon Clo DL1—5E 113
Wimbledon Ct. TS5—3D 73
Wimbledon Rd TS5—3D 73
Wimborne Clo. DL3—4B 110
Wimpole Rd. TS19—4B 46
Wincanton Rd. TS10—1E 43
Winchester Ct. DL16—1B 98
Winchester Rd. TS5—1A 74
Winchester Rd. TS10—1A 44
Winchester Rd. TS12—4D 65
Winchester Wlk. TS5—2C 6
Winchester Way DL1
—4F 113
Windermere. DL16—1B 98
Windermere Av TS10—1C 42
Windermere Av TS23—5F 33
Windermere Ct. DL1—4B 116
Windermere Dri. TS12—5C 62
Windermere Rd. DL17—3C 100
Windermere Rd. TS5—2E 73
Windermere Rd TS18—5F 47
Windermere Rd TS25
—3F 11 & 3A 12
Windleston Clo. TS19—1C 46
Windleston Dri. TS18—4E 75
Windleston Rd. TS23—5A 20
Windleston Wlk. DL5—4F 107
Windmill Ter. TS20—2C & 3C 48
Windrush Gro DL1—1C 112
Windsor Av DL16—4B 98
Windsor Av DL17—2D 101
Windsor Ct. DL4—4C 104
Windsor Ct. DL14—2C 102
Windsor Ct. TS5—2F 73
Windsor Cres. TS7—2B 92
Windsor Gdns. DL4—3D 105
Windsor Gdns. TS2—2A 52
Windsor Ho. TS2—2A 52
(off Gosford St.)
Windsor Oval TS17—5D 71
Windsor Rd. TS5—1E 73
Windsor Rd. TS6—2E 77
Windsor Rd. TS10—1E 43
Windsor Rd. TS12—1D 63
Windsor Rd. TS17—5D 71
Windsor Rd TS18—2F 69
Windsor St. DL1—5A 112
Windsor St. TS1—4F 51
Windsor St. TS23—3E 35
Windsor St. TS26—5F 7
Windsor Ter DL4—3C 104
Windsor Ter. TS13—4E 67
(off Whitby Rd.)
Windy Hill La TS11—4E 45
Wingate Av TS23—3A 20
Wingate Rd. TS19—1D 47
Wingate Wlk. TS3—4E 75
Winlaton Clo. TS19—1C 46
Winpenny Clo TS15—4F 95
Winslade Av TS3—4A 54
Winston Av TS23—3F 19

Winston Churchill Clo TS17
2E 87
Winston Dri TS6—1F 77
Winston St. DL3—2F 115
Winston St. TS18—2A 70
Winterbottom Av TS24
—5E 5 & 1E 7
Winterburn Pl. DL5—4B 106
Winter Clo TS15—5C 94
Winter Clo TS25—3F 11
Winterton Cotts. TS21—2B 118
Winthorpe Gro. TS25—2B 14
Wisbech Clo. TS25—3B 14
Wiseman Wlk. DL5—4E 107
Wiske Clo. TS19—3C 46
Witbank Rd DL3—1E 115
Witham Av. TS16—2D 85
Witham Gro TS25—2C 14
Witney Ct. DL3—3E 115
Witton Ct. TS23—5A 20
Witton Cres. DL3—4B 110
Witton Dri. DL16—1D 99
(in two parts)
Witton Rd. DL17—1D 101
Woburn Av DL3—4A 110
Woburn Gro. TS3—3A 76
Woburn Gro TS25—1E 15
Woking Ct. TS6—4E 77
Wolfe Rd TS20—2B 48
Wollaton Rd TS23—5A 20
Wolseley St DL17—4F 101
Wolsey Clo DL5—4F 107
Wolsey Dri TS20—4F 31
Wolsey Ho. TS24—2D 9
Wolsey Rd. DL16—1E 99
Wolsingham Clo TS19—1D 47
Wolsingham Dri. TS5—1E 89
Wolsingham St TS17—5F 71
Wolsingham Ter DL1—5D 113
Wolviston Bk La TS23
—3F 19 & 3B 20
Wolviston Ct. TS22—5C 18
Wolviston Mill La. TS22—4B 18
Wolviston Rd TS23 & TS22
—3D 33 to 3D 19
Wolviston Rd. TS25—2E 11
Wolviston Wlk TS19—1C 46
Woodbank Rd TS7—5C 76
Woodbine Ter TS25—4C 14
Woodborough La. TS19—3E 47
Woodbrook Clo TS11—3A 60
Woodburn Clo. TS8—3F 89
Woodburn Dri. DL3—4D 115
Woodcock Clo TS6—2F 77
Woodcrest Rd DL3—4E 115
Woodford Clo. TS11—4C 44
Woodford Grn. TS16—5D 85
Woodford Wlk TS17—3D 87
Woodgarth. TS6—1F 77
Woodhall Gro. TS18—3C 68
Woodham Ga. DL5—2D 107
Woodham Grn. TS19—1C 46
Woodham La. DL5—2D 107
Woodham Rd. DL5—3E 109
Woodham Rd. TS23—3F 19
Woodham Village. DL5—3E 107
Woodham Way. DL5—2D 107
Woodhay Av. TS5—3B 72
Woodhouse La. DL14—3A 102
Woodhouse Rd. DL14—2C 96
Woodland M. TS21—3B 118
Woodland Rise DL5—4A 106
Woodland Rd DL3
—5D 111 to 1F 115
Woodlands Dri. TS6—3F 77
Woodlands Rd TS15—4E 95

Woodlands Gro. TS26—4B 6
Woodlands Rd. DL14—2E 103
Woodlands Rd. TS1—5A 52
Woodlands Rd. TS6—4E 77
Woodlands, The. TS7—4C 92
Woodlands, The. TS17—5D 71
Woodland St. TS18—2A 70
Woodland Ter. DL3—1D 115
Woodland Way. TS21—5A 68
Wood La. DL17—2D 101
Woodlea. TS8—5C 90
Woodley Gro. TS7—1C 92
Woodmere Rd. TS19—4E 47
Woodrow Av. TS7—2E 91
Woodrow Av. TS12—2C 62
Woodside. TS7—4A 76
Woodside. TS10—4D 43
Woodside. TS12—4B 64
Woodside. TS17—3C 86
Woodside Dri. DL3—3F 115
Woodside Gro. TS18—3D 69
Woodside St. TS1—3B 52
Wood Sq. DL14—4B 102
Woodstock Way. TS27—4A 4
Wood St. DL16—5A 98
Wood St. TS1—2D 52
Wood St. TS13—2A 66
Wood St. TS24—3E 9
Woodvale. TS8—4E 91
Woodvale Rd. DL3—3E 115
Wood View. TS13—5C 66
Woodville Av. TS4—3A 74
Wood Vue. DL16—1C & 2C 98
Wooler Cres. TS23—4F 33
Wooler Rd. TS26—4C 6
Wooler St. DL1—1A 116
Worcester Gdns. TS25—2F 11
Worcester Pl. DL14—5D 103
Worcester St. TS1—5E 51
Wordsworth Av. DL14—4C 102
Wordsworth Av. TS25—2D 11
Wordsworth Clo. TS23—2E 19
Wordsworth Rd. DL1—5A 116
Wordsworth Rd. TS6—5E 55
Wordsworth Vale. TS5—5C 72
Works Rd. TS3—3E 53
Worsall Clo. TS15—3A 94
Worsall Gro. TS18—2D 69
Worsall Rd. TS15—5B 94
Worset La. TS26—3A 6
Worsley Clo. TS16—1E 85
Worsley Cres. TS7—3E 91
Worsley Pk. DL3—1D 115
Worthing Ct. TS18—1B 70
Worthing St. TS18—1B 70
Worthing St. S. Bank. TS18
—1B 70
Worton Dri. DL1—5C 116
Wray St. TS4—3B 52
Wrekenton Clo. TS19—1C 46

Wren Av. DL1—3D 113
Wren Clo. DL5—4F 107
Wren Clo. TS18—1A 70
Wrensfield Rd. TS19—5A 48
Wren St. TS13—4E 67
Wren St. TS18—1A 70
Wrentree Clo. TS10—4E 43
Wright Clo. DL5—5C 106
Wrightson Ho. TS3—2E 75
Wrightson Ho. TS17—1E 87
Wrightson St. TS20—1C 48
Wroxham Clo. TS19—3D 47
Wroxton Av. TS5—3D 73
Wroxton Clo. TS5—3C 73
Wrynose Gdns. TS19—5A 48
Wycherley Av. TS5—3D 73
Wycherley Clo. TS7—1C 92
Wychgate. TS6—1B 78
Wychwood Clo. TS17—2E 87
Wycliffe Clo. DL5—4F 107
Wycliffe Way. DL3—3B 114
Wycombe St. DL3—1F 115
Wye Clo. TS19—3C 46
Wye St. TS4—4B 52
Wykeham Av. TS14—5C 96
Wykeham Clo. TS10—3C 42
Wykeham Clo. TS22—1B 32
Wykeham Ct. TS12—1E 81
Wykeham Way. TS8—3C 90
Wykes Clo. TS21—5C 118
Wylam Av. DL1—3C 112
Wylam Clo. DL4—4D 105
Wylam Rd. TS20—1B 48
Wylam St. TS1—4E 51
Wynde, The. TS19—3B 46
Wyndham St. TS18—4D 49
Wynd, The. DL5—5F 109
Wynd, The. TS8—5C 88
Wynd, The. TS11—4D 45
Wynnstay Gdns. TS24—3E 7
Wynyard Ct. DL5—4B 106
Wynyard Gro. DL14—2F 103
Wynyard M. TS25—5C 10
Wynyard Rd. TS21—1A 30
Wynyard Rd. TS22—3A 18
Wynyard Rd. TS25—5B 10
Wynyard St. TS20—4C 48
Wyverne Ct. TS25—4E 11

Yarm Back La. TS21
—4A 46 to 3B 68
Yarm Clo. TS25—4E 11
Yarm La. TS9—4A 120
Yarm La. TS18—1B 70
(in two parts)
Yarmouth Clo. TS25—3C 14
Yarm Rd. DL1—2C 116 to 3F 117
Yarm Rd. TS16 & TS18
—1C 94 to 1A 70

Yarm Rd. Ind. Est. DL1—2F 117
Yarm St. TS18—1B 70
Yarrow Ct. DL5—2E 107
Yeadon Gro. TS17—1F 87
Yearby Bank. TS11—3D 59
Yearby Clo. TS5—5C 72
Yearby Clo. TS6—2F 77
Yearby Cres. TS11—4F 45
Yearby Rd. TS11—2C 58
Yenton Clo. TS23—4E 33
Yeoman St. TS10—5E 29
Yeoman St. TS12—5D 63
Yeoman Ter. TS11—4D 45
Yeovil Wlk. TS26—2C 6
(off Wiltshire Way)
Yew St. TS1—3F 51
Yew Tree Av. DL4—3E 105
Yew Tree Av. TS10—3B 42
Yew Tree Gro. TS7—2A 92
Yew Wlk, The. TS21—5A 68
Yiewsley Dri. DL3—1B 114
Yoden Ct. DL5—4B 106
Yoredale Av. DL3—1C 114
Yoredale Dri. DL3—1D 115
York Cres. TS23—3F 33
York Flatlets. TS26—5F 7
York Hill Cres. DL16—1E 99
York Hill Rd. DL16—1E 99
York Pl. TS24—3D 9
York Rd. TS5—2A 74
York Rd. TS7—3C 92
York Rd. TS10—4A 28
York Rd. TS12—4D 65
York Rd. TS26—4F 7
Yorkshire Pl. DL14—5D 103
York Sq. DL4—3B 104
York St. DL1—5B 112
York St. TS18—1B 70
York Ter. TS10—4A & 4B 28
York Vs. DL16—1E 99
Yorkway. TS17—2D 71
Young St. TS26—4E 7
Yukon Gdns. TS4—5B 52

Zetland Cotts. TS11—4D 45
Zetland Hunt. DL5—4A 106
Zetland M. TS12—1D 63
Zetland Pl. TS1—2A 52
Zetland Rd. TS1—2A 52
Zetland Rd. TS10—1A 44
Zetland Rd. TS11—4E 45
Zetland Rd. TS13—4C 66
Zetland Rd. TS19—3A 48
Zetland Rd. TS26—4D 7
Zetland Row. TS13—1B 66
Zetland St. DL3—3A 112
Zetland Ter. TS11—1B 60
Zetland Ter. TS12—1C 62
Zetland Ter. TS13—4C 66
Zinc Works Rd. TS25—4D 17

Acknowledgement
The Publishers are grateful for the ready co-operation and valuable help given them in the production of this atlas. They would like to record their obligation to : The Engineers and Surveyors Departments and Planning Offices of the District Councils, The County Councils, The Post Office and the Emergency Services.

Printed and bound in Great Britain by
BPCC Hazell Books
Aylesbury, Bucks, England
Member of BPCC Ltd.